思维可视化教学

哈佛大学教育学院
设计可视化思维课堂的 **18** 种流程

[美] 罗恩·理查德（Ron Ritchhart）
[美] 马克·丘奇（Mark Church） 著

THE POWER OF MAKING THINKING VISIBLE

PRACTICES TO ENGAGE AND EMPOWER
ALL LEARNERS

中国青年出版社
CHINA YOUTH PRESS

图书在版编目（CIP）数据

思维可视化教学：哈佛大学教育学院设计可视化思维课堂的18种流程/（美）罗恩·理查德，（美）马克·丘奇著；周晓微、李萌译.
—北京：中国青年出版社，2022.6
书名原文：The Power of Making Thinking Visible: Practices to Engage and Empower All Learners
ISBN 978-7-5153-6566-4

Ⅰ.①思… Ⅱ.①罗… ②马… ③周… Ⅲ.①思维方法—教学研究 Ⅳ.①B80

中国版本图书馆 CIP 数据核字（2022）第030399号

The Power of Making Thinking Visible: Practices to Engage and Empower All Learners / Ron Ritchhart, Mark Church.
Copyright © 2020 by John Wiley & Sons, Inc. All rights reserved.
Published by Jossey-Bass.
This translation published under license with the original publisher John Wiley & Sons, Inc.
Simplified Chinese translation copyright © 2022 by China Youth Press.
All rights reserved.

思维可视化教学：
哈佛大学教育学院设计可视化思维课堂的18种流程

作　　者：	［美］罗恩·理查德　马克·丘奇
译　　者：	周晓微　李萌
策划编辑：	翟平华
责任编辑：	刘宇霜
美术编辑：	张艳
出　　版：	中国青年出版社
发　　行：	北京中青文化传媒有限公司
电　　话：	010-65511272 / 65516873
公司网址：	www.cyb.com.cn
购书网址：	zqwts.tmall.com
印　　刷：	大厂回族自治县益利印刷有限公司
版　　次：	2022年6月第1版
印　　次：	2025年9月第7次印刷
开　　本：	787mm×1092mm　1/16
字　　数：	235千字
印　　张：	20
京权图字：	01-2020-6244
书　　号：	ISBN 978-7-5153-6566-4
定　　价：	59.00元

版权声明

未经出版人事先书面许可，对本出版物的任何部分不得以任何方式或途径复制或传播，包括但不限于复印、录制、录音，或通过任何数据库、在线信息、数字化产品或可检索的系统。

中青版图书，版权所有，盗版必究

作者提供了强有力的学习视角，致力于呈现清晰可行的框架。但是，最棒的是，他们带来了来自全世界老师与学习者实践的情景，把教学的细节带到了生活中。

——戴维·珀金斯（David Perkins），

哈佛大学教育研究生院名誉教授

很少能找到这么好的一本书，对授课老师来说是如此容易读懂，同时让读者参与讨论其理论和实践背后的研究基础。我迫不及待与老师们分享这本书——对今天的教育者来讲，这是专业所必需的。

——凯丝·默多克（Kath Murdoch），

国际教育顾问，《提问的力量》（*The Power of Inquiry*）作者

在本书中，罗恩·理查德和马克·丘奇描述了老师如何通过激发学生的好奇心与参与度来加强学习。这是所有年级和领域教育者的必读书。本书分享的有益建议与研究测试的做法能真正改变学校与课堂。

——马德琳·休伊特（Madeleine Hewitt），

海外学校理事会，近东南亚执行主任

目 录

目　录　005

致　谢　009

关于作者　015

引　言　017

第一部分
奠基

第一章　思维可视化的6种力量 / 025

培养深度学习 / 028

培养学生高度参与性 / 029

改变学生和老师的角色 / 032

加强形成性评价实践 / 034

改善学习（即使用标准化测试衡量）/ 036

培养思维能力 / 043

结论 / 045

第二章　思维可视化：一个目标和一套实践 / 047

让思维可视化成为教学目标 / 048

让思维可视化作为一套实践方法 / 049

组织思维流程 / 060

第二部分
18 个强大的思维流程

第三章　与他人合作的思维流程 / 067

付出与收获 / 069

反馈阶梯 / 079

无领导讨论 / 090

SAIL：分享—询问—思想—学习 / 100

创造意义 / 111

+1 思维流程 / 123

第四章　参与思考的思维流程 / 135

问题分类 / 137

剥水果 / 147

故事：主体—侧面—隐藏 / 159

美与真 / 168

NDA：命名—描述—行动 / 178

注意 / 189

第五章　参与行动的思维流程 / 199

PG & E：预测—收集—解释 / 201

ESP+I / 211

制作必做事项清单 / 221

是什么？为什么？怎么样？ / 231

三个为什么（3Y） / 242

四个如果（4If） / 251

第三部分
释放思维的力量

第六章　最大化利用思维流程，提升教学效率 / 265

为思考制订计划 / 267

为学生的思考做好准备 / 275

如何促进学生深度思考 / 281

针对培养思维能力采取的立场 / 286

第七章　培养学生思维能力过程中，老师间的相互支持 / 291

跳出现成工具：培养老师使用工具的技能 / 293

技能之上的层面：激发行动的思维模式 / 299

支持技能和思维流程的发展 / 302

结　语　311

参考文献　313

致 谢

本书是我们作为研究者者,对思维可视化(MTV)进行数年研究的成果,但是不止于此。本书也集合了来自全世界数百名老师的声音,他们参与了这个研究。这些老师愿意冒风险,找出仍然在发展中的新思维流程训练方法。他们分享了他们的成功和失败,推动我们探索新的可能性。通过他们的教学实践和他们个人对学生学习的探寻,这些老师推动我们作为一个共同体的集体学习。他们与我们一起记录、反思、分享、讨论和回顾他们的实践。希望我们在这本书中的表现能给他们公正的评价。

我们对思维可视化的研究与发展工作开始于2000年,得到了Carpe Vitam基金会的支持,包括在瑞典,以及一些欧洲国际学校的工作。自此,我们接触的国际学校的数量稳步增长,我们继续向这些来自全球各地的教育者学习。特别要说明的,我们要感谢华盛顿国际学校的汤姆·海尔曼(Tom Heilman)和艾米莉·韦尔斯(Emily Veres);亚特兰大国际学校的乔伊斯·卢伦科·佩雷拉(Joyce Lourenco Pereira);慕尼黑国际学校的大卫·里尔(David Riehl);卢森堡国际学校的诺拉·韦尔梅林(Nora

Vermeulin）；阿姆斯特丹国际学校的玛丽·凯莉（Mary Kelly）；钦奈美国国际学校的沃尔特·巴斯奈特（Walter Basnight）；北京国际学校的肯德拉·戴利（Kendra Daly）和吉恩·奎扎达（Gene Quezada）；查德威克国际学校的里贾娜·德尔·卡门（Regina Del Carmen）；新德里美国大使馆学校的克里斯·法森贝克（Chris Fazenbaker）、玛丽娜·古德伊尔（Marina Goodyear）和塔希雷·塔姆皮（Tahireh Thampi）；卢萨卡美国国际学校的朱莉·弗雷德里克（Julie Frederick），基多科托帕西学院的劳拉·弗里德（Laura Fried）和保罗·米勒（Paul Miller）；迪拜美国社区学校的马特·麦格雷迪（Matt McGrady）；以及沙特阿拉伯王国考斯特花园小学的凯特琳·麦克奎德（Caitlin McQuaid）。

从2005年开始，我们与澳大利亚墨尔本比亚利克学院保持了13年的伙伴关系。《哈佛大学教育学院思维训练课》（Making Thinking Visible）（2011）的许多故事来自这个非常有成效的合作。由此，基于这些努力，这些教育理念已经在整个澳大利亚传播。其他许多学校现在已经采用思维可视化MTV教学方法，以丰富而激动人心的方式推动其发展。在彭利和艾森顿文法学校，尼娜·比莱维奇（Nina Bilewicz）培育这些想法，支持老师冒险，在他们的教学中尝试新方法。我们从他们的这些努力中受益很大，并能够从学雪莉·麦克格拉斯（Sheri McGrath）、阿曼达·斯蒂芬斯（Amanda Stephens）、史蒂夫·戴维斯（Steve Davis）、达雷尔·克鲁斯（Darrel Cruse）、李·克罗斯利（Lee Crossley）、凯特·杜拉德（Kate Dullard）和彼得·博默（Peter Bohmer）的深刻反思中学习。类似的努力也得到了南澳大利亚独立学校协会和阿德莱德一些学校老师的支持，包括艾莉森·肖特（Alison Short），许多老师热情尝试思维流程训练方法。我们还要感谢拜力克学院的莎隆·布鲁姆（Sharonne Blum）、圣三一小学的迈克尔·厄普顿（Michael Upton）、圣弗朗西斯·泽维尔小学的尼克·博伊兰（Nick Boylan）、澳大利亚天主教大学的凯西·格林（Kathy Green）、圣母玛利亚小学的爱丽丝·维格斯（Alice Vigors）、圣菲利普基督教学院的佩妮·贝克（Pennie Baker）、纽因顿学院的韦恩·考克斯（Wayne Cox）、太平洋路德大学的艾丽莎·詹森（Alisha Janssen）和雷德兰兹学校的艾米·理查森（Amy Richardson）。

在过去10年里，我们已经通过奥克兰学校为该区域超过20万名学生发展思维文化。我们已经能看到这些理会在优秀的老师、辅导员和负责人的手中成长、深化与发展。10年来，这些努力由劳伦·查尔德（Lauren Child）引领，她总是寻找方法发展老师的领导力与经验。这已经形成了一个老师们的大型网络，老师们能够采用我们正在开发的新思维流程训练方法，在他们的课堂上运用，从而达到最佳教学效果。这些人包括，谢纳兹·明瓦拉（Shernaz Minwalla）、乔迪·科罗（Jodi Coyro）和利吉特大学学校的迈克尔·梅德文斯基（Michael Medvinsky）；帕克维尤小学的亚历山德拉·桑切斯（Alexandra Sanchez）；国际高中的杰夫·沃森（Jeff Watson）；三角洲凯利小学的朱莉·雷恩斯（Julie Rains）；奥克兰学校的史蒂文·惠特莫尔（Steven Whitmore）；休伦谷的詹妮弗·霍兰德（Jennifer Hollander）；金·斯迈利（Kim Smiley）、摩根·菲尔德（Morgan Fields）、玛丽·戈茨（Mary Goetz）、艾希礼·佩洛斯兰（Ashley Pellosmaa）和贝米斯小学的詹妮弗·拉塔特（Jennifer LaTarte）。我们也很幸运玛丽·贝丝·施密特（Mary Beth Schmitt）在特拉弗斯城的专业知识和经验。通过安阿伯市卡特琳·罗伯逊（Katrin Robertson）和黛安·坦布林（Diane Tamblyn）整体设计开发的专业学习，我们有机会与爱默生学校的康妮·韦伯（Connie Weber）、希尔顿小学的玛丽·比恩（Mary Beane）和沃什特诺国际高中的特丽莎·马特尔斯基（Trisha Matelski）老师一起工作和学习。

在匹兹堡，杰夫·埃文乔（Jeff Evancho）发展了一个致力于供教育者使用与分享"零点方案"项目理念的网络。我们受益于这些努力，尤其是南费耶特高中的塔拉·苏洛夫（Tara Surloff）、贵格谷高中的马特·利特尔（Matt Littell）的努力。在加利福尼亚的德尔马，负责人霍利·麦克勒格（Holly McClurg）和副主任雪莱·彼得森（Shelley Petersen）已经致力于通过定期使用学习实验室来发展这些思想。阿什利瀑布学校（Ashley Falls School）的凯特琳·威廉姆斯（Caitlin Williams）和安德烈·佩德科德（Andrea Peddycord）参与了实验室工作，不仅与他们的同事，还与我们分享他们的努力。我们还想感谢北加利福尼亚高峰学校的杰西卡·阿尔法罗（Jessica Alfaro）、华盛顿区贝尔维尤学校的朱莉·曼利（Julie Manley）、马萨诸塞马布尔黑德乡村学校娜塔莉·贝利（Natalie Belli）和新泽西纽波特史蒂文斯合作学校哈代·维亚斯（Hardevi Vyas）的贡献。

自2012年以来，苏格兰格拉斯哥的挂毯合作组织（The Tapestry Partnership），已经让苏格兰地方当局参与到思维可视化的理念中。在卡特里娜·鲍伊斯（Katrina Bowes）、维多利亚·麦克尼科尔（Victoria McNicol）、马乔丽·金奈德（Marjorie Kinnaird）、莱斯利·罗伯逊（Lesley Robertson）和其他一些人的领导下，整个苏格兰的老师和班主任已经努力地创造思维可见的课堂，并在当地学校的教科书中加入与此相关的部分。我们已经从这些学习领袖的努力中学到了很多，包括马德莱恩·贝克（Madelaine Baker）、路易丝-安妮·格迪斯（Louise-Anne Geddess）、克莱尔·汉密尔顿（Claire Hamilton）、加干迪普·洛塔（Gagandeep Lota）和劳拉·麦克米伦（Laura MacMillan）。

在了解"思维可视化"对学生表现作用效果的同时，我们希望感谢与我们分享数据的所有学校和老师。其中包括华盛顿国际学校的吉姆·里斯（Jim Reese）、加利福尼亚长岛智慧学院的杰森·贝尔（Jason Baehr）、密歇根布卢姆菲尔德山道路小学的亚当·舍尔（Adam Scher）和密歇根特洛伊城贝米斯小学的杰里米·万（Jeremy Whan）。在澳大利亚，来自墨尔本卫斯理学院的内森·阿姆斯特朗（Nathan Armstrong）和圣纳德学校的斯图尔特·戴维斯（Stuart Davis），以及新南威尔士纽卡斯尔圣菲利普基督教学院的朱迪·阿纳斯托普洛斯（Judy Anastopoulos）。在智利，有智利理工大学的叶尔科·塞普尔维达（Yerko Sepulveda）。

我们要感谢我们"零点方案"项目的同事，他们一直是本项工作的智力伙伴。维罗尼卡·博伊克斯·曼西丽亚（Veronica Boix-Mansilla）、弗洛西·蔡（Flossie Chua）、梅丽莎·里瓦尔德（Melissa Rivard）和"跨学科和全球研究倡议"，以及"全球透视项目"（The Global Lens Project），与我们分享了"3Y"和"美与真"的思维流程，有助于加深我们对如何让学习者参与思维流程训练方法的理解。玛拉·克雷切夫斯基（Mara Krechevsky）、本·马尔代尔（Ben Mardell）、特里·特纳（Terri Turner）和丹尼尔·威尔森（Daniel Wilson）持续激发我们的想象力，鼓励我们记录学习和支持深度专业学习的实践。

特别感谢"创造思维文化"在线课程的导师与教练，他们能与我们分享他们的多年思维可视化学习经验，以及训练其他老师发展思维文化。他们的观察与洞见，对我们理解思维可视化的力量是无价的。感谢肖恩男校的卡梅隆·帕特森（Cameron Paterson）、罗切斯特高中的艾丽卡·拉斯基（Erika Lusky）、赛维尔友谊学校的丹尼斯·科芬（Denise Coffin）、史蒂文斯合作学校的希拉·古豪斯（Shehla Ghouse）、奥斯本小学的埃里克·林德曼（Erik Lindemann）和国际学院的杰夫·沃森（Jeff Watson）。我们也要感谢那些阅读本书初稿，加以编辑、反馈和建议的人，包括朱莉·兰德沃格特（Julie Landvogt）、康妮·韦伯（Connie Weber）和皮特·高根（Pete Gaughan）。

如果没有梅尔维尔·汉金斯家庭基金会的慷慨支持，这本书是不可能完成的，该基金会最近资助我们的研究和开发工作。他们的资助还促成了与新墨西哥圣达菲的曼德拉国际磁石学校①（Mandela International Magnet School）的多年合作。在磁石学校，这些理念得到了校长阿赫卢姆·斯卡罗拉（Ahlum Scarola）和兰迪·格里洛（Randy Grillo）的支持，以及一个鼓舞人心的协调小组成员，包括娜塔莉·马蒂诺（Natalie Martino）、内华达·本顿（Nevada Benton）和斯科特·拉森（Scott Larson），与一群专注的老师一起工作，他们不断成长进步，彼此分享。特别感谢数学老师鲁迪·彭策（Rudy Penczer）、大卫·卡尔（David Call）、杰西·盖克（Jessie Gac）和安妮·雷（Anne Ray），他们都愿意在他们的课堂上尝试新方法、新的思维流程，并且当我们需要关于这些理念如何在一个数学课堂上呈现的案例时，他们愿意与我们分享他们的努力。

---

① "磁石学校"，字面翻译为"有吸引力的学校"，又称为"特色学校"。它办学特点鲜明，针对儿童特殊兴趣爱好，开设富有特色的课程。——译者注

关于作者

罗恩·理查德是一位高级研究员,哈佛"零点方案"项目的主要研究者,他的工作重点是发展学校和课堂文化,使学生成为强大的思考者和学习者。罗恩的研究与著作为世界各地的学校、学校系统和博物馆工作提供信息。他大量的研究都是基于课堂,专注于从老师的最佳实践中学习,从而理解他们如何为高效学习创造条件。

罗恩的开创性研究,呈现于《智力特征》(*Intellectual Character*)一书中,将思维流程确定为核心教学实践,奠定广泛理解和运用于学校和组织中的群体文化的框架。《哈佛大学教育学院思维训练课》,是他与马克·丘奇和卡琳·莫里森(Karin Morrison)合著,以普及和运用思维流程促进深度学习和高度参与。罗恩的《创造思维文化》(Creating Cultures of Thinking),将读者带入不同的学习范畴,展示老师如何创建有价值的课堂环境,并作为团队成员日常体验的一部分积极推广。

马克·丘奇从事教育工作已有25余年,开始时他担任任课老师,后来是老师与学校领导的学习促进者。马克现在是哈佛"零点方案"项目

"思维可视化"和"思维文化"的顾问,他利用自己的课堂教学经验,并与全世界教育者合作得出观点。他热情帮助教育者思考各种可能性——考虑思考一些伟大的想法,这些想法不仅能帮助他们成为学生的学生,还能帮助他们成为自己的学生。马克相信老师的力量,他们能创造出思维可视化、有价值和积极推进的课堂。尽管马克家在西雅图,但他巡游全世界让其他人参与这些理念,这令他充满激情,给他带来许多快乐。马克与罗恩·理查德和卡琳·莫里森一起著有《哈佛大学教育学院思维训练课:让学生学会思考的20个方法》。

引 言

在1998—1999年，我向一群非常擅长让学生思考的老师学习（理查德，2000）。这些老师是由同事、辅导员、校长或者大学教授推荐的，作为教育者，他们关心思考，将之作为他们教学的核心，也并在这方面卓有成效。这些老师不仅让他们的学生思考当下，还发展他们的思考品格，在较长时间中培养他们的思维习惯，塑造他们的智力性格。我与这个优秀老师群体的合作，让我产生了共鸣，影响了我20多年的研究与写作。

往返于这些课堂，在不同学校和不同国家的不同学生当中，我开始注意到一个非常强大的模式：这些老师非常善于让学生思考，却从来没有传授一堂思考技巧课。这些有着巨大背景和经验差异的老师不是指导学生思考，而是利用他们自己制作和设计的框架结构，来仔细提示、搭建和支持学生的思考。并且，这些框架在整个学年被反复使用，这样它们快速成为学生学习和思考的流程方法。这些思维流程训练方法成为课堂结构的一部分，帮助创造思维文化。

看到思维流程的力量在当下能让学生思维可见，这也能发展他们的长期思维倾向,我和我的同事戴维·珀金斯、莎莉·蒂什曼选择将思维可视化作为哈佛大学教育研究生院"零点方案"项目(www.pz.harvard.edu)研究小组的核心实践。我观察到的老师他们已经创造了符合他们需要的思维流程,我们的团队着手开发出一套可以广泛应用的思维流程。我们不仅寻求制定能跨不同学科领域,而且能适用于不同年龄层次的思维流程。作为研究者,我们的目的不是设计一个程序,或一个干预措施,而是研究学生作为思考者和学习者的学习方法。我们的目的是设计一种方法,可以培养个性质发展和提高学生的智力品质。对于这种方法的工作,我们认识到的老师必须首先接受将思维可视化(MTV)作为教学的一个重要目标,只有这样,这些实践才会在他们的教室里活跃出来

从开始思维可视化项目,我们就注意到老师们被这些思维工具吸引了,因为他们易于使用。学生们喜欢它们,在学习中会更活跃地参与。更重要的是,合作的老师们开始意识到让学生思考和让他们思维可视化意味着什么。当我们首次要老师们拿来学生们思考的证据与同事分享时,许多人带来学生的论文、习题,或者完美的试卷。他们只是认为在学生正确的答案中,或者在他们的优秀作业中,学生的思考肯定是有明显的体现。然而,老师们马上认识到思考更多是一个过程,而不是一个产品。尽管作品可以提供思考的证据,但有时作品却模糊了学生的思考。正确的答案是猜出来的吗?是直觉吗?是错的吗?或者只是一个回忆出来的答案?学生是怎么得到这个答案的?只有去分析通常神秘和不可见的思维过程,我们才能开始回答这些问题。

当然,我们很高兴能为老师们实现思维可视化提供帮助。最初,"可见的思考"网课和书籍《哈佛大学教育学院思维训练课》让世界各地的老

师都能接触到思维流程。这些方法本身就值得在原作的基础上编写一本配套书。然而，我们想做的不仅仅是分享这些新的流程，尽管我们认为它们很有用，但我们还想与大家分享我们所学到的关于思维流程的力量，认真实现教学和学习的改变。

我们从第一章开始探究思维可视化的6种力量。这些"力量"通过我们在全世界不同学校的广泛研究而显现。它们代表了思维可视化实践重塑学校教育的承诺，构成了我们作为研究者的理由。尽管老师们经常将思维流程训练方法作为有用的实践和有帮助的策略向他们的同事分享，为了在全校范围内有效使用，我们必须好好理解这些方法在哪里为学生、老师和学校所采用。对许多老师来讲，在他们能开始自己形成思维流程训练方法之前，理解这个潜力是必要的。经验丰富的教育工作者往往对最新的理念或者技术持怀疑态度，为什么他们要尝试一系列新方法？这需要一个好的理由。

在第二章中，我们描述了研究的长期历史，以分享我们对思维可视化的理解，这既是教学的目标，也是一系列实践。这个背景信息帮助我们妥善使用思维流程训练方法，充分意识到它们改变学习的能力。这里有一些关于思维流程训练方法是如何设计和组织的基础知识，那些读过《哈佛大学教育学院思维训练课》的人可能会熟悉。然而，我们关于思维流程训练方法运作的知识，通过我们当前的工作在持续增长和进化。这里有一些新的想法可能会提高经验丰富的使用者的实践能力。

今天哈佛"零点方案"项目的每个新研究都在使用思维流程训练方法。有时项目小组利用已经创造的思维流程训练方法，有时小组也创造新思维流程训练方法，他们帮助建立和支持该项目试图鼓励的特殊思维训练。通常思维流程训练方法是由检查一个学习环境和确认这个环境中有效参与思维的种类而逆向设计的。这些努力产生了许多新的思维流程训练方法。尽管我们撰写本书的初衷是分享所有我们已经产生或者采用的思维流程训练方法，但我们很快发现有太多思维流程训练方法。因此，我们选择分享18种最运用和最强大的思维方式，用于"与他人合作"（第三章）、"参与思考"（第四章）和"参与行动"（第五章）。

过去的20年里，我们已经学会了如何最有效地运用思维模式。我们从适应和提供思维流程训练方法，让学生参与学习与思考的有经验的老师身上学习。我们从事情不那么顺利，甚至失败的时候学习到许多，正如我们从进展顺利时学习到很多那样。另外，我们看到老师有时肤浅地把思维流程当作纯粹的活动，这样做，并非老师的本意。尽管如此，我们还是思考了这种现象发生的原因和方式，以及该如何帮助老师避免这种肤浅行为。因此，我们逐渐明白了为思考制定计划的重要性，在我们的头脑中，还有我们学生的头脑中，需要做好思考的准备，在当下迫使学生思考，以促进他们的思考，并将思维流程训练方法的位置在教学顺序中安排好。我们将在第六章分享这些关于如何有效使用思维流程训练方法的知识。

最后，我们要交流我们数年的收获，这些收获来自老师，显示如何能从思维可视化中有所学习，以及当他们接受让思维可视化的目标时如何能相互学习。在第七章中，我们将分享我们开发的工具和实践，以帮助老师通过专业调查、观察、分析与反馈相互学习。对于那些寻求与学校之外教育者有联系的人，哈佛大学教育研究院"零点方案"将提供在线课程、会议等有价值的机会。

当你阅读本书时，我们邀请你加入我们，一起探索思维可视化的力量。从这里分享的故事中获得灵感，借鉴他人的经验，甚至把它延伸到你自己的环境中，去产生你自己的见解。通过脸书（Facebook）、推特和Ins，使用关键词MakingThinkingVisible，或者VisibleThinking，或者@RonRitchhart，@ProjectZeroHGSE，与我们分享你自己的学习，发出你的声音。这里分享的许多例子与声音就是通过这些论坛得来的。最重要的是，在你的课堂与整个学校中，让这些思维流程训练方法和思维可视化方法成为真实的行为模式，这样你也能体验到让思维可视化的力量。

罗恩·理查德和马克·丘奇

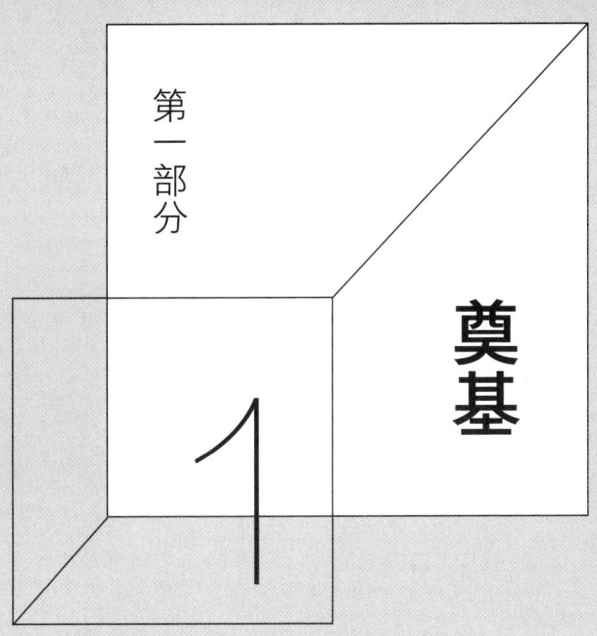

第一部分 奠基

第一章

思维可视化的6种力量

真正专注于让思维可视化，根本改变学生与老师的角色。当我运用思维流程训练方法记录我们的学习时，我注意到我的学生话多了。关注学生的思考，将权力放在他们手中，培养建立在相互信任和尊重基础上的师生关系。

亚历山德拉·桑切斯（Alexandra Sánchez），

密歇根诺维市帕克维尤小学三年级老师

当我让我的课堂思维可视化，似乎插入量油尺检查机油。我能马上看到他们理解了什么或没理解什么。这暗示我在教学中接下来需要做什么。自从我25年前开始教学，这可能是我最大的教学转变。现在我对学生的思考反应更敏捷了。

卡梅隆·帕特森（Cameron Paterson），

澳大利亚悉尼肖恩男校教学主任，历史老师

看到有中度认知障碍的非语言学生，从努力回答指定的阅读理解问题，转变为自豪地展示他们的思维，这永远改变了我支持学习者神经多样性的观点。让思维可见的方法给这些学生一条前所未有的路，给他们声音、目标和自豪感。我看到我们学校对这些学生的学习成果和思维能力的态度发生了巨大的转变。

艾丽卡·拉斯基（Erika Lusky），

密歇根罗切斯特罗切斯特高中教学教练，二级语言病理学家

亚历山德拉、卡梅隆和艾丽卡贴切地讲到了让思维可视化（MTV）

的力量。他们不是孤立的声音。在全世界不同课堂中，老师们已经与我们分享了不同的思维可视化（MTV）在他们自己的教学中和他们学生学习中的实践。作为在课堂中观察的研究者，我们自己已经看到这一点，见证了在参与式、有目的的学习环境中一种新的学校教育模式。自从2011年《哈佛大学教育学院思维训练课》问世以来，极大地推动了我们的研究与开发工作。在我们持续与学校的合作中，我们既要捕捉到老师让学生参与思考的方式，也要了解这些努力所带来的不同。思维可视化（MTV）是如何改变学生和老师的？是什么让这一套方法行之有效？如何努力使学生的思维可见，从而改变长久以来传统的学校教育？

本章我们阐明6种力量，在这6种力量中，我们看到思维可视化（MTV）实现了课堂变革。思维可视化（MTV）能够：

- 培养深度学习
- 培养学生高度参与性
- 改变学生和老师的角色
- 加强形成性评价实践
- 提高学习能力（即使用标准化测试衡量）
- 培养思维能力

我们通过那些在他们的教学和他们学生学习中看到思维可视化（MTV）力量的老师的分享，来探索上述这每一项能力。通过与相关研究的关联，我们扩展了这些阐释。最后，我们确切解释了为什么，以及这些"力量"如何广泛存在于思维可视化的实践中，具体地说就是思维流程训练方法。思维可视化（MTV）的实践是如何帮助建立这一力量的？老师如何能在他们自己的课堂中认识到这个力量？

培养深度学习

思维可视化项目开始于2000年，植根于20世纪90年代的"为理解而教学"前期项目。这两个理念——理解与思考——是深度学习概念的核心。虽然深度学习没有单一定义存在，休利特基金会，一个该领域的主要研究支持者，将深度学习定义为对核心学术内容的重要理解，以及批判性思考与解决问题的能力。这些核心学术能力，与合作、沟通、指导自学的能力、自省能力和拥有积极的信念，以及作为学习者自己的学习态度相结合，这些都有助于激励一个人持续学习。

基于对深度学习的学校与课堂的广泛研究，贾尔·梅塔和莎拉·菲恩认为深度学习会出现于以下方面的交叉点：

- 熟练掌握：产生理解的机会
- 身份：作为世界上一个地方的学习者，联结到一个领域并发展的机会
- 创造力：创造对个人有意义的机会

这些机会融入批判性思维，应对复杂性，挑战假设，质疑权威，拥抱好奇心——都是深度学习意味的所有核心要素。

宾夕法尼亚州贵格谷奥斯本小学的埃里克·林德曼认为，当他在三年级的课堂上让思维变得可见时，这些因素就起了作用。"当我们使用思维可视化时，我们的课堂学习故事就会有显著的不同。日常活动可以培养学习者的能力，在激发探索的同时培养处理复杂的事物的能力。当我的学生开始内化和应用这些思维工具时，我成为他们的调查顾问。在学生的引领下，好奇心和激情为更深层次的学习注入动力。"埃里克的评论证明了让

学生们的思维可见的变革力量。它们使教学超越了传播的范畴，不仅关注内容的转化，也关注学习者的转化。

密歇根州奥克兰县国际学院的中学数学老师杰夫·沃森也注意到了这种从传播到转变的运动。"我去过的数学课堂大多是以讲课为导向，以老师为中心的环境。很多时候，唯一的互动就是对'还有问题吗？'的回答。"相比之下，杰夫指出："思维模式是改变整个课堂动态的一种不可思议的方式，因为学习自然而然地就会交给学生，让他们发挥更积极的作用。"最好的一点是，尽管这些变化如此强大，但它们不需要花费任何资金，不需要改变课程，也不需要全面改革。

正如我们所确定的，理解和思考的议程是深度学习的核心，也是有效使用思维流程训练法的核心。在使用思维流程训练法时，老师需要将其应用于构建理解的更大背景中：这一特定的课程如何适用于我正在努力实现的更大范围的理解？这样，老师们就可以开始专注于某一节课的目标：我希望学生们开始思考哪些想法？我们需要探索的复杂性和细微差别在哪里？我该如何推动学生的理解并推动它向前发展？这些问题都得到了回答，老师们就可以确定原始材料和可能最好地服务于探索这些材料的思维方式。只有这样，老师才能够很好地选择一种思维方式，作为探索的工具或结构。

培养学生高度参与性

来自新泽西州纽波特史蒂文斯合作学校的哈代·维亚斯老师反思了思维可视化（MTV）在她三年级和四年级学生学习中的差异，注意到思维流程对学习者的吸引力："在探索主要和次要资源时，继续使用思维流程，作为谈话的准则，作为思维的驱动力，促使学生从兴趣点发展到深度参与，再到渴望采取行动，确定采取的措施。思维路程则在情感上吸引了学生，从而提高了他们的知识素养和道德反思。"

哈代的评论确定了3种具体的参与类型：（i）与他人互动，（ii）参与思考，（iii）参与行动。在与他人的交往中，我们认识到学习是在与他人的相处中展开的，是一种社交行为，我们在其中学习，从他人身上学习，与群体一起学习。这个小组不仅支持我们的学习，还使我们达到更高的水平。与此同时，学习需要个人参与思考。虽然我们可能会被动地接受新信息，但建立理解是一个积极的主动过程，包括深入挖掘和理解。我们把自己带到学习的时刻。有时这被定义为认知参与，以区别于单纯的行动上的参与。只有对想法的认知参与才能导致学习。探索与世界相关的有意义的重要概念，通常意味着学生想要采取行动。为他们提供这样做的机会和框架，鼓励学生在使学习相关联的同时发挥潜能和力量。

我们发现，这种由3部分组成的参与性质框架，对理解学生思维习惯的不同很有帮助。因此，我们已经使用这个框架来组织我们在本书第二部分中呈现的思维流程。当然，这3种参与类型并不是分散的，我们在每一个标题下呈现的思维流程训练方法也不是分离的。虽然流程可能会提供一种很好的方式让参习者与他人互动，但学生们仍然参与到思考中。同样地，当我们考虑采取行动时，我们可能会与他人合作，但思考仍将保持核心地位。

人们很容易指责学生缺乏投入。毕竟，我们注意的是他们的行为（或缺乏行为）。然而，大卫·舍诺夫的研究发现，75%的学生参与的差异归因于课堂学习环境的差异，而只有25%可以由学生自身的背景特征来解释。此外，舍诺夫和他的同事们发现，让高中生参与思考可以提高学生在课堂上的参与度。这些发现反映了其他研究人员对城市中学生对老师看法的评估。当老师让学生独立思考时，学生认识到这对他们作为学习者的理解和自主性的发展是有用的。老师梅塔和埃内在深入学习的过程中发现，对所有学生来说，深度参与和思考机会的重要性也是他们共同的主题。他们发现，促进深度学习的老师将思考和投入视为学习的必要部分，也是所有学生都能做到的。与之形成对比的是，那些未能让学生持续参与深度学习的老师。这些老师更倾向于认为理解、思考和参与超出学生能力范围。

这种思维导致参与的现象不仅限于初中生和高中生。密歇根大学讲师卡特琳·罗伯逊在她的艺术教育课上就经历过这种情况。"多年来，我一直使用问题提示让我的学生参与讨论文本。这些讨论通常以问答的形式结束，学生们只是回答我的问题，但彼此之间却没有交谈。这种参与感觉是强制的，有时整个课堂就感觉是梦游一样。"卡特琳说。卡特琳不满足于因为这种行为模式而责备她的学生，她做出了改变。"当我开始使用思维流程训练法时，一切都改变了。学生们被给予了展示自己想法的空间，而不是仅仅回答我的提示。教室里充满了交谈。学生们的想法开花结果，新的观点出现了，并以各种形式深入思考与分享。我真希望我在职业生涯的早期就这么做了。"在世界的另一端，澳大利亚天主教大学的凯西·格林对思维流程训练法的使用也有同样的反馈。在经历了这些之后，她的学生问道："为什么我们学校的其他班级不这样做呢？"它更有意义，更有用。

改变学生和老师的角色

在传统的教学传播模式中,学生和老师的角色是明确的。老师通常通过讲座、PowerPoint 幻灯片或指定的阅读来传达信息,而学生则是接收者,接受传达的信息。如果课堂是互动式的,那就只不过是老师询问学生是否了解材料而已。在这种模式下,"好"学生准备充分,不会被老师的问题抓住,而所谓的"差"学生只是在需要时才参与。不幸的是,对于太多的学生来说,这种模式是一个有理有据的现实。

当老师抱着让学生的思维可见的目标,并开始利用相关的实践时,他们开始看到老师和学生所扮演的角色的转变。这些变化一开始是很微妙的,但随着时间的推移有可能是深远的影响。可以肯定的是,当许多老师开始使用思维流程训练时,他们可能仅仅会是作为传统的教学传播模式的补充,使学习生动起来。即使发生了这种情况,老师们仍可能看到一些可能性的曙光。然后,老师必须拥抱这种潜力,并通过定期、深思熟虑地应用思维可视化(MTV)流程来培养它。他们不仅必须要采用这个方法,而且必须采用让思维可视化的目标。这就需要对教学采取新的立场,改变学习的故事,重新定义教育的目标。

虽然课堂改革最彻底的老师们不会放弃课程,也不会让学生为高风险的考试做准备,但他们认为自己的角色是在考试之外进行教学,为学生的终身学习作好准备。这个测试只是一路走来的一个小标记。卡梅隆·帕特森说:"虽然我希望我的学生在考试中取得好成绩,但我也希望他们培养出在充满机器人的全球化世界中茁壮成长所需的品格——能够独立思考、创造和提问。"采用这种教学态度,老师的目的不是简化具有挑战性的材料，使之更容易，他们探索如何让这些想法变得容易理解。学生们的问题让人兴奋而不是分心。当他们看到课程中大量的内容时，他们意识到并不是所有的内容都是平等的，所以他们会避开按部就班。他们知道深入的理解是对未来学习的良好准备。

当老师们做出这些心理转变并采用新的思维方式时，思维可视化（MTV）的做法就会有变革性，老师们也会注意到自己和学生的变化。密歇根州布莱顿希尔顿小学的三年级老师玛丽·比恩认识到，这种转变发生在她自己和她的学生身上。"让思维可视化，并专注于培养一种思维文化，教会了我如何帮助孩子们为他们的思考发声。"玛丽反思道，"在所有人都重视学生思考的课堂文化中，学生们就会自然而然地开始采取不同以往的可能的主动行动。现在，我有学生建议使用思维流程来帮助揭示一个主题的复杂性。我可以退到一边，让学生们围坐成一圈，思考不同的观点。我们的角色转换让我不仅可以观察孩子们知道什么，还可以观察他们如何倾听、思考、参与和回应。"

玛丽已经把她的角色从一个传递者转变成了一个协调人，她努力建立一种支持性的文化，为探究创造条件，为有意义的探索创造机会。课堂上的主导声音从老师转到了学生。她的学生不再是被动的知识接收者，而是主动的创造者、管理者和团队成员。认识到她的学生的主动能力，玛丽必须防止自己倾向于拉紧缰绳和过度控制。相反，她庆祝这种新的参与水平，并且试图促进，授权她的学生，创造一种代理意识。

代理意识和主动性引起华盛顿特区赛维尔友谊学校幼儿园老师丹尼斯·科芬的共鸣。"通过使他们思维可视化，我授权学生。他们开始表现出'内在更强大'的意图——这是他们的说法，不是我的。这意味着他们的思想和行动计划能够像他们更年长的同学与成年人那样符合逻辑和复杂。"

思维可视化（MTV）改变老师角色的另一个方式是使老师变成他们学生的学生。即老师变得对学生的学习产生好奇：他们是如何理解思想的，他们在想什么，以及什么想法吸引了他们。思维可视化（MTV）允许和要求老师以不同的方式了解他们的学生。传统上，我们通过他们的学习表现、技能和他们拥有的知识来了解我们的学生。许多学校依赖于期终考试，仅通过这一次分数来定义学生。当我们专注于学生的思维，我们能了解他们更多。我们开始对他们是如何知道的，他们有什么问题，以及他们面临什么挑战感兴趣。我们不再视这些挑战为不足，而是有趣的探索机会。这促发对我们学生思维的好奇心，进一步激发我们让他们的思维成为一种机制，以更好地理解他们，并提供更具响应性的指导。

加强形成性评价实践

当教育界学习到反馈和形成性评价在促进学习中的效用，决策者和项目营销人员寻求在学校中嵌入形成性评价和使之制度化。不幸的是，这经常会要求老师设计和设定形成性评价任务。在一些例子中，这些任务必须正式罗列，作为课程计划的一部分，甚至是在学生们开始他们的学习之前。我们听到老师在布置正式的、预先指定的任务之前对学生说，"这是形成型课程"。大多数学生将之听成"这不算数"。因此，在学生眼中，指导教学和学习的任务变得毫无意义，评价被视为对他们做的事情，而不是与他们一起做的事情。努力将形成性评价正规化的问题在于形成性评价不是一项任务，而是一种实践。如果你依赖和设计正式的任务来为自己和你的学生提供"形成性评价"，那么你很可能有一个薄弱的形成性评价实践，你的学生从中获益甚微。

真正的形成性评价是持续和嵌入式的努力，以了解我们学生的学习。这是一条学生和老师积极参与对话学习的双向通道。它并不存在于一个任务中，也不是对一个人在该任务中的表现评价。形成性评价存在于我们对学习过程的倾听、观察、检查、分析和反思中。即便如此，只有当我们将这些最终用于教学和学习时，我们的评估才会形成。形成性评价是由我们对学生学习的好奇心和确保我们的教学能够满足他们作为学习者的需要的愿望驱动的。

如果我们不仅想知道学生们知道什么，还想知道他们是如何知道的，那么我们必须让他们的思维可视化。因此，让学生的思维可视化是一种形成性评价方式。正如史蒂文斯合作学校校长希拉·古豪斯所言，"洞见学生的思维，给老师无价的信息，能用来计划每个学生的下个步骤。这也帮助我们更好地理解每个学习者，以及有效促进他们学习的方式"。

谈到思维流程训练作为形成性评价工具的特殊优势，卡特琳·罗伯逊指出它们的开放性特征尤其对她的大学学生有用。"通过一个思维训练流程方法（不是一个测验，或者其他一些预定的工具），要求学生们让他们的思维可视化，我不仅能收集我想要理解的他们学习的特殊领域的数据，还能发现我没有考虑到或者预料到的学生们的学习方式。"她补充道，通过事后发现和不曾料想的信息，当我们进一步学习的时候，思维流程训练方法以丰富和微妙的方式"帮助我设计更好的支持和发展学生学习的机会"。

在第二部分分享的思维流程中，都有一个"评估"部分。然而你找不到关于如何给学生的反应打分或评估的信息。因为这样做就会让人觉得你在寻找一个具体的答案,而不是关注他们的思维。你将发现对于你所身处的思维流程步骤和根据要推动的思维流程来检查学生的反应时,你应该注意什么。如果你注意到学生的反应较弱或有限,或者遇到困难,你还可以在这里找到如何应对的建议。

如果你需要或想要一个总结性评价,我们建议将思维流程训练方法用作一个建立理解的工具,伴随着所有需要的混乱,然后加上更传统的任务,让学生分享他们的理解。一个很好的例子是汤姆·海尔曼使用"剥水果"的方法。汤姆所教的华盛顿国际学校(WIS)的高中学生使用这个思维流程训练方法在团体中形成他们对诗歌的理解。学生随后写了对该诗歌的个人评论文章。当他们使用"剥水果"思维流程训练方法时,汤姆介入、提问、推动,支持学生们的学习。这就是行动中的形成性评价。然后他给学生们的评论打分,基于他们在诗歌基础上所能理解的诗歌的含义。因此,学生们重视他们"剥水果"的时间,不只是当成一个不评分的形成性评价任务,而是因为它所提供的形成理解的机会。

改善学习(即使用标准化测试衡量)

当我们第一次开始"思维可视化"项目时,我们很难让美国的学校与我们的研究项目合作,即使是免费的,因为我们的工作并不是专门为了提高考试分数。当时正值美国"标准与责任"运动的高潮。我们解释说,我们的项目是为了让学生思考、参与和发展理解,但仍然没有人愿意接受。后来,当我们开始更广泛地分享项目的工作和相关的思维流程时,我们不断收到关于它们与学生的考试成绩有何关系的问题。说实话，我们无法回答这些问题。我们知道，这些思维流程能让学生参与学习，让他们思考，并帮助他们建立理解。我们觉得这对他们的标准化考试有帮助，但我们没有证据。然而，在这之后的几年里，我们已经能够收集到这些数据。

三年级老师埃里克·林德曼指出："今天的标准化考试包含了更多开放式的问题解决部分，需要更复杂的分析。"让思维可视化有助于学生理解这些问题以及达成任务所需的思维类型。当学生们对自己的思维过程以及如何运用这些思维过程有了深入的了解，他们就能游刃有余。因为我们认为思维可视化（MTV）是一套复杂的实践，需要时间和支持才能成熟，我们不认为它是一个项目，然后去评估结果。因此，为了检查对学生表现的影响，我们依靠老师个人和学校的数据，他们已经接受思维可视化（MTV）作为一个目标和实践，并在他们的学校或课堂通过持续的专业学习培养它。

结果令人印象深刻。2010年，华盛顿国际学校的英语系看到学生在国际学士学位（IB）[①]文凭的平均科目成绩，无论是更高水平（HL）或标准水平（SL），均较前一年显著增加（见表1.1）。这些收获对于学习SL的学生来说尤其明显，英语课平均分数从2009年的5.2（IB文凭级程度）提高到2010年的6.07。此外，2010年79.3%的学生在英语科目考试中获得了最高成绩7分或6分，而在2009年只有30%的人获得了这样的成绩。2011年，HL班学生的成绩保持稳定，而SL英语班学生的成绩继续上升，平均成

---

① IB课程即国际文凭组织IBD，是为全球学生开设从幼儿园到大学预科的课程，为3—19岁的学生提供智力、情感、个人发展、社会技能等方面的教育，使其获得学习、工作以及生存于世的各项能力。

绩为6.23分，有87.1%的学生获得6分或7分，没有一个学生成绩低于5分。这不仅是一个强劲的增长，而且令人惊讶的是，在2011年的班级，学生的数量更多。老师们将此归因于2011年的学生已经连续3年接受了让思维可视化（MTV）的训练。不仅英语成绩很出色，在学校的其他学科领域也有类似的进步。在随后的8年里，成绩表现水平保持了相当的一致性。

表1.1　华盛顿国际学校国际学士学位（IB）的A1英语考试成绩（2009—2011年）

IB英语A1较高水平（HL）				IB英语A1标准水平（SL）			
年度	人数	平均分	7或6分百分比	年度	人数	平均分	7或6分百分比
2009	29	5.07	24.1%	2009	30	5.20	30.0%
2010	36	5.58	52.8%	2010	29	6.07	79.3%
2011	24	5.54	50.0%	2011	31	6.23	87.1%

在澳大利亚墨尔本，当内森·阿姆斯特朗开始研究思维可视化的时候，在韦斯利学院的高年级英语课上，他看到他的学生在维多利亚教育认证（VCE）中排名前10%的百分比增长了1.5倍，从2007年的21%上升到2008年的55%。在随后的几年里，这种高水平表现一直保持稳定。在澳大利亚新南威尔士州纽卡斯尔市的圣菲力普基督教学院，家长们甚至意识到思维可视化（MTV）的做法给学生带来的不同。一位家长给高中英语老师朱迪·阿纳斯托普洛斯写了这样一封信：

亲爱的朱迪：

詹姆斯（化名）是一名低于平均水平的十年级英语学生，没有信心在他的HSC（高等中学证书考试）取得成功。他的成功是通过引入一种新的学习方法来实现，使用思维流程训练法提高了他的口语水平和自信，但除此之外，他的书面语言为他赚得了6分（HSC英语的最高水平）。对于儿子的进步，我将永远感激！

　　澳大利亚墨尔本的圣伦纳德学院通过采用让思维可视化（MTV）的做法，致力于建立一种思维文化。校长斯图尔特·戴维斯知道，学校有这样一种趋势：赞美表现最好的学生，并根据它们能招到的名列前茅的学生数量来推销自己。然而，当学生相互排名时，就像他们在澳大利亚一样，这意味着在这个国家只有非常小的比例的学生可以达到这些水平。前1%的学生每年只被限制在全国1%的学生。此外，由于过分关注优等生，学校忽视了他们负责教育的绝大多数学生氛围内。斯图尔特认为最好的方法去评估不同思维可视化（MTV）实践，是去看中等生发生了什么，分数垫底的学生发生了什么，而不是只去看尖子生的表现。换句话说，思维可视化（MTV）训练是否对较低水平和一般水平的学生有帮助？在圣伦纳德大学，ATAR分数（澳大利亚高等教育录取排名，代表澳大利亚所有十二年级学生的百分数排名）的中位数每年都在稳步上升：2015年为81.55，2016年为85.58，2017年为87.4，2018年为90.5。对于学习成绩较差的学生也是如此：2015年为68.92，2016年为73.06，2017年为76.97，2018年为78.24。

　　在中学，加利福尼亚长岛智德学院，自其2013年成立以来，就以思维流程训练方法为核心，在2015年智能平衡评估（测试的第一年）中，数学和阅读显著优于国家平均水平。曼德拉国际磁石学校（MIMS）在新墨西哥州圣达菲，成立于2014年，是一个使用IB中学课程的免试入学的学校。这所学校最终将扩大到包括七年级至十二年级的学生。在梅尔维尔·汉金斯家族基金会的资助下，我们从学校成立之初就与之合作。3年间,新墨西哥州统一管理"为升学和就业做准备评价同盟"(PARCC)考试,MIMS学校八年级英语分数稳步上升,熟练率2016年为46%(西班牙裔学生占27%),2017年为60%(西班牙裔学生占41%),2018年为67%(西班牙裔学生占59%)。八年级数学成绩不太稳定,2016年为44%,2017年为39%,2018年为49%。然而,分数确实显示了长期的增长,与该地区同期17%的平均水平相比,分数表现得非常强劲。观察一组学生在学校里的进步情况,看看他们的熟练程度随着时间的推移发生了什么,这也很有意义。七年级学生的英语水平熟练率从2016年的46%提高到2017年的67%、2018年的77%。仅考虑这个群体中的西班牙裔学生,分数从2016年的24%,到2017年的41%,再到2018年的56%。

2010年,密歇根州布卢姆菲尔德山的道路小学发现,学生在新的州立学校写作评估中的表现远远超过了使用相同写作程序的其他区的同学,82%的学生得分为熟练或以上,而整个学区的学生得分为66%。唯一不同的是,从2008年开始,该校致力于成为一所"让思维可视化"的学校。作为一项新的评估,没有关于前几年的数据,但是,道路小学和该地区学生人数相似,且使用相同写作程序的学校之间的比较数据提供了一个很好的准实验比较。同样,密歇根州特洛伊市的贝米斯小学在2010年英语语言艺术精通率达到85%或以上,2013年,通过将思维可视化作为其练习的常规部分,这一比例提高到了98%。贝米斯小学也见证了学生数学高级水平的大幅增长,2010年的初始成绩为28%,2011年为37%,2012年为49%,2013年达到50%。

这些例子可能会被认为是不具评价性和不严谨的,因为它不是一个实验研究环境(在教育研究中很少见)。没有办法基于这些数据来衡量一个人在实施思维可视化（MTV）实践时可能获得的效果大小，也不可能看到它与更直接的干预措施或单一重点的项目相比如何。此外，我们认识到，这些学校有明确的目标和愿景，并受到强有力的领导力的引导，这也会影响学生的学习。我们认为，数据确实告诉我们的是，在正确的人手中，经过一段时间的努力，让思维变得可见，可以极大地提高学生的表现——即使是在标准化考试中。

其实，这并不奇怪。我们知道，当学生的认知参与度更高时，他们的表现就会提高。哈佛大学物理学教授最近的一项研究发现，与直接、被动的讲座相比，学生从主动学习方法中学到的东西更多，尽管学生们感觉从讲座中学到的东西更好。当学生深入理解材料时，他们往往更容易回忆，更善于将其转移到新的语境中，并在解决问题的情况下表现得更好。当学生们参与思考时，他们的理解力就会提高。因此，我们不应该太过怀疑这样的努力，即使不是作为一个计划来实施，也会对学生的表现产生影响。正如卡梅隆·帕特森所说："当我让学生们的思维可见时，它就会被分享，所以这是'我们'的思维，相互反射，而不是锁在他们的头脑里。这个公开分享思维的过程建立了我们的集体理解。我们都学得更多，他们在考试中也考得很好。"此外，当学校或老师采用思维可视化时，我们从未见过分数下降。这与让学生深度学习的其他努力是一致的。

针对那些对实验数据感兴趣的人，应用实验数据，思维流程训练法被用作与控制组的表现进行比较，智利理工大学的叶尔科·塞普尔维达和胡安·维内加斯·穆格里最近的一项定量研究具有指导意义。他们研究了883名商学院学生，他们参加了一门核心成本与预算课程（使用相同的教学大纲、测验和考试），这些学生分布在3个不同的校园、32个不同的学区。152名使用思维流程训练法（经常使用5种不同的思维方式）的学生期末考试成绩平均高出1.3分（在1~7的范围内，比在两个单独的对照组中使用传统思维方式的同龄人高出1.3分）。

关于思维可视化，我们有时会被问到一个相关的问题：它们有效性的实证是什么？虽然看起来这个问题和考试分数的问题是一样的，但是经验证据和实验证据并不一定是一样的。经验证据是指可以从经验中观察到或验证的东西。所有人都可以获得思维可视化的经验证据。当你使用思维流程时，你可以自问自答：这如何改变了学生的参与度？学生们正在建立理解吗？思维流程是如何促进他们探索这个话题的？学生们是否比我使用的更传统的方法更深入？你此刻所看到的，从学生的汇报，以及你对学生作业的分析和反思，构成了你自己的经验证据，应该得到重视。我们不应该让考试成绩成为我们学校和教室里唯一的故事。现在是我们向家长、学生和社区提供更有力的学习证据的时候了。

虽然我们没有把思维可视化实践作为提高考试成绩的一种手段，但这并不意味着我们没有对其影响进行研究。由于我们设计了思维流程来培养学生的思考能力，这是我们在早期研究中评估的结果：我们发现经常使用思维可视化训练对学生元认知策略的发展有显著的影响。元认知策略是一种典型的学习策略，指学生对自己的认知过程及结果的有效监控的策略。一个人的元认知策略是一个人引导自己思考和告诉自己作为一个思想者该做什么的能力的关键因素。因此，思维可视化实践促进了学生作为思考者和学习者的发展。

培养思维能力

"思维可视化"项目的主要目标是通过培养学生的思维倾向来培养学生成为思考者和学习者。性格决定一个人与世界互动的个人模式。我们的性情是我们性格的一部分。我们的思维倾向反映出我们是什么样的思考者和学习者。当然，性格不仅仅是拥有技能或能力——它意味着一个人也倾向于使用这些能力，意识到并察觉到使用这些能力的场合，并在那一时刻被激励去使用这些技能。因此，能力、倾向、意识和动机都必须存在，我们才能说一个人有一个特别的性格。

当老师使用思维流程训练法时，他们帮助学生发展他们的思考能力，建立一个思维动作的库。当我们明确地为思维命名，并将其作为一种思维工具引入到日常生活中时，这个过程会得到进一步加强。通过将理解地图（见图2.1）贴在教室或学生的笔记本上以方便参考，学生们可以掌握自己的思维方式。曼谷国际学校五年级的老师桑德拉·哈恩说："我的五年级学生在识别他们使用的思维动作，并描述如何利用这些动作来帮助他们解决每周的数学题方面变得非常熟练。有些人甚至还创造了一个个人问题提示，他们可以在其他情况下使用这个提示来进行思考。"

当我们通过思维流程训练法、文档记录、提问和倾听使思维可视化成为课堂的一个常规部分时，我们就向学生传达了这样一个信息：思考是有价值的。它渗透到我们所做的每一件事中，成为课堂结构的一部分。学生们逐渐认识到他们思考的价值，并变得更倾向于把思考作为学习的重要部分，而不是作为偶然的附加物。这改变了他们作为学习者的身份。

位于密歇根州特洛伊市的贝米斯小学在使用思维可视化实践方面有着

悠久的历史。他们在学校广泛接受了这一目标和实践。多年来,五年级老师金·斯迈利观察到了这种做法带来的变化。"随着学生们更长时间体验思维流程训练方法,他们正在内化这些日常思维流程。结果,他们进行对话的方式和他们使用的语言都发生了变化。他们会毫不费力地谈论自己的想法。"同样,丹尼斯·科芬也看到了她的低年级学生经常努力让自己的思维可视化的转变过程。"多年来,我注意到,我的学生离开学校时,会把这些知识都带走。思维继续深化,这样的思维训练成为一种天生的习惯或性情。我看到我的学习者把这种新形成的学习身份、学习习惯等等,带到其他学科,甚至与他们的家人互动中。"

当谈到性格发展时,我们的研究经常表明这一点,认识性格的最大障碍是人们没有发现运用他们技能的场合。人们通常都有思考的能力,但却不能确定他们应该在哪些情况下运用这些能力。在学校里,意识的发展可能是有问题的,因为老师经常告诉学生确切的时间和地点,以安排他们所需要用到的技能。为了培养学生的意识,老师必须后退一步,让学生向前一步,做出更多的决定。当然,如果学生没有发现机会,我们可以介入,但这样做之前,若学生有机会发现机会,则剥夺了他们性格发展的机会。

密歇根大学讲师卡特琳·罗伯逊开始在她的学生身上发现这种意识的发展。"一旦学生们内化了各种思维流程的结构,他们就开始思考哪个是他们想使用的思维流程,这样他们的思维就成了我们学习的中心,而不是我的。看到他们带头作出这些选择,而不是由我来计划所有的指导,我感到很兴奋。"在学习谱系的另一端,来自贝米斯小学的幼儿园老师詹妮弗·拉塔特认识到,她需要给学生更多的主导权,以允许他们的性格发展。"通过让学生发声,你传达出这样一种信息,即他们的想法和思考与正在进行的学习是相关的，如果我们把指挥棒交给他们，他们就会开始自然而然地接管学习。"

结论

基于我们在这里阐述的思维可视化实践的力量，有人可能会认为我们已经找到了治愈学校弊病的灵丹妙药，减轻老师的负担，并显著提高学生的学习成绩。遗憾的是，事实并非如此。我们试图在这一章做的是展示思维可视化实践的使用可能会把你、你的学生和你的学校带向何方。这里所阐述的6种力量是基于我们在课堂上的研究，老师们长期以来持续推进的方式，并在他们同事的支持下，深入参与思维可视化实践。只有通过不断努力，人们才有可能实现这些力量中的任何一种，更不用说全部实现了。教与学是复杂的任务，我们必须尊重这种复杂性。在教学中没有快速的解决办法，只有有意义的努力才能创造学习条件。思维可视化实践是努力学习的一部分。

理解思维可视化实践的潜力有助于避免我们在思维流程的实施中看到的最大陷阱：它们只是用来打破学校的单调的活动。当你在接下来的章节中阅读更多关于实践的内容时，并通过我们在接下来的章节中分享的新的思维方式来工作时，请记住我们在这里列出的潜力。当你将这些实践融入你的教学时，把这6种力量看作是为了形成一种行为理念，你可以通过它来判断你的教学是否成功。行为理念将教学行为与行为产生的预期结果联系在一起。有一个明确的行为理念，无论是对自己还是作为一个整体，帮助我们避免掉入仅用一套实践方法就能获得最佳效果的陷阱。行为理念为我们提供了衡量我们努力的试金石。

用这6种力量作为行为理念意味着什么？一种可能是：如果我/我们使用思维可视化实践来积极地让我们的学生在思想和行动上相互交流，那么学生将体验更深度的学习，更积极地参与到他们的学习中，在他们的学习中扮演更积极的角色，成为思考者和学习者，并提高学习成效。与此同时，我们作为老师将成为更好的倾听者，学会鼓励学生的主动性，并获得对学生学习新的见解，这有助于我们制定针对性的教学计划。一种行为理念无非包含我们这里所说的6种力量，你可能想要在一段时间内专注于一两个，然后再扩展。我们鼓励你利用6种力量来构建你的理论运作，并在你使用这里分享的思维可视化实践的过程中经常重新审视它。如果你发现自己持续的努力和行动并没有达到预期的结果，和同事一起反思为什么会出现这种情况。你会在书中找到有助益的故障排除建议，无论是关于个人思维流程设定还是更普遍的关于思维可视化实践。当你使用思维可视化实践指导你的反思时，请重温这些内容。

第二章

思维可视化：一个目标和一套实践

让思维可视化不是一个大纲，而是一种互动方式，甚至是一种互动框架。有时，我们将其作为一种教学方法，来辅助将其塑造成为一个更广泛的事业，而不是简单地随取随用。我们已经意识到，最好让思维可视化既作为一个广泛的教学目标，也作为一套支持该目标的实践。接下来，让我们来探索这两方面。

让思维可视化成为教学目标

如果我们相信学习是思考的结果，那么我们不仅要让我们的学生去思考，而且要理解正在展开的思考过程，以便我们能够支持它、促进它并发展它。当我们把思考变成可见的，它不仅为我们提供了一个窗口，让我们了解我们的学生理解了什么，他们思考的产物，也让我们了解他们是如何理解的，他们的思考过程。当然，揭示学生的想法既能证明学生的洞察力，又能揭示他们的错误观念。

教学并不是说教，以既定的速度传递内容并不能产生深度学习。在我们的指导和支持下，当学生接触到想法，当他们提出问题，探索和构建意义时，学习就发生了。因此，我们需要让思考成为可见的，因为它为我们提供了所需的信息，来规划将学生的学习提升到下一个水平的机会，并使我们能够继续参与正在探索的想法。只有当我们了解我们的学生在想什么、感受什么、关注什么，我们才能使用这些知识进一步参与和支持他们的理解过程。因此，让学生的思维可视化成为有效的、针对性教学的一个持续的组成部分。

让学生的思维可视化也服务于一个更广泛的教育目的，这个目的超越了内容，而是关注一个问题：我们的学生在与我们相处的时间里，谁成为了思考者和学习者？这个问题说明了教育的目的不仅是为了测试，也是为了一生的学习、参与和行动。教育是要发展作为一个思考者和学习者的这种身份，我们需要让思维过程消除神秘化，并使其可见。当我们这样做的时候，我们为学生提供了参与想法、思考和学习的模式。这样一来，我们就打破了学习只是把课本里的信息牢记于心的神话。上学不再是关于"快速给出正确答案"的问题，而是关于"为理解新思想和新信息而进行的脑力劳动"。科林斯、布朗和霍勒姆在1991年的开创性论文中将思维可视化与认知学徒相联系。他们认为，深度学习和对某一领域的掌握不仅仅来自知识的获取，而是来自学会像该领域的人那样思考。当导师与徒弟分享他们的思考过程时，这个过程就会成为学习的核心部分。

维果茨基写到了社会文化背景在提供学习模式中的重要性，他说这是"儿童成长为他们周围的人的智力生活"。这是我们最喜欢的名言之一，因为它为教育的意义提供了强有力的隐喻。我们用什么样的知识生活来包围我们的学生？它是勇敢的、鼓舞人心的、复杂的吗？我们如何促进他们成长为知识分子？我们的学生在我们的教室里学习到了什么？我们是在思考、学习、解决问题、设计、辩论和成为公民的过程中培养他们的？我们怎样才能超越传授知识和传授如何在外部考试中取得高分的技巧，让学生们不是为了考试，而是为了生活作准备呢？

让思维可视化作为一套实践方法

思考是一个内在的过程，它发生在个体思维的运作过程中。因此，它可能看起来神秘而难以接近——因此需要让它可见。我们在这里使用"可视化"这个术语，不仅代表我们可以用眼睛看到的东西，也代表我们可以感知、注意和识别的东西。当我们把思考变成可见的，它就变得对所有的人——老师和学生都是透明的。然后，它就变成了可以分析、探索、挑战、鼓励和进步的东西。有4种方法可以使思维可见：

- 提问
- 聆听
- 文档记录
- 思维流程

虽然每一个都可以单独讨论、检查和反思，但在现实中，它们是作为相互加强和补充的综合实践而存在的。

提问

提问不仅是思考和学习的动力，也是思考和学习的结果。当我们接触新的想法和发展我们的理解，新的问题就会出现。伏尔泰有句名言"判断一个人，要看他提出的问题，而不是看他的答案"，因为提问很可能揭示一个人对问题的真正理解深度以及他们对问题的参与程度。几乎在所有的思维流程中，提问显然扮演了核心角色。许多思维流程，比如"美与真""3Y""4个If"和"是什么？为什么？怎么样？"，在其中都嵌入了特定的问题。这些问题可以帮助推动思考和学习。其他的思维流程，如"剥水果""ESP+I""无领导讨论"和"SAIL"，使提出原创的问题成为中心。这些问题让学生成为自己学习的驱动者，并以伏尔泰所确定的方式展示他们的好奇心和理解。我们甚至有一个处理问题的流程"问题分类"，这有助于学生提出好的问题，形成探究。

除了思维流程中问题的内在本质之外，我们发现，如果不提出所谓的启发性问题，就不能有效地让思维可见。这些对学生回答探究，展示了我们对他们思考的兴趣，并提供了深入探究的机会。我们最喜欢的启发性问题是："你为什么这么说？"我们甚至在我们的第一本书中把这个问题作为思维流程提出，缩写为"WMYST"。老师们称其为"神奇的问题"，因为它揭示了学生的思考方式，往往揭示了答案背后意想不到的思考。老师们注意到，通过经常使用"WMYST"他们学到了更多，并与学生、朋友和家人进行了更深入的对话交流。我们发现，这个问题的措辞似乎恰到好处地打动了人们，并邀请他们以一种不具威胁性的方式详细阐述和澄清他们的想法。当然，像"告诉我为什么"或"你这么做的原因是什么"这样的问题也起到了同样的促进作用。他们要求更完整的解释，但根据语气和表达方式的不同，可能无法像"WMYST"那样更好地引起学生的好奇心和兴趣。

在使用促启发问题时，老师的目标是了解学生的想法，进入他们的头脑，使他们的想法显现出来。因此，我们改变了教学模式，从试图把我们头脑里的东西传递给学生，到试图把学生头脑里的东西传递给我们自己。研究表明，传统课堂上老师的问题大多是回顾型问题。这些听起来像是一个迷你测验，倾向于强调对知识的回忆。然而，我们的研究表明，当老师以让思维可视化为目标时，他们提出的大多数问题本质上都是有利于思考的。当一个人对思考更感兴趣而对听到正确答案不感兴趣时，这种转变就会自然地发生。教学研究员吉姆·明斯特雷尔甚至为这种提问模式创造了一个术语，称之为"反射式投掷"。在反射式的投掷中，老师的第一个目标是试图了解学生的意思，理解他们的描述。如果不能立即理解意思，接着就会出现这样的问题："你能再多说一些吗？"或者"我不太明白你的意思，你能不能用另一种方式表达你的想法？"一旦老师明白了意思，就会抛出一个问题来推动学生进一步阐述和证明他们的想法，如："这告诉了你什么？""基于此，你是怎么想的？"或者我们通常喜欢说的，"你为什么这么说？"

聆听

当然，如果一个人没有倾听答案，就没有理由提出好的问题。通过我们的倾听，我们为学生提供了一个开放的空间，让我们看到他们的思维与想法。只有当学生知道我们真的对他们的想法感兴趣时，他们才有理由与我们分享。因此，倾听不仅是我们老师必须参与的一种实践，也是我们在课堂上必须采取的一种立场。这种立场在瑞吉欧的"倾听教学法"中得到了很好的体现。这些教育者认为，倾听必须是老师寻求与学生形成学习关系的基础。在这样的学习环境，"个人感到有资格代表自己的理论并对特定问题提供自己的解释"。女诗人爱丽丝·杜尔·米勒指出，"倾听不仅仅是不说话"，而是"对别人告诉我们的事情产生强烈的人类兴趣"，这个强烈的人类兴趣让我们在课堂中建立团队，围绕探索想法展开互动。

研究人员英格利西、辛茨和泰森将这种强烈的兴趣称为"移情聆听"，即老师倾听"学习者对一个想法或情况的理解、感受和观点，同时积极地将自己的兴趣、需求、观点和判断搁置一旁"。这种倾听的目的是理解学习者的观点和个人的理解。它与吉姆·明斯特雷尔努力理解学生的意思产生了共鸣。当我们以这种方式倾听的时候，我们可能会发现自己在反思我们对正在讨论的话题的理解,学生的思考可能会改变我们自己的观点。

然而,这并不是学习倾听的唯一理由,尤其是在教育环境中。英格利西、辛茨和泰森还提出了"教育性聆听",即我们倾听并关注学习者的挣扎、挑战和困惑。在这里,我们必须努力识别学生的挑战何时可以导致思想上的富有成效的斗争,并最终为该学生提供新的见解,以及何时挑战是压倒性的并可能导致学生放弃。还有"生成式聆听",我们在其中聆听学生的思维和想法,可能会为探索或扩展我们的目标创造新的机会。

文档记录

思考和学习的过程可能是难以捉摸和短暂的。文档记录就是尽可能丰富地捕获这个过程的工作。但是思维存在于哪里呢?是在学生给我们的答案里吗?他们提供的全部工作是什么?虽然这些人工劳作可能包含思考的残留,太多时候思考和学习在努力获得好成绩和产生正确的答案中是模糊的。正如我们在最终产品中那样,随着时间的推移,我们更有可能在一个混乱的过程中思考各种想法。当我们能够捕捉到这个过程时,它就为我们提供了一个分析和思考的工具。

我们"零点方案"项目的同事,玛拉·克雷切夫斯基、特里·特纳、本·马德尔和史蒂夫·塞德尔花了几十年的时间研究文档记录如何支持学生的学习和老师的成长。他们将文档记录定义为"通过各种媒体观察、记录、解释和分享教与学的过程和产品,以加深学习的实践"。这个定义中包含了这样一种思想,即文档记录必须用于促进学习,而不仅仅是捕获学习信息。因此,文档记录不仅包括所收集的内容,还包括分析,对所发生的思考和学习的解释和反思。通过这种方式,文档记录既连接了倾听的行为，也扩展了它。为了捕捉和记录学生的思维，老师必须是警觉的观察者和听众。当老师捕捉到学生的想法，他们在暗示这些想法和思考是有价值的，值得继续探索和检验。

学生思维的记录也提供了一个阶段，学生可以观察自己的学习过程，记录正在使用的策略，并对发展中的理解进行评论。文档所提供的可见性为反思一个人的学习和把学习作为讨论的对象提供了基础。通过这种方式，文档记录为个体和群体的学习过程揭开了神秘的面纱，在这个过程中建立了更大的元认知意识。对于老师来说，这种对学生学习的反思是最真实意义上的评估，因为文档记录说明了学生的学习和理解。为了揭示这种丰富性，我们往往需要更多的关注，而不仅仅是我们自己的。与同事分享文档记录可以导致有意义的学习讨论，并允许我们注意到学生的思考方面和指导的含义，以及我们在工作时可能会错过的指令暗示。

就像提问和倾听是使用思维流程的组成部分一样，文档记录也是如此。有时学生会以个人或小组的形式进行自我记录，按照书面作业进行记录。这成为了与他人分享思想的工具，不是作为一个人正在"执行任务"的证据，而是作为一个人为的东西，供他人检查和评论。其他时候，老师需要这些记录来捕捉学生的想法。在这种情况下，一个重要的指导问题是要问："我想捕获什么，以便作为一堂课，我们可以在日后返回来进行更仔细的检查和分析？"

思维流程

思维流程是让思维可视化的核心练习。它们是促进思维的工具，是揭示和支撑思维的结构，随着时间的推移，它们的使用成为行为模式。我们发现，在学习有效地使用思维流程时，理解工具、结构和模式这3个层次是很有用的。虽然在接下来的讨论中，我们将每一个都区分开来，但重要的是要认识到，思维流程同时在这3个层次上运作。即使我们注意到思维流程工具的一面，我们也意识到它也有助于构建和支撑思维。与此同时，思维流程正慢慢成为一种行为模式。

工具。作为老师，我们必须首先确定我们试图从学生那里引出什么样的思维，然后选择特定的思维方式作为这项工作的工具。如果需要一把锤子，对锯子就会觉得很别扭，而且也不能很好地工作。那么我们需要什么样的思考工具呢？我们希望用什么样的思维方式来支持我们的学生？如果思维流程是工具，工具箱里有什么？

因为发展理解的目标对于致力于深度学习的学校来说是至关重要的，所以能够导致理解的思考尤其相关。因此，大多数思维流程都是为了这个目标而设计的。什么样的思考会导致理解？作为"思维可视化"和"思维创造文化"项目的一部分，我们确定了建立理解所必需的8个具体的思考步骤。如果在这个过程中忽略了其中的任何一步，那么在理解上可能会有很大的差距，或者对这个主题建立一个强有力的理解将会更加困难。这8种思考步骤包括：仔细观察并描述事物、好奇与提问、建立联系、考虑不同的观点、创建解释与说明、用证据推理、揭开复杂性并深入研究、抓住核心且形成结论。综合起来，这8个步骤形成了我们所说的理解地图（见图2.1）。

通过指定构建理解所必需的思维类型，"理解地图"已被证明对老师和学生都非常有用。它可以用来识别帮助学生参与特定内容所需的一种思维流程。一旦确定，人们就可以选择一个适当的思维流程来促进这种理

我们如何建立理解？

靠近观察且描述是什么
你看到和注意到什么？

好奇与提问
有什么令人费解的？

建立关联
这和你已经知道的有什么关系？

考虑不同观点
其他角度是什么？

创建解释
这到底是怎么回事？

用证据推理
你的依据是什么？

揭开复杂性和深入研究
表面之下是什么？

抓住核心且形成结论
核心是什么？

图2.1 理解地图

解。因此，思维流程成为实现目标的工具。这在我们向学生介绍流程的方式中很重要。而不是宣布，"今天，我们要进行'创造意义'思维流程"而是宣布了课程的目的，以及试图激发的思维类型，然后介绍了流程作为实现这一目的的工具："今天，我们要把我们所有的知识汇集在一起，建立联系，基于其他人的想法思考，并提出一些额外的问题。帮助我们做到这一点的工具是'创造意义'的思维流程训练法。"

"理解地图"也可以作为一个有用的规划工具，帮助老师规划对整个单元的理解。虽然我们通常不会在一节课中让学生参与到所有8种思维步骤中，但在一个单元的课程中，老师可以很容易地确保学生参与到8种思维步骤中的每一种。同样，寻求发展自己理解的学生也可以运用自己的各种思维活动。对很多学生来说，建立理解的过程是一个谜。因此，他们不断地寻求运用他们所拥有的记忆知识的工具来努力构建理解——不出所料，没有太大的成功。"理解地图"揭示了建立理解的过程。

构建。我们所开发的思维流程是精心设计的，以支持和组织学生的思维。在许多情况下，常规的步骤作为天然的脚手架，可以引导学生的思考提升到更复杂的水平。例如，在开发"创造意义"的思维流程时，我们试图仔细排列和构建一个集体意义创造的过程，其中每个步骤都建立在前一个步骤的基础上。确定与概念相关的关键思想为详细阐述奠定了基础，然后创建一个可以连接的强大的思想分类，从这些想法中可能会出现新的问题。最后，为了综合和整合这个过程，我们要求学生抓住这个过程的核心，并写出一个正在探索的概念的定义。因此，思维流程的步骤提供了一个自然的进程，其中每个阶段都建立在前一个阶段的基础上并扩展了前一个阶段的思考。

在使用思维流程的过程中，目标不是简单地完成一个步骤，然后进入下一个步骤，而是在后续步骤的每一步使用思维。当你开始尝试在课堂练习这些程序时，注意顺序是有帮助的。想想你将如何利用学生的回答，将它们与下一步联系起来，不断寻找一个阶段的好想法，如何在下一阶段建立好想法。

除了培养学生的思维外，思维流程也为正在探讨的内容提供了讨论的框架。有时，老师们会为如何支持学生进行有意义的讨论而苦恼。这样的讨论可能会因为缺乏倾听或过于关注工作的完成而受到抑制。如果学生觉得小组的工作是填写工作表，那么他们就会把注意力集中在工作表上，而不是讨论。拥有一个引导小组讨论的过程或框架是非常有益的。然而，我们经常要求学生讨论想法，却没有给他们提供一个有效开展的框架。第三章的思维流程专门被设计为互动和讨论的框架。

最后，重要的是要认识到，这里介绍的所有思维流程都是作为框架设计的，以使思维可视化。虽然这似乎是不言自明的，但它是判断任何思维流程是否成功的重要工具。不要用课程进行得有多顺利来评判你的成功。这种情况会随着时间的推移而改善。判断你的成功，要看你的学生的思维所揭示的东西。作为老师，在使用思维流程之后，我们需要问自己的问题是："通过这种思维流程，我对学生的思考有什么了解？"如果你无法回答这个问题，那么可能会发生以下几件事：

- 注重正确性而不是思考
- 把任务当成工作而不是探索的机会
- 内容薄弱，提供思考的机会少
- 在这种情况下，需要思考的模型

让我们更深入地研究一下这些问题，并考虑如何对它们进行审核。学生们没有提出他们的想法，因为他们认为你在寻找一个正确的答案。解决这个问题的唯一方法是清楚地表现出对学生思考正确性的兴趣和重视。老师们有很长的验证正确性的历史，所以学生们经常认为这就是我们所寻求的。无法给出答案的另一个原因可能是，学生可能把任务当作要完成的工作，所以提供的答案只是为了填表格或完成任务。为了解决这个问题，我们必须清楚地将任何思维流程的使用定位为探索和理解的机会。如前所述，这项任务必须有目的。第三个导致弱反应的原因是内容本身不是很丰富。思维流程始终是内容与用于探索该内容的流程结构之间的结合。如果内容本身不健全、不复杂，那么思维也会不健全、不复杂。最后，学生可能不确定什么样的回答是合适的。换句话说，他们可能缺乏反应的模型。一种自然的倾向可能是认为人们需要在一开始就提供模型。然而，这样做会导致大量的模仿反应。最有效的方法是将第一次使用流程视为提供模型的机会。确保学生有机会分享和看到彼此的反应。让他们确定他们注意到哪些反应能真正揭示一个人的想法。下次练习的时候提醒他们这些品质。

行为模式。思维流程必须从课堂流程作为文化建设者这一更广泛的概念来理解。我们的指令发生在一个情境中，而流程通过创造社会共享的、脚本化的行为片段来建立这种情境。老师以有效的思维解流程决学生思维的发展，通过开发一套他们和他们的学生可以反复使用的流程，学生能够使用流程作为"共享脚本"，能够越来越独立。思维流程的真正力量只有当它们成为学生和老师的行为模式时才能充分实现。当流程从有效的一次性活动过渡到"这就是我们在这里做事情的方式"的领域时，学生作为学习者的转变就开始了。当然，这需要时间。

尽管"流程"这个词可能会让人联想到刻板的印象,但我们在学习的课堂里看到的是,随着时间的推移,思维流程变得灵活而不是一成不变,并不断在演变。我们观察到老师不断调整思维模式,以更好地服务于当下的学习。一种流程的元素可以与另一种流程的元素相结合,从而创造出一种独特的、满足当前需要的混合流程。随着时间的推移,思考本身成为学生参与内容的流程部分也是有可能的。

当思维流程被经常使用并成为课堂模式的一部分时,学生就会内化学习是什么以及学习是如何发生的信息。思维流程训练和让思维可视化的努力,不是简单附加到现有的学校语法的修改,以使其焕然一新。相反,它们是变革性的实践,有能力改变我们的教学方式和学生的学习方式。通过它们的有效性和经常性的使用,思维流程传达信息,学习不是一个简单地吸收别人的想法、思想或实践的过程,而是深度学习,涉及将自己的思想作为一种新的知识来进行,从而有助于创造一个新的学校故事。提问不再是老师用来测试学生知识的工具,而是作为学习和探究的驱动力。

组织思维流程

有很多方法可以组织和呈现一组思维流程。在《哈佛大学教育学院思维训练课》中,我们将那些倾向于在一个单元早期使用的流程、那些位于中间的流程以及那些通常服务于更终极功能的流程进行了分组。这反映了我们经常看到老师在他们的计划中使用思维流程的方式。最初,思维可视化团队围绕4个关键思维理念组织了思维流程:理解、真理、公平和创造力。在不同的时间和不同的地点,"零点方案"项目的研究人员围绕特定的教学目标组织日常活动，比如发展全球竞争力、增强记忆、探索复杂性、支持创客学习或促进迁移。许多老师制定了自己的组织框架，以满足他们的特殊需求。

在这本书中介绍的流程集合的发展过程中，"参与"是一个反复出现的主题。我们有特殊的思维流程，非常适合让学生积极讨论、探索或给予反馈（第三章）。我们也注意到，我们的一些新思维流程特别着重于建立理解和参与想法（第四章）。最后，我们工作的一个新的关注点，是我们开始思考授权学生在世界上发挥积极作用。我们发现我们正在开发支持学生参与行动的流程（第五章）。因此，我们选择这作为本书的组织框架（见图2.2）。这并不意味着以任何方式加以限制，而且你肯定会发现一些流程很容易地适用于多个类别，并且可以用于不同的目的。

在你阅读第二部分中介绍的流程集合时，请广泛地考虑如何使用任何特定的流程。即使我们尝试着去捕捉各种各样的例子，你仍然可能在"使用与变通"或"实践案例"中找不到一个与你自己的内容领域或年级水平相匹配的例子。从所提供的例子中汲取灵感，但要超越它们去探索新的可能性。不要等待开始！如果你在阅读过程中有了使用思维流程的想法，那就尽快把它付诸实践。这是学习思维流程和探索其可能性的最好方法。

思维流程	关键思维行动	备注
与他人合作的思维流程		
付出与收获	头脑风暴、解释、分类	用于想法生成和共享。使学生动起来，表达，解释。
反馈阶梯	靠近观察、分析、反馈	构建口头或书面反馈。老师和学生都可以使用。
无领导讨论	提问、追根究底、聆听	用文本帮助学生做讨论的主人，学习问出好问题。
SAIL：分享—询问—思想—学习	解释、提问、探索可能性、设计思考	用来分享一个粗略的模型、计划或草案，以进一步清晰、规划和产生新理念。
创造意义	创建关联、探索复杂性、提问	用来限定一个主题/概念。产生一个定义。
+1思维流程	记忆、关联和综合	另一种记笔记的方法，侧重于使用记忆和完善其他人的笔记。
参与思考的思维流程		
问题分类	提问和质询	用来确定问题以供质询，学习问更好的问题。
剥水果	注意、疑问、解释、联系、视角和精炼	用来探索主题结构，以建立理解。可以是一个生成性文本。
故事：主体—侧面—隐藏	观点、复杂性、关联、分析和疑问	配合视觉效果，探索不同的"故事"，或者作为一个框架来分析和深入。
美与真	注意、复杂性、解释和抓住核心	用视觉效果或者故事来辨别美与真在哪里，以及它们如何交叉。

（续表）

NDA：命名—描述—行动	靠近观察、注意和记忆	用视觉专注于注意和描述，建立工作记忆。
注意	综合、提问、抓住核心	作为一种退出策略，或者在展示信息后鼓励对主题的讨论。
参与行动的思维流程		
PG&E：预测—收集—解释	用证据、分析、解释和预测来推理	在实验或探究的背景下使用。
ESP+I	提问、抓住核心、期望和分析	用于提炼和反思一个经验或基于问题的情况。
制作必做事项清单	分析、规划、解释和关联	用来帮助学生分析范例，以确定个人或团体的目标和行动。
是什么？为什么？怎么样？	抓住核心、解释和暗示	用以评估，确定行动的意义，并规划未来的行动。
三个为什么（3Y）	关联、观点采用和复杂的情况	用于探索一个话题或者问题是如何影响从个人到世界的不同群体。
四个如果（4If）	关联、观点采用和复杂的情况	与问题一起使用，以探索可能采取的行动？

图2.2 思维流程矩阵

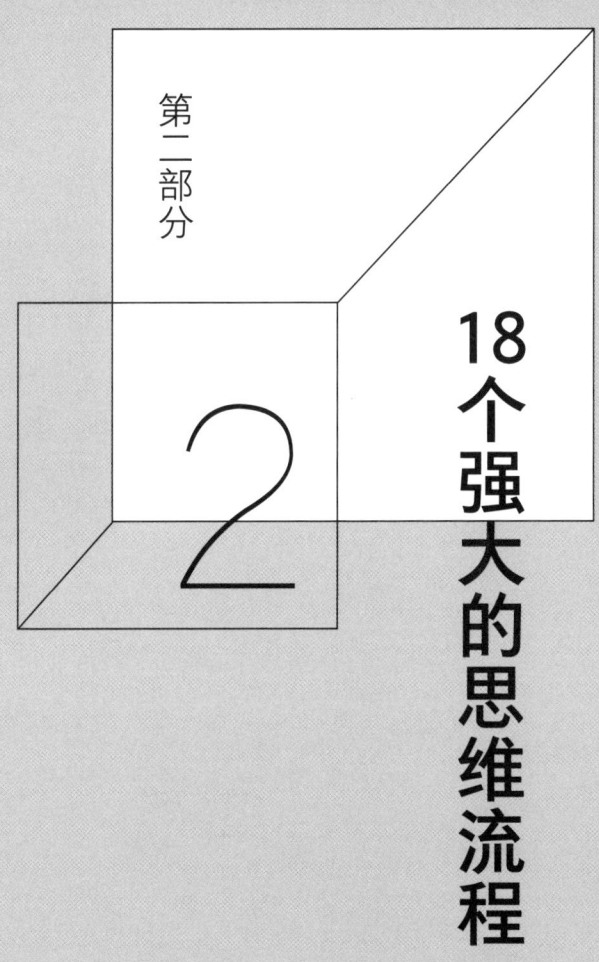

第二部分

18个强大的思维流程

第三章

与他人合作的思维流程

与他人合作的思维流程

思维流程	思维	备注	教学案例
付出与收获	头脑风暴、解释、分类	用于想法生成和共享。使学生动起来，表达，解释	• 加利福尼亚德尔马，阿什利瀑布小学，设计/项目式教学（PBL），一年级 • 澳大利亚墨尔本，佩林艾森顿文法学校，英语，十二年级 • 韩国首尔，查德威克国际学校，社会研究，三年级
反馈阶梯	靠近观察、分析、反馈	构建口头或书面反馈。老师和学生都可以使用	• 卢森堡国际学校，学生主导的会议，三年级至五年级 • 宾夕法尼亚利茨代尔，贵格谷高中，物理，十一年级 • 麻省马布尔黑德，乡村学校，写作，五年级 • 华盛顿特区，赛维尔友谊学校，艺术，幼儿园
无领导讨论	提问、追根究底、聆听	用文本帮助学生做讨论的主人，学习问好问题	• 印度，钦奈美国国际学校，心理学，高中 • 新墨西哥圣达菲，曼德拉国际磁石学校，文学，高中
SAIL：分享—询问—思想—学习	解释、提问、探索可能性、设计思考	用来分享一个粗略的模型、计划或草案，以进一步清晰、规划和产生新理念	• 密歇根格罗斯波因特伍兹，利吉特学校，行为研究项目，十二年级 • 澳大利亚墨尔本，佩林艾森顿文法学校，音乐，八年级 • 密歇根格罗斯波因特伍兹，利吉特学校，设计/PBL，二年级
创造意义	创建关联、探索复杂性、提问	用来限定一个主题/概念。产生一个定义	• 密歇根诺维，帕克维尤小学，社会情感学习，三年级 • 密歇根罗切斯特，罗切斯特高中，特殊教育，高中 • 佐治亚亚特兰大，亚特兰大国际学校，计算机科学，九和十年级
+1思维流程	记忆、关联和综合	另一种记笔记的方法，侧重于使用记忆和完善其他人的笔记	• 密歇根特洛伊，国际学院，数学，高中 • 密歇根特洛伊，贝米斯小学，社会研究，五年级 • 阿联酋阿布扎比，美国社区学校，视觉艺术，七年级

图3.1　与他人合作的思维流程矩阵

付出与收获

> ☆ 老师提出一个问题或提供一个主题供学生探索,学生自行回答。
> ☆ 老师描述学生们在分享想法时将要解释或讨论的内容。
> ☆ 老师根据收集想法的数量或收集想法的时间设定一个目标。
> ☆ 学生们站起来,与同伴交流,倾听彼此最初的反应。然后,每个学生都对他们的同伴初始反应"给出"一个新想法,阐述这个附加项的重要性。
> ☆ 学生找到新的合作伙伴,按照预定次数或预定时间重复该过程。
> ☆ 学生们回到他们的小组,并分享他们扩展的想法。

这个思维流程的基本结构已经存在了20多年了。虽然它的起源并不完全清楚,但它很可能是由哈维·西尔弗和他的同事在1997年克莱顿县公立学校的思维教育项目中发展起来的。这个思维流程的核心是一个集体头脑风暴、分享想法、互相交流的过程。我们认为,通过增加讨论和阐述,这个基本的流程有潜力成为一个强大的思维流程,这将推动学生超越简单分享最初的想法,从而鼓励积极的讨论和处理想法。在结尾处增加一个额外的步骤,包括处理彼此分享的想法,鼓励学生相互接触,寻找联系,发现复杂性,并考虑各种不同的视角。这提升了思维流程的思考层面。

目的

"付出与收获"是一种鼓励学生们倾听彼此的意见,向他人贡献想法,并听取各种不同观点的流程。我们经常听到老师表达了建立课堂文化的强烈愿望，让学生关注彼此的思考，不是作为一种服从行为，而是发展理解的关键行动。强大的学习是在与他人的合作中展开的。这一思维流程的功能是作为一种工具和结构，以启动满足其他更大的目的，促进寻找视角，发散思维和对核心主题的各种各样的探讨。

分享想法然后解释、证明或连接这些分享想法的过程有助于学生加深理解。必须证明和解释自己的想法是建立联系和将想法锁定在记忆中的关键。在此流程结束时，对想法的处理有助于学生建立联系，寻找相同点和不同点，形成更大的概念框架。

选择合适的内容

"付出与收获"可以用于各种各样的内容。当可能出现多种想法和观点时，它尤其有用。例如，当为设计项目产生想法、回顾测试的内容、描述一本书中的一个角色，或发现学生对一个主题的知识掌握时，每当老师要求学生们集思广益时，"付出与收获"就可以派上用场。

在"付出与收获"中生成初始反应和头脑风暴的一个区别是，在"付出与收获"中初始想法生成是有一个参数的。例如，老师可以让学生列出调查主题中最重要的3个观点，或书中人物的4个关键描述，或与所提问的问题有关的他们最关心的两件事。重要的是，提示鼓励多种观点、多种想法或多种回应，而不是单一的答案。内容应该邀请各种可能的回答，让学生最终给出并从彼此那里得到进一步的想法。

在选择内容时，想象一下学生们可以用收集和分享的想法列表来做什么。如果这个列表可能是有限的，那么也许"付出与收获"不是最合适的思维流程，因为之后没有太多东西可以分享、处理和讨论。考虑一下每个学生和他们将分享的小组可能出现的想法的扩展列表。其目的是使这些扩展的清单成为对这一问题进行更深入探讨的基础,并应成为进一步规划的重要组成部分。

步骤

1. **组织方式**。从整个小组开始。老师提出一个问题或给出提示让学生单独回答。学生们需要一个地方来记录他们最初的想法,无论是纸还是其他设备。这些列表需要是方便携带的。因为笔记本电脑可能很笨重,老师可能希望允许学生使用手机来完成。

2. **提供初始的提示,并让学生产生回应**。指出学生作出回应的时间范围(例如,3分钟)或指定一些期望的回应(例如,3~4个回应)。学生根据不同的提示,给出自己的想法,包括:单个单词,短语或更详尽的答案组成。请注意,为了使学生彼此之间进行富有成效的互动,他们需要时间阐明自己对给定提示的个人反应。这个时候不要偷工减料。

3. **解释"付出与收获"的过程,重点是要讨论的内容**。模拟寻找伙伴的过程,彼此倾听,然后为你的伙伴提供其他想法,并说明这种补充的意义。重点是通过有意义的方式相互联系。每个伙伴都会互惠互利,这些增加的内容需要单独记录,以便为每个学生提供扩展的清单。最初介绍"付出与收获"时,请务必阐明目的:

- 为了成为对彼此有贡献的人,要仔细倾听对方。
- 在你的合作伙伴列表中添加新的或尚未加入的成员。如果两个学生都发现他们的初始清单相同,那么请集思广益,提出一个新的想法,使双方都可以记录下来并带走。

- 在你自己的小组之外选择其他组，这样当你在互动结束后返回自己的小组分享你的扩展列表时，你就会产生各种各样的观点和想法。

4. 设置共享参数。与合作伙伴进行初次交流和获得想法的交流一旦完成，学生们就会互相感谢，然后找到一个可以合作的新伙伴一起参与这个过程：倾听，分享，阐述和记录。为交换次数（例如，重复此过程3次）或交流时间（例如，我们将执行此过程5分钟）设定目标。

5. 学生交流想法。当学生参与"付出与收获"时，他们的组合可能会在不同的时间结束。虽然这可能会在与新伙伴配对时造成短暂的延迟，但这通常不是一个问题。鼓励学生互相交流和分享，甚至步出房间，遇见其他的同龄人。如果你注意到没有太多的再分配，那就敦促更多的交流活动，这样学生就可以从不同的学生那里得到不同的想法。

6. 分组分享和讨论收集到的想法。一旦学生们扩大了他们最初的列表——收集到一定数量的新回复或交流想法的时间到了——他们就会回到座位上，这样小组分享就可以开始了。建立一种方式，让小组分享他们的"付出与收获"。例如，小组中的每个人都可以分享他们最喜欢的新想法，能极大地推动他们思考的新想法，或能说明一个关键视角的新想法。无论学生们如何分享他们的扩展列表，阐述他们的选择都是至关重要的。这一步的目标是鼓励深度思考，而不是以强制性的、平均分配的方式分享想法。

7. 分享思想。由于各小组已经彼此分享了，也许没有迫切的需要让整个班级分享。你可能想听小组分享，收集你认为重要的关键思想，然后与全班分享这些思想，以进一步激发或启发学习。如果小组成员注意到在图表纸上分享的重点，那么"画廊漫步"可能是有效的——让学生们在文档中寻找共性或联系，或在他们自己的小组讨论中没有出现的新想法。

使用与变通

凯特·杜拉德，澳大利亚墨尔本佩林艾森顿文法学校的高中校长，在她的高中英语课堂上使用"付出与收获"，帮助学生们认识到在协作工作中与他人互动的力量。凯特的"付出与收获"变通是让学生们先在一篇文章上做注解，特别是找出有说服力的手段。然后，她利用这个思维流程让学生们分享并详细阐述他们的个人注释，既为他人提供进一步的想法，也获得他们最初可能没有注意到的想法。凯特认为，这些文档被证明是非常有用的形成性评价。"我让我的学生把他们文章的前后照片发给我，我发现他们中的很多人在与他人互动之前都没有对图片或标题发表评论。"凯特还指出，当学生们解释他们的注释时，比他们最初的写作要深入得多。

在加利福尼亚州德尔马的阿什利瀑布小学，一年级老师安德里亚·佩迪科德使用"付出与收获"作为设计思维项目的一部分。阿什利瀑布小学的所有学生都在思考未来的学校，以及它是什么样子的。一年级开始设计一个想象中的未来学校的户外空间。安德里亚希望学生们能广泛地思考这种设计，以及人类从户外活动中得到了什么，而不是简单地设计出有操场设施的更漂亮版本。她给学生的提示是写下他们在户外喜欢做的3件事。这节课讨论了"去动物园"（是一个地方）和"看动物"（是一项活动）的区别。如果学生写了一个地方，安德里亚会问他们喜欢在那里做什么，并建议他们把这个活动写下来。在模拟了"付出与收获"的过程后，安德里亚解释说，当他们分享他们清单上的一个想法时，他们需要描述这个活动给他们带来了什么快乐或什么地方使他们快乐。当班级成员以小组的形式回到一起时，他们分享自己收集到的想法，并将相似的想法整理在一起。分类出现了：游戏、放松和安静的事情、与家人在一起、与朋友在一起、冒险和爬山。安德里亚和她的学生将这些类别作为他们未来户外游戏空间设计的基本特征。

评估

当学生相互交流，独立记录，并在"付出与收获"中进行独立对话时，请仔细倾听并注意出现的内容。具体来说，要注意学生列表上反复出现的想法，以及在他们的交流中有什么新的或令人惊讶的地方。期望是什么？根据你听到的内容，学生的兴趣、价值观、优先事项或理解揭示了什么？学生们是否能够广泛而发散地思考这个话题？如果不是，为什么会是这样？是主题框架太狭窄，还是学生缺乏足够的背景知识，不能更广泛地思考？哪些误解可能存在？哪些冲突的想法值得我们为之发展进一步学习的机会？

关注出现在学生分组讨论中的常见主题。例如，学生们讨论观点的重要性，甚至对观点的重要性进行排序的方式是否有规律可循？你注意到不同的分组之间有哪些相似之处或差异？学生们的思维是否灵活，对不同的观点持开放态度？还是他们会很快地坚持自己最初的想法，而不愿接受别人的想法？

提示

和其他思维流程一样，老师在宣布流程之前先说出目的和意图是非常重要的。在这个程序中，很容易让学生起身，互相分享他们最初的列表，从对方的列表上抄下一些东西,然后结束——对于"付出与收获"没有解释或详细说明。当心"付出与收获"变成了一场速成比赛,或者是一个需要跳跃的圆环,给人一种活跃、投入课堂的错觉。明确指出"付出与收获"的目的:我们想要密切倾听他人并分享想法,因为这给了我们一个巩固身的理解的机会。当我们遇到来自他人的新想法和新观点时,我们会建立进一步的理解。记住,倾听不只是保持沉默。真正的倾听意味着我们试图理解他人的观点,考虑他们的观点如何与我们自己的想法相联系并扩展我们的思维。

实践案例

对韩国仁川查德威克国际学校三年级老师雷吉娜·德尔·卡门来说,与其他学习者公开分享想法是安全的,这一点很重要。由于她的许多学生在公开表达自己的想法时显得胆小或脆弱,雷吉娜希望给所有学生提供发声的机会,促进参与并确保公平。

当雷吉娜开始一个关于和平与冲突的社会研究调查单元时,她看到了一个培养学生彼此之间这种接触的好机会。"'付出与收获'提供了一个工具和结构,让我的学生们产生最初的想法,并且能相互交流和阐述他们最初的想法。"雷吉娜说,"这也让我观察和评估他们的先验知识。""付出与收获"也支持雷吉娜为她的学生设定的目标:成为有思想的倾听者,并对新想法持开放态度。

因为"付出与收获"是一个她想介绍给她的学生的新思维流

程，雷吉娜决定做一些基础工作。她让她的学生想想他们给别人有价值或重要的东西的时候，以及这种经历对他们来说是什么感觉。有几个学生发言，雷吉娜让他们详细说明，"你们能多说一下当时的感受吗？你有什么感觉？"雷吉娜试图为她的学生们搭建一个平台，让他们适应思维流程的目的，这样学生们就会有信心参与到"付出与收获"的交流中。"'付出与收获'的想法，让我的学生们从一个新的角度来看待他们按照自己的想法做了什么，以及他们的同龄人真正的建立新见解和接受的更深层次学习。我不希望他们只是从一个想法跳到另一个想法，而没有真正注意到他们可以从彼此身上学到什么。"

在她的学生开始讨论健康的交流是什么感觉之后，雷吉娜强调了她的目的："今天我想让我们开始一种新的思维流程，叫作'付出与收获'。但你付出与收获的不是有形的东西，而是你认为有价值和非常重要的想法。"雷吉娜做了个手势，她想要在三年级学生中开始更多地推广这种交流——付出与收获。

雷吉娜用一张幻灯片展示了今天的问题，让她的学生看到："思考这个问题，什么是创造和平的因素？花点时间想象和平。想象一下你处于平静的时候。列出3个描述和平的词。"雷吉娜给学生一些时间写下他们的3个单词。她接着放映了另一张幻灯片："请思考这个问题，是什么因素造成了冲突？列出3个描述冲突的词。"雷吉娜再一次给了她的学生一些时间来产生他们最初的想法。

在最初的描述和平与冲突的词表中，雷吉娜分享了"付出与收获"的步骤，而没有试图过度搭建脚手架或指示，"有了你最初的清单，我希望你站起来，找另一个人分享你清单上的一个词给你的同伴——和平或冲突——并向你的朋友解释为什么你选择了那个特定的词。"雷吉娜解释说，当他们聆听彼此的话语和解释时，他们应该把这些想法记录下来，形成自己的最初清单。互相提供想法，并从对方那里得到想法。她提醒他们，"你从你的朋友那里得到这个词和解释——一些有价值和重要的东西。所以，一定要把这份礼物写下来"。

雷吉娜还让学生注意确保交流是双向的。"你们会给你的朋友一个想法，也会从你的朋友那里得到一个想法，我们会围绕和平和冲突扩展我们最初的单词列表。明白我的意思了吗？给一个得到一个。"

当学生们进入"付出与收获"的交流中心时，雷吉娜旁听了他们的谈话。她注意到很多孩子似乎认为和平是"安静的"，冲突是"战争"。这并没有让她感到特别惊讶。更仔细地听，雷吉娜注意到出现了3个关于冲突的重要观点：身体冲突，情感冲突，以及两者兼有的元素。

一个学生说："有时候冲突从你的感觉开始，然后变成了身体上的冲突，如果继续下去，就会变成两种冲突。"这让雷吉娜很感兴趣。她指出，学生们开始通过"付出与收获"来探索和揭示复杂性。"当我在听他们讲话时，我听到大约有10个关于和平的概念。例如，我听到一些学生互相问'大自然是和平吗？''家庭和睦吗？''天堂是和平的吗？'"雷吉娜反馈，她很兴奋地注意到这些事情，因为它们给了她关于如何为即将到来的探究单元的学生计划下一步的想法。

最后，雷吉娜让她的学生回到他们的座位上。"既然你们互相给予并得到了很多想法，我希望你们在自己的座位上分享你们的扩展列表。然后，我想做一个分组，尝试把所有的想法分类。"雷吉娜宣布。"有什么主题？你给出的和接受的所有想法都包含在什么样的总体理念中？"雷吉娜认为这是一个推进一步的机会，让学生们与他人交流，以他们最初设想的主题"和平与冲突"为基础。

雷吉娜注意到，在分组讨论中，某些主题显现在他们的回答中：和平是一种选择；和平是分享；和平是家庭；和平是与自然的联系；和平是一个地方；和平是一种感觉，情感冲突，身体冲突，两者都有。雷吉娜反思道："大体上，我认为孩子们把和平与好的、快乐的、爱的、安静的和积极的东西联系在一起，而冲突对他们来说是坏的、痛苦的、大声的、消极的。但这让我自己思考，冲突是坏事这个观点很有趣，因为我们可以发现，并非所有的冲突都是坏事。另一方面，保持安静并不总是意味着和平。"雷吉娜已经开始思考未来的经历，这些经历可以连接那些最初的"和平"和"冲突"的想法，但更重要的是，挑战这些最初的想法，并为她的学生提供更复杂的方式来研究这个主题。

雷吉娜说："我对'付出与收获'的兴趣源于我的愿望，我不仅希望能对即将到来的话题提出初步的想法，而且希望能为学生们有意地倾听彼此、相互吸引以帮助我们深入探究打下基础。"

随着时间的推移，这一思维流程已经成为雷吉娜和她的学生在整个和平与冲突单元和其他单元的支柱。"'付出与收获'是我们班上最喜欢的思维流程，"雷吉娜说，"因为它已成为常规活动，我看到学生愿意改变和展示他们的想法，对自己的想法有信心且更喜欢彼此互动的方式，促进更深层次的倾听、复杂的论述和更多的相互学习。"

反馈阶梯

演示者选择一个设计、艺术作品、结构、一篇文章或其他项目，以获得关于什么是正在起作用的和什么是可以改进的反馈。

澄清 提出"清晰的"问题，旨在了解演示者正在分享、试图做的事情或努力弄清楚的内容。

评价 表达作品是什么，优点是什么，展示思想，或者用"我认为重要的是……"这样的语句来表达。

问题和疑点 对作品提出问题、困惑或疑惑。分享什么是不起作用的，令人困惑的，或可以使用"我想知道……""看起来像……"的语句进行改进。

建议 提出改进作品的建议。什么可以改变，增加，减少，或重做？要具体。使用"如果……会怎样？"用来暗示可能性，不要绝对。

感谢 演示者感谢他们的反馈伙伴，说明从他们对话中获得

> 了什么。反馈伙伴感谢演示者，指出他们在提供反馈过程中获得了哪些新见解。

"反馈阶梯"是由我们的同事戴维·珀金斯和其他"零点方案"项目研究人员开发的。这是他们与哥伦比亚大学管理人员进行的行动研究项目的一部分。在这个项目中，他们开始开发沟通反馈的工具和框架，也就是说，反馈是建立在清晰、公平和平衡的基础上的，同时关注积极和消极方面。交流反馈还注重于改进和加深对当前问题的理解。在交流反馈中，不仅得到反馈的人会感到受到尊重和重视，整个团队也会在协作和反思精神中成长。

目的

一系列的研究表明反馈对学生表现和学习的重要性。然而，当人们感受到被攻击、低估，受到个人批评，或者反馈是模糊的，不是面向行动的，这个时候，反馈往往不能发挥其潜力。一个原因是，在当下我们作出反应时，我们主要倾向于参与两种类型的反馈：在负面反馈中，我们强调了什么是错误的，需要加以纠正（这种感觉很有效）；在和解性反馈中，我们尽量保持模糊的积极态度，尽量避免批评。然而，好的反馈，能带来改进和学习的反馈，需要在相互学习和合作的条件下产生，关注优点和缺点，并以行动/解决方案为导向。反馈阶梯为此提供了一个框架。因此，这对于老师向学生提供反馈以及同龄人之间的反馈都非常有用。

选择合适的内容

反馈阶梯几乎可以用于任何正在进行的工作，如起草草稿、设计计划、项目工作、演示、视觉艺术作品、戏剧和音乐表演。当有足够完成的"作品"以供回应，以及演示者有兴趣再细化或推敲的时候，"反馈阶梯"最好用。研究表明，个人不太可能接受反馈，除非它在当时被认为是有用和有意义的。这通常意味着演示者需要反馈，并且有机会修改或利用反馈。同样重要的是，你必须意识到，使用反馈阶梯所提供的反馈类型不仅仅是强调需要修复的内容，而是更具有实质性的内容，即明确需要重新思考的内容。它有助于学习过程，因为学习者可以控制思维和决策过程。

步骤

1. **组织方式**。这个流程可以成对、小组或全班一起做。这些步骤可以计时，这在会话协议中很常见，或者保持开放结束。在确定时间时，要考虑工作的时间长度和复杂性（更复杂的项目将花费更多的时间），学生的年龄（年轻的学生通常花费更少的时间），以及小组的规模（大的小组将需要更多的时间来分享问题和想法）。作为一个粗略的指导，可以考虑为每一步留出2~5分钟的时间。该方案可以在10分钟或30分钟内完成。

2. **展示作品**。让演示者分享他/她正在进行的工作，给听众足够的信息，以便他们可以提出好的问题和提供有意义的想法。如果演示者遇到了任何阻碍、挑战或问题，也可以分享。回应的观众，无论是个人还是群体，都需要时间来仔细观察、审视和检查作品。根据工作的复杂程度，这一阶段的时间不应超过3-6分钟。如果班级对每个人都熟悉的普通作业给予反馈，可能就没有必要正式介绍作业。

3. 阐明。我们邀请现场回应者提出澄清问题，以确保他们完全理解这项工作。澄清问题的目的是澄清混乱或提供遗漏的信息。他们不是提供建议。因此，"你想过吗？"这个问题实际上是一个以问题为框架的建议，应该保留在思维流程的建议阶段。当问题被问到时，演示者会作出回应。有时没有明确的问题，也没关系。然而，如果你是第一次做，你可能想要模拟什么是澄清问题。例如，"你能说明这个产品的目标用户是谁吗？"这一阶段的程序本质上是对话式的。

4. 评价。现在，听众已经准备好以"我的看重"的形式表达价值声明。这将关注工作中积极的、强大的、有思想的或有效的方面。评价可以建立一种支持性的理解文化，帮助演示者认识到自己的优势。这些评价陈述在本质上是具体的。所以，如果一个学生说，"这个部分真的很好"，就应该有一个后续问题"，"你能说得更具体些吗？你在作品中注意到什么，让你觉得它是好的？"在此阶段，演示者保持沉默，但会对所分享的内容进行记录。

5. 问题和担忧。在这一步，问题、困惑和担忧就会被提出。但是，请避免绝对的判断评价。说"错误之处是……"或"这部分需要修改"会让人们产生抵触情绪，导致他们停止工作。相反，使用更多的条件句，"我想知道你是否可以……""在我看来，这似乎……""如果……会发生什么？""你也许想看看……""有没有可能……"在这一步中，演示者必须避免回应的诱惑。这样做往往会造成一种防御姿态，从而使进度偏离轨道。

6. 建议。回应者就如何改进工作提供具体的建议。使用下列句子结构：

- 加……怎么样

- 也许你可以重做这部分，以便……

- 能让这部分更强大的要素是……

- 考虑……将会有用

有时"建议"步骤与"问题和担忧"混合在一起，因为很自然地提出一个问题，然后提供一个可能的解决方案。如果演示者不清楚某项建议，他们可能会问问题来帮助阐明所建议的内容。

7. 感谢。演示者简要地分享从反馈环节中获得的内容，以及当前的想法。这可能包括分享一个行动步骤或他们想要更多思考的东西。回应者也感谢演示者给他们提供反馈的机会。反馈阶梯中的学习应该是双向的，反馈的过程也可以帮助一个人更好地了解自己的学习和工作。

使用与变通

在卢森堡国际学校，法语老师诺拉·韦尔梅林修改了"反馈阶梯"，以适用她的三年级、四年级和五年级学生与家长举行的以学生为导向的会议。学生们从他们的作品集、书籍和材料中分享了他们在法语课上学习的例子。在这样做的过程中，他们专注于个人的学习奋斗和成就。然后，在孩子的指导下，父母被提示（i）通过提问来澄清问题，以加深对孩子学习的了解；（ii）通过指出学生学习的品质来评价学生的学习；（iii）确定未来的成长领域；（iv）提出了一种可能促进孩子学习的策略。由于诺拉的学生定期使用"反馈阶梯"，就他们的个人写作给予对等的反馈（将阶梯副本放置在学生的笔记本中），在这种新环境中使用它来过渡非常顺利，并有助于促进丰富的亲子对话。在这种对话中，父母的评论更具建设性，更少一些消极评价和批判。

贵格谷高中的马特·利特尔老师把这种"反馈阶梯"应用到他十一年级和十二年级的物理课学生身上，作为设计一辆橡皮筋驱动的汽车项目的一部分。当学生们来到马特的课堂时，他们把自己的汽车原型交给了指定的同学，而没有提供任何进一步的解释。学生们要花30分钟仔细观察这辆车，尽可能记录有关它的设计、构造和性能的一切。这些文档将提交给设计师，用于完善和修改他们的原型。学生们从多个角度画草图，确定零件及其用途，分析所用材料及其有效性，对尺寸、速度和加速度进行了实验测试，提问/怀疑，确定哪些是有效的，哪些需要改进。30分钟后，马特把所有学生聚集在两张桌子周围，他和一名学生坐在一起，对他们的样品进行"鱼缸观察"。马特让学生们特别注意他在整个讨论过程中所做的事情：他的肢体语言，他使用的短语，以及他提出的问题。然后马特继续与被选中的学生运用反馈阶梯思维流程。随后，"观察"组的学生就他们注意到的东西进行了讨论。学生们很自然地认出了这套思维流程的主要操作步骤。直到那时，马特才将反馈阶梯作为他一直使用的结构呈现出来，并将其与学生所注意到的联系起来。然后，学生们组成三人一组，逐步给出反馈。

评估

学会给出良好的反馈需要时间。在这个思维流程的每个阶段，老师都应该寻找并支持反馈随着时间的推移而增长。在"阐明"阶段，学生们能识别出潜在的困惑点或需要进一步澄清的元素吗？或者他们只是假设自己知道？在评估步骤中，寻求并帮助学生在他们的陈述中具体化。他们是否不仅能识别什么是好的，什么是强的，而且还能解释为什么是这样？如果没有，让他们做出更详细的回答，或者让其他人提供证据。随着时间的推移，学习用证据来支持自己的陈述很容易成为一种习得的行为。

以一种非消极的方式提出问题和担忧可能会很棘手。虽然你希望学生能够发现自己的缺点，但你也希望他们能够以尊重的方式分享这些缺点。注意学生正在使用的语言，必要时帮助他们重新定义。如果你正在使用句子启动器（见后文的"提示"），注意看看这些句式是什么时候在学生的词汇中自动形成的。最后，能够提供有用和实用的建议是得到良好反馈的关键。起初，学生们的回答可能含糊不清，只提出需要改变的事情。再一次，在如何改变的问题上要求具体化。此外，让学生们从简单的纠正反馈中走出来，这是一种快速解决方案："使标题更大"。并获得与问题和疑虑直接相关的，以解决方案为导向的反馈："我想知道你是否将标题变成一个问题，这是否会有助于吸引更多人的兴趣。因为当你陈述了你正在研究的问题时，我发现自己更感兴趣了。"在后一个示例中，提出了一种可能性及其可能实现的含义。这使演示者可以站在决策者的位置上考虑目标需要。

随着时间的推移，关注演示者同样重要。学生是否能够充分利用收到的反馈？他们是否将这些视为思考和权衡而不是实施的决策点？演示者是否更愿意接受反馈并乐于接受？他们是否积极寻求反馈？"反馈阶梯"的语言会开始蔓延到其他情况吗？

提示

首先，我们应该先讨论一下什么是反馈以及它对学习的重要性。这样的讨论可以从让学生回忆他们收到真正有用反馈开始，然后帮助识别有效反馈的特质。这有助于明确思维流程的目的，并确定它如何支持学习。

学习给予良好的反馈需要练习。第一遍通过"反馈阶梯"时，你可能会希望在整个课堂上都有一个演示者（提前选择），这样学生们就可以熟悉这个过程。或者，也可以使用"鱼缸技巧"来完成，其中一些人员在房间演示思维流程，而班上的其他成员在外围观察。一旦学生熟悉了程序，可以在开始时通过写在黑板上或发给学生一份讲义来简要回顾这些步骤。

下一个步骤是对整个团队使用"反馈阶梯"。这可以让你充当一个主持人，监控学生使用的语言，并在证据或细节没有给出时给予提示。最后，逐步释放责任模式是让学生单独练习，通常每个伙伴轮流充当演示者和回应者。当学生学习"反馈阶梯"时，在教室里走来走去，成对听课。记下自己的优点和需要克服的困难。你可能想要记下你听到的有效的语言。完成这项独立的工作之后，向学生汇报工作流程，并让学生分享他们的想法。他们觉得什么容易的，什么具有挑战性，什么需要更多的练习？也分享你的观察。

为学生提供特定的句子启动器，可以支持他们学习使用更加开放和有条件的语言。在前面概述的每个步骤中，都可能有有用的语言示例。你可以根据你的学科领域和年级水平来调整。句子启动器为语言的使用提供了一个非常具体的框架。这些句子启动器可以合并成一个简单的图形，见图3.2。

在反馈环节开始前或每个步骤开始前，让学生写下他们的想法也是有用的。这确保他们确实有话要说。

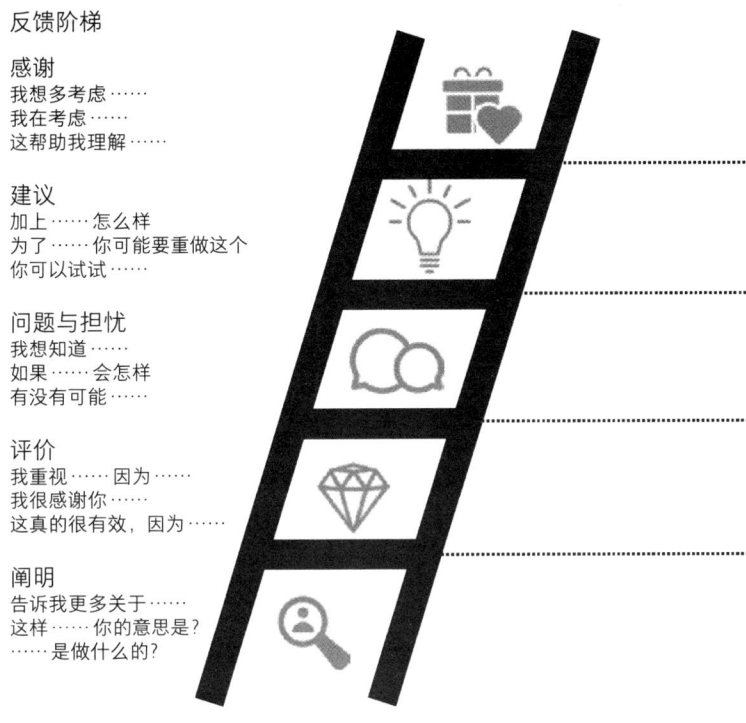

图3.2 反馈阶梯

实践案例

华盛顿特区赛维尔友谊学校学前班丹尼斯·科芬所在班级，在学期初就学习使用"反馈阶梯"。丹尼斯首先检查了其他人的作品，仔细地构建了这个流程，确保这个流程是安全的，没有人会因为武断的评论而感到不安。丹尼斯首先让学生们仔细看屏幕上斯图尔特·戴维斯的"打蛋器2号"视频。然后，他们沿着阶梯的每一步对戴维斯作品进行反馈，丹尼斯帮助学生理解每一步的语言及其目的。在接下来的两周里,丹尼斯带来了更多斯图尔特·戴维斯的画作来欣赏,并提供反馈。在作品《纽约升华》(1931年)中,看起来艺术家似乎已经采纳了班上学生关于使用颜色和特定形状的反馈意见。

小朋友们已经用别人的作品练习了三次"反馈阶梯",现在他们已经准备好付诸实践,进行一些同伴之间的反馈。丹尼斯继续指导整个班级完成这个过程,全班同学看着一组学生在数学挑战中建造的塔楼。游戏的挑战是团队合作,使用预先选定的各种物品建造最高的塔。丹尼斯把全班同学聚在一起,开始对艾登、莱利和玛雅组成的第一组学生进行反馈。"我们将使用我们的反馈阶梯来帮助彼此建造一个新的、更高的塔。我们将尝试找出哪些工作良好,哪些可以改进。我们梯子上的第一步是什么?"丹尼斯问道。莱利很快回答:"对这个塔提问。"

"好的,有人有问题吗?"丹尼斯开始问。摩根问:"你是如何让(圆形)积木保持不动的?"艾登回答说:"它一直在桌子上滚动。"玛吉问了关于团队动态的问题,"你们吵架了吗?"艾登诚实地回答道:"我不同意其他的想法。"之后莱利插话了,"我们没有争吵,但我们确实需要把我们的想法整合在一起。这是比较艰难的。"

丹尼斯问了一个问题:"下一步是什么?"当玛雅说"我们应该给予赞美"时,她表示理解,丹尼斯补充道:"赞美或注意我们看重的东西。"下面是一些简短的评论:"我喜欢他们把大方块放在底部。我没那么做。我喜欢它看起来像一个模型。"当摩根说"我看重的是稳定性",丹尼斯接着问:"你能再说点什么吗?"摩根回答说:"让它不要摇晃。当我在建造这座桥时,我必须确保它稳定,否则它变得太摇晃。"

"有谁知道我们下一步该怎么做吗?"丹尼斯问道。看着丹尼斯画在白板上的梯子,一个学生说,"我认为是挑战。"另一名学生也补充道,"是担心。"丹尼斯问全班同学。"我们有什么担心的呢?"根据他们作为建造者和反馈者的经验,学员们以一种开放的方式表达了一些担忧:"我想知道,如果所有的平的积木都在底部,圆形的积木在那里(指向顶部),那塔会怎么样?""我担心如果他们不像我那样使用积木,它就不会变得更高"(指着她的塔)。

"我们的最后一步是分享我们的想法或建议。"丹尼斯说。

艾登在团队中,他接受了反馈,并举起手说:"我有个主意,把这些方柱放在高处。我不希望它们倒下来。""你认为那样会让塔更高吗?"丹尼斯问道。艾登点点头,说是的。"还有其他建议吗?"丹尼斯问道。"我认为他们应该把这些石块放在顶部。"凯指着圆形的积木说。德文补充道"那些也一样",他指着底部的小方块,它们阻止了圆形块的滚动。

随着学年的推进,"反馈阶梯"思维流程在教室里成为了一种真正的思维训练。丹尼斯指出:"它的简单性使五六岁的孩子能够理解这个程序对他们的需求。我可以很容易地引导年轻的学习者进行一些比较复杂的思考,使之很快变成思维流程。它本身也是一种让学习者围绕自己的思想和想法练习互动的方式,而不会感到自己被'贬低'了。它的简单性也意味着它很快就会成为他们语言的一部分。经过整学年的课程，我听到他们在不同的环境中独立地使用反馈阶梯"语言。用反馈阶梯来建立我们的学习团体。它成为他们作为学习者身份的一部分，并在他们离开学前班时一直伴随着他们。"

无领导讨论

小组成员提前阅读一篇文章或观看一段视频。每个人提出两个他们有兴趣讨论的问题。每个人思考他们可能会如何回答问题，以及为什么他们觉得自己的问题有趣或发人深省。

讨论过程：

☆一个人读了他的问题，并解释了为什么它特别有趣。

☆成员就所提出的问题作出回应，并分享他们对问题的看法，讨论时间不超过5分钟。

☆当时间到或讨论结束时，提出问题的人用一两句话概括讨论。

☆后续回合：重复这些步骤，直到所有人都回答了至少一个问题。

☆小组反思讨论，以及它如何发展了他们对文本的理解，每个人写下他们的想法是如何改变或者发展了，以及讨论产生了什么新问题。

麻省剑桥沙迪山学校的七年级老师希塞·伍德考克，为了培养学生的独立性，创造了"无领导讨论"。希塞经常在班上进行严肃的文本讨论，但有两件事让她感到困惑。第一，她注意到大部分工作似乎都是她在做。她提问。她推动着大家往前走。她提出了新的观点。她选择由谁来发言。本质上，这是她的讨论，而不是学生的。第二，虽然这些课堂讨论很活跃，但实际上是同一群学生在发言。希塞不得不努力把其他学生拉进讨论中来。她创建了这种无领导讨论的框架，以鼓励更多的学生参与，并为所有学生创造参与的角色。此外，希塞还创建了这个流程来帮助她的学生提出好的问题。

目的

"无领导讨论"思维流程为学生创造了一个机会，推动他们关于重要话题和概念的对话。它还能让更多的学生参与进来，把他们的思维带到学习中，并积极参与讨论。"无领导讨论"也为老师提供了倾听和观察学生的方法，确定学生在努力发展理解的过程中，哪些想法和概念会浮出水面。

思维流程的另一个核心部分是学会提出好的问题。问题不仅是学习的动力，也是学习的结果。随着我们理解的深化，我们的问题往往会变得更具洞察力。学会提出能吸引他人参与讨论的好问题可不是一件容易的事，它需要时间来发展。随着时间的推移，学生们在"无领导讨论"中学习，形成好问题的技能也就出现了。

选择合适的内容

作为讨论框架，"无领导讨论"需要有值得讨论的内容。这可以是学生们正在阅读的一部小说，或者是非小说、历史记录或科学发现的作品，这些作品可以是文本形式，也可以是视频形式。甚至在听了嘉宾演讲、听过或看完演示后，也可以使用这个流程。对于"无领导讨论"来说，最好的原始材料是那些可以提出有争议的观点或可以从多个角度进行推理的材料。原始材料包含多种立场和视角，为问题的形成、提出和讨论提供了大量的切入点。

步骤

1. 组织方式。提前确定文本、视频或其他原始材料。给学生留出时间提前阅读或观看材料，在课堂上，或者作为讨论的家庭作业。学生们通常以4~5人的小组形式进行讨论。当时机到来时，随机选择学生往往是形成小组的最佳方式，尽管有时学生可以根据小组的动态和老师的需求更有策略地分组。

2. 准备问题。每个小组成员都创建并记录两个他们认为有兴趣讨论的问题。这些问题不是很容易回答的封闭式理解问题，而是有助于通过与他人的讨论形成更细致的理解的问题（请参阅"提示"部分，以获得帮助学生产生好的讨论问题的建议）。在生成两个问题的同时，每个学生简要地思考所选的问题以及他们个人可能会如何回答。学生们阐明为什么他们发现他们的问题有趣，以及对"无领导讨论"有用。

3. 选择一个计时员。小组指定一个人负责计时。确保小组讨论任何一个问题的时间不超过5分钟。

4. 开始讨论。一个人阅读他的问题，并阐述为什么这个问题对群体来说是有趣的。在这一点上，如果其他人认为他们有一个与提出的问题相联系的问题要讨论，他们可以建议将他们的问题与提出的问题结合起来。然而，最后的决定应该取决于最初提出问题的人。

5. 讨论问题。小组成员回答问题并分享他们的思考。学生可以详细阐述一个观点，提供其他视角，建立联系，或者揭示正在讨论的问题的另一个层面。在聆听别人的回答时，应该鼓励学生问："你为什么会这么说？"或者以某种方式寻求进一步的阐述、证明或澄清。问问题的人应该注意是谁在说话，并邀请其他人加入对话，同时确保没有人占主导地位。

6. 结束一轮讨论。当问题似乎经过了充分检查，或者计时器显示5分钟过去了，最初提出问题的人，以及其他提出问题的人，会用一两句话总结对话。这让最初提出问题的人加入最后的思考，同时也感谢同学们的贡献。

7. 重复。另一名成员阅读他们的问题，并重复步骤，直到每个人都向他们的同伴分享了至少一个问题。

8. 分享思考。一旦整个小组分享并进行了几轮讨论，小组就会作为一个整体对讨论进行反思，并确定主要观点、主题或出现的联系。在这里，小组成员阐明他们对原始材料的理解是如何通过对话而得到丰富的，并且每个人写下他们的想法和思考是如何成长、改变或发展的。小组应该确定哪些问题似乎能激发最多的对话，考虑出现了哪些新问题，或者反思对话中可能忽略了哪些观点，以及为什么会这样。

使用与变通

印度钦奈美国国际学校的心理学老师沃尔特·巴奈特发现，这种"无领导讨论"的一大用处是当探索伦理问题出现紧张时刻时。"当两极分化出现时,我们就会产生一种思维紧张,学生们希望辩论各种各样的问题,"沃尔特说,"例如,当我们考虑心理行为及其在消费世界或工作场所的表现时。还有一个例子是,当我们问自己,为了增进知识而在动物身上进行实验在多大程度上是道德的。"当这类问题出现时,沃尔特要求学生们为"无领导讨论"准备好问题。在这些讨论中,沃尔特特别关注学生们相互倾听的能力、解释他们所听到的内容的能力、牢牢抓住对方思想的能力,以及自信地提出诸如"你为什么会这么说?"等问题的能力。

沃尔特反思道:"这是一种文化建设,让学生有能力超越'连续分享',开始探究课堂上正在探索的内容。"沃尔特明确地教学生如何在学年的早期用生成性和促进性的问题与他人对话。他模仿了在他的主题领域中发生的提问和反思,并大声地与他的学生们交流。这些经历让学生们参与到一场"无领导讨论"中,在那里,沃尔特能够大量地倾听学生们的声音,并注意到什么最能引起他们的共鸣。

评估

注意学生的问题所揭示的各种视角、联系或复杂性。它们显示出深度和细微差别,还是停留在文本的表面上?问题的性质通常指示学生对文本或主题的理解目前所处的位置。如果你注意到学生很难提出好的问题,这可能表明这篇文章或主题本身不是最合适的选择,或者学生需要帮助来发展他们探究问题的能力。他们可能还需要更多模型来说明复杂问题听起来和看起来是什么样子的。

在"无领导讨论"中,不要只关注哪些学生"得到了",哪些没有。更有益的做法是把自己定位为一个观察者,注意哪些学生在回答对方的问题,以及他们是如何回答的。学生是否通过吸收他人提出的想法来提高他们的理解?他们是否能够在他人评论的基础上进行扩展,或者他们的想法是否与他人的想法相脱节?他们是否详细阐述了他们分享的思考,并督促彼此这样做?学生是否会根据对话修正自己的想法?

注意学生建立的联系,注意出现的链接和主题。捕捉在讨论期间学生提出的问题。他们是触及主题的核心还是浮于表面?当讨论结束后,学生们是否提出了值得进一步调查的问题?

记录下参与讨论的情况。谁说话?谁不说话?有人主导吗?这个小组对这种情况敏感吗?他们会试图把安静的学生拉进谈话中吗?学生们是互相倾听,全神贯注地倾听对方,还是分散了注意力?提问者是否饶有兴趣地听别人讨论他们的贡献?

提示

不要忽视讨论前的过程。学生在无领导的讨论中提出的问题非常重要,因此投入时间帮助学生识别和阐明重要问题是值得的。随着时间的推移和练习,提出强有力的、深思熟虑问题的能力会变得更好。学生们自然不知道什么是一个吸引人的讨论问题,特别是当对这个思维流程并不熟悉的时候。因此,将这个流程与"问题分类"思维流程配对,可以为学生提供一些问题提示,帮助他们产生可能性。一些例子如:

- 你认为说话者/作者说……是什么意思?
- 另一个例子是什么?
- 你认为当作者/说话者说……时,他们在假设什么?
- 有什么证据和理由支持……?

- 谁对……会有不同的看法？
- 像这样的话，结果是什么？
- 从……可以学到什么？
- 核心理念是什么？
- 事情会如何改变或不同，如果……要发生什么？
- ……的优点和缺点是什么？

但是，不要让这些语句限制学生的思维。它们只是为了激发关于问题走向的想法。

期望太多、太早可能会削弱学生参加"无领导讨论"的兴趣。解决这个问题的一种方法是，让学生与你或同伴一起处理他们对问题的最初想法，然后找到一两个目前感觉"足够正确"的问题。利用过去的讨论来识别和讨论好的讨论问题。通过识别过去有效问题的性质，通常可以学到很多东西。随着时间的推移，一旦建立了这个流程，讨论前的过程应该会感觉更轻松。

在相互倾听和借鉴他人想法方面，学生也需要支持。在这里，句子的句式和开头部分也很有用：

- 我同意……
- 你能再说一次吗？我不清楚。
- 我认为你说的是……
- 建立于……的思想上，我想补充……
- ……说的什么，提醒我……
- 我想详细说明你刚刚说的，因为……
- 和之前的陈述，我建立的关联是……

实践案例

内华达·本顿，是新墨西哥州圣达菲曼德拉国际磁石学校的一名高中老师，她坚信应该在她的英语语言艺术课堂上促进学生的公平发生。她觉得青少年总是有很多话要说，她想让他们觉得，在她的课堂里，他们的想法、观点和见解都有很大的价值。

因为让学生多发言是她坚定的信念，内华达努力让学生经常参与小组讨论，多年来她一直如此。不过，内华达对此感到担心的是，她经常看到那些持有强烈观点的人主持讨论，而其他学生则保持沉默。她了解到学生沉默的一个潜在原因可能是他们需要更多的时间来处理信息。如果没有太多的结构或指导，安静的学生可能会发现，依靠那些啰唆的学生结尾更容易。

之前解决这个问题的尝试让内华达感到有些不满意。"我试过冰棍法。这样的想法是，让每个学生的名字都被放在冰棒上，然后当我们回到课堂上时，拔出一根棍子，并叫起那个学生，"内华达反思，"虽然这确实能让更多的学生开口说话，但我担心，这给安静的学生带来的是更多的焦虑，而不是自信。"

因为小组讨论已经在内华达的实践中是一个主流，她感觉"无领导讨论"给学生提供框架，更接近她让他们彼此交流，把谈话推向前进的梦想。每个学生创造至少一两个问题以加入谈话，这来自于他们自己的经验和视角，吸引了内华达。这些步骤使她感到创建了一种安全网。每个学生能知道谈话会变成怎样，因此，他们不必担心在不确定的步骤中猝不及防，使他们感到难为情或害怕参与。

内华达为她第一次使用"无领导讨论"做了准备，她选择的内容可能会让她的学生第一眼感到有点困难或不熟悉。她选择了一首对每个人来说都陌生的诗，并希望能有最好的结果。然而，在这第一次尝试中，内华达并没有给她的学生很多时间来提问，她认为常规的步骤会自动促成更深层次的对话。但事实并非如此。"我的一些学生真的进入了对话，"内华达反馈，"但对其他人来说，我选择的这首诗是如此难以理解，以至于我发现自己做了大量的重新定位和解释。我觉得我第一次尝试做得太过分了。"

但在第一次尝试后，内华达并没有放弃，而是坚持了几天。这次，内华达决定通过首先提高学生对优质对话的意识来准备"无领导讨论"。他们告诉内华达一些事情，比如他们何时能够以集中的方式与对方对话，何时能够与对方合作，何时能够提出不同的观点进行辩论。内华达列出了学生们关于如何构成良好讨论的建议，并邀请学生们把这些作为他们的准则。"当我们进入下一轮讨论时，我想我们都可以坚持这些准则。"内华达和她的学生分享，"我们都有责任把这些品质带到讨论中。"

内华达还决定，讨论的材料需要保持新鲜感，但也要容易理解——这是她第一次对学生使用的诗没有体现的东西。内华达向她的学生展示了一段来自外国艺术电影的视频剪辑，视频中动画人物试图在一个几何平台上艰难地保持平衡。没有叙事或文字，象征主义和意象就充满了魅力和神秘感，各种可能的解释和含义的产生自然而然地出现了。内华达发现她的学生情不不禁对正在发生的事情提出疑问。学生们似乎已经可以进入问题形成阶段了。

她给了她的学生一个问题列表，并要求每个学生根据他们刚刚观看的视频、写两个他们个人想带到"无领导讨论"组中的问题。内华达重新介绍了这个过程的步骤，指出了在这个过程中他们应该倾听、回应和分享的各种要点。她还提醒他们，他们刚刚共同建立的良好对话的规范。

在内华达看来，第二次尝试的过程似乎要顺利一些。"有些学生就是情不自禁地作出贡献。他们有很多话要说。"内华达反馈。当然，也有不像内华达希望的那样顺利的时刻，但她已经和那些不完美和解了。内华达知道，将这种"无领导讨论"作为一种思维流程训练，而不是一次性的活动，将需要进一步的尝试，并对细节给予高度关注。内华达说："在这个阶段，对我来说，最重要的是在课堂上建立一种新的互动和交谈方式，而不是期待完美。"

事实上，随着这种无领导讨论在内华达和她的学生这一学年的学习过程中变得越来越常见，她对这个过程的各个方面进行了深入研究，她认为这可以丰富强大的互动模式。内华达回忆说："比如，我开始提前让学生们上交问题。我这么做不是为了让他们觉得我必须放他们一马。事实上，我很谨慎地不愿传达这样的信息。但我确实觉得，我可以了解到哪些问题是学生们认为有必要讨论的，并找到一些方面，让我指导或引导学生形成更具争议性、可讨论的问题，而不是那些容易回答的问题。"

内华达仍然不时地与她的学生们一起举办一些小型课程，比如开展一场"鱼缸体验"，并让学生们思考是什么让一个好问题变得有趣。她要求学生们注意并说出他们在"无领导讨论"中感觉像是转折点或产生重大见解的时刻的地方。她邀请他们思考，当他们处于"无领导讨论"中时，他们可以在哪些方面推动或促使对方更多地思考自己的主张。"我不想让学生认为事情已经是完美的，"内华达说，"但是我确实想向他们传达一种感觉，即随着我们养成相互交流和一起展开详细的对话交流的习惯，我们将始终可以在过程中不断完善某些环节。"

内华达希望学生们感到轻松，并拥有这种思维流程。我们的目标不是毫无瑕疵地运行，而是坚持这个过程，并融入彼此的想法，这将使这个过程对每个人都更加充实。"我认为，这一切都始于相信，如果我们给学生提供工具和框架，并努力让他们融入日常生活，他们的能力就会远远超出我们给予他们的赞扬，"内华达反思道，"学生们的洞察力和思考能力会让我们惊叹。"

SAIL：分享—询问—思想—学习

演示者选择一个计划、项目理念、文章、作品或其他条目，他希望更清楚、获得额外的输入或反馈。

分享（Share）：演示者与大家分享他的计划/项目理念/作品。

> **询问（Ask）**：小组要求主持人"澄清"和"探究"问题。
>
> **思想（Ideas）**：这个小组提出了改进计划/项目理念的想法。演示者写下所提供的内容，但不表示接受、拒绝或评价任何建议。
>
> **学习（Learned）**：演示者陈述他从访谈中学到的或正在吸取的东西，陈述关于计划/项目理念/作品的任何新想法。

与老师一起工作时，我们经常使用草案作为工具，帮助同事产生新的计划和项目的新想法，或解决实践中的问题。然而，许多成人方案有很多步骤或需要大量的时间来完成。我们认为，当学生从事项目工作或设计思考时，在课堂上使用一种更精简的草案将会很有用。我们借鉴专业学习草案的最佳理念，创建了"SAIL"思维流程。

目的

这一流程为学习者提供了一个结构，为早期项目开发提供和接收来自同龄人的想法和建议。以及当新想法可以很容易地被整合，并可能在塑造作品中有用。尽管可以肯定地将其视为反馈，但SAIL流程比我们有时对于反馈的思考方式更具开放性、启发性。另外，典型的反馈更有可能在项目即将结束时发生，以帮助学生完成和完善项目。"SAIL"思维流程更常见的情况是，在学生还处于计划阶段的时候，将其放在学习过程的早期。在学习的开始阶段，"SAIL"思维流程可以帮助学习者思考新想法，产生选择，并考虑可以用来塑造他们作品的替代方案。这一流程的另一个主要目的是创建一个学习者社区,学生们将彼此视为学习资源。这意味着回应演示者的群体不仅仅是专心的听众,而且在提问和提供想法方面是积极的。

选择合适的内容

"SAIL"思维流程在项目、计划或设计的开发阶段最有效。例如,学生们可能正在计划一个个人研究项目或调查,需要一些想法来决定它的走向。学生们可能想在创客空间中设计或建造一些东西,他们对自己想要实现的目标只有一个模糊的概念,但通过与他人讨论,帮助他们明确目的和目标,他们就能从中受益。比如,在写作课堂上,学生可能对一个故事或角色产生想法,但还没有真正考虑他们的想法可能会如何发展,或者在创作故事时需要考虑什么。老师可能对一个单元或活动有一个初步的想法,他们想和同事甚至他们的学生一起思考。

步骤

1. 组织方式。 这个思维流程可以以小组(最少3人),也可以以全班的形式进行。这些步骤可以是计时的,这在对话草案中很常见,也可以是开放的。在确定时间内,考虑项目/提议被呈现的复杂性(更复杂的项目需要更多的时间来解释,但这不应该超过4分钟),学生的年龄(年龄小的学生通常需要更少的时间)和分组的大小(大组分享将需要耗费更多时间的问题和想法)。该方案可以在最短5分钟或最长25分钟内完成。第一次演练SAIL流程的时候,你可能需要在整个课程中安排一个演示者(提前选择),这样学生们就可以熟悉这个过程。或者,也可以使用"鱼缸"

技术，让一小群人在房间中央（即"鱼缸"）完成该思维流程，而班上的其他观察员则在外围的圆圈里围绕着这群人。

2. 分享。让演示者与大家分享他的计划/项目理念/作品。这个阶段的练习最多不超过3～4分钟。这里是给观众提供关于项目的足够信息，这样他们就可以在提出好的问题和提供有意义的想法时提供帮助。解释如下内容通常是有用的：

- 项目/作品的"为什么"：背后的个人动机
- "如何"：演示者如何提议解决或接手项目
- "什么"：到目前为止已经做了什么
- 演示者遇到的任何难题、挑战或问题

3. 询问。然后邀请听众提问。当被问到时，演示者会作出回应。这一阶段的流程本质上是对话式的。根据项目的不同，这一阶段可能需要2～10分钟。该程序确定了听众应该问的两类问题——阐明式和促进式：

- 阐明式问题，是为了提问者的利益。他们提供背景信息和语境，帮助提问者更好地理解情况。阐明式问题不需要太多思考，通常只需几句话就可以回答。比如，问这样的问题："你过去写过这样的故事吗？""你的游戏需要多少玩家？""你已经就这个话题采访过哪些人了？"这些问题都可以快速回答，并帮助提问者更好地理解上下文。

- 探索性。探究性的问题是为了演示者的利益而提出的。它们被设计来鼓励更大的反思和内省，并要求更多的思考来回答。它们甚至可能成为对话。例如，"为什么这个功能对你很重要？""你如何知道这样做是否成功？"这样的问题需要更多的思考，可能会让讲话者更清楚。有时，探究性的问题无法当场回答，需要进一步思考。如果是这样，演示者就简单地说他们需要思考。

4. 记录。通过提问，听众对项目有了更好的了解，然后就可以提出建议了。这些都是在头脑风暴模式下提供的，这意味着演示者不会当场对它们进行评估，而只是把它们带进去。然而，如果一个想法或建议不清楚，演示者会问问题，以便他们完全理解所提供的内容。某种类型的记录可能是有用的。年长的学生可以为自己记录建议。年龄较小的学生可能会用iPad录下对话，然后稍后再听。这个阶段可能需要3~10分钟。

5. 学到。此步骤用于结束分享。简要回顾主讲人在会议中的学习和收获。例如，可能有一个问题需要仔细考虑，或者有一个建议需要继续研究。演示者也应该感谢小组的贡献。这个步骤通常只需要1~2分钟。

使用与变通

在底特律大都会的利格特大学，12年级的学生每年都会选择一个主题进行为期一年的学术研究项目（ARP）。这样做的目的是让学生有机会进行既有实质内容又有复杂内容的个性化探究。ARP是一个在学校之外培养好奇心和积极性的机会。主题领域从飞鱼的研究、零排放社区的可行性到残疾运动员适应性运动装备的设计。由于课题的多样性，高级项目协调员谢纳兹·明瓦拉知道她可能不是唯一一个帮助学生塑造项目的人。她希望学生们在这个过程中把彼此视为有价值的同伴，所以她决定在一年中定期进行SAIL思维流程练习。3人一组，每组间隔20分钟，每名学生轮流担任主持人。学生们不仅觉得学习他人的项目是非常宝贵的机会，而且发现同伴们分享的想法和资源对他们自己项目的形成也很有用。

在澳大利亚墨尔本的佩林艾森顿文法学校，彼得·博默老师八年级的音乐课上，"SAIL"思维流程帮助学生探索创作原创音乐，以唤起情感体验。彼得开始给学生展示不同海上风暴的图像（联系本杰明·布里顿的插曲《彼得·格里姆斯》），要求他们做一个快速"所见—所想—疑问"三步提问法。然后给学生设置一个任务，根据设定形象设计一个音乐作品，反映他们的观察、思想和困惑。彼得要求学生们花10分钟时间记下关于他们所提议的工作的想法。学生们分成4组，轮流使用"SAIL"思维做演示。通过观察小组，彼得被学生们在流程中的"学习"部分的评论所震撼，他注意到许多学生提出了一些方法，使他们的思维方式从最初的想法中转变了。这关系到彼得帮助学生理解音乐如何激发情感的目标。

评估

随着时间的推移，寻求并支持演示者和听众的成长。在思维流程的分享阶段，看看学生如何能够以别人能够理解的方式展示一个新开发的项目。他们是否能够按照有意义的顺序来组织他们的演示，以便容易理解？他们能预测需要解释的内容吗？他们是否能够预测并提出可能从帮助中受益的问题？

这个流程的"询问"和"记录想法"阶段都让学生在参与他人内容的过程中扮演积极的角色。他们能够承担这个角色吗？还是只是坐在那里当听众？谁需要鼓励和支持才能成为更积极的贡献者？学生是否能够提出既明确又深入的问题，以表明他们聆听了演讲者的演讲？（请参阅"提示"一节，了解如何促进这一点。）注意：如果有大量的阐明式问题被询问，这可能表明项目没有在流程的分享阶段得到很好的解释。当学生提出想法时，寻找一种能力来假设一个不同于自己的观点。学生们给出的建议是基于他们将要做什么，还是他们能够记住演讲者的目标和潜在的听众？这些想法是否显示了对已经做过的事情的尊重，并允许演讲者继续而不是放弃他们的工作？

思维流程的"学习"阶段是演示者向听众展示自己已经听取了意见。学生是否能够记住并叙述对他们有用的想法？演讲者可以通过表达领会的方式来总结他人的想法吗？主持人是否可以根据对话提出下一步的计划？

学生可能很难在第一时间完成所有上述动作。事实上，学生可能每一步都在挣扎。作为评估的一部分，除了需要改进的地方外，还应注意做得好的地方。随着时间的推移通过反复使用"SAIL"思维流程，并对表现提供定期反馈，老师可以期望看到改进。

提示

就像大多数交流方案一样，在期望学生独立完成之前，先与小组成员进行一轮对话是很有用的。这还允许你在引导团队历经各个阶段时承担推动者的角色。作为主持人，你可以提醒学生阐明式问题和探究问题之间的区别，并帮助他们确定他们问的是哪种问题。你也可以自己模拟这些问题。最后，作为推动者，你将汇报日常工作，包括哪些是有效的，哪些是具有挑战性的，以及哪些是下次需要改进的。考虑使用之前描述的"鱼缸技术"。

记录问题，特别是探究性的问题，是很有用的。如果记录在案，那么在流程的结尾，你可以问演讲者哪个探究性的问题最有用，以及为什么有用。多重复几次这个技巧可以帮助团队成员识别出什么才是好的探究性问题。这可以帮助学生在未来其他许多学习情形下使用SAIL思维流程。

为了帮助学生理解流程，可以考虑使用一个简单的图表，演讲者在一边，观众在另一边，箭头显示对话流程（见图3.3）。

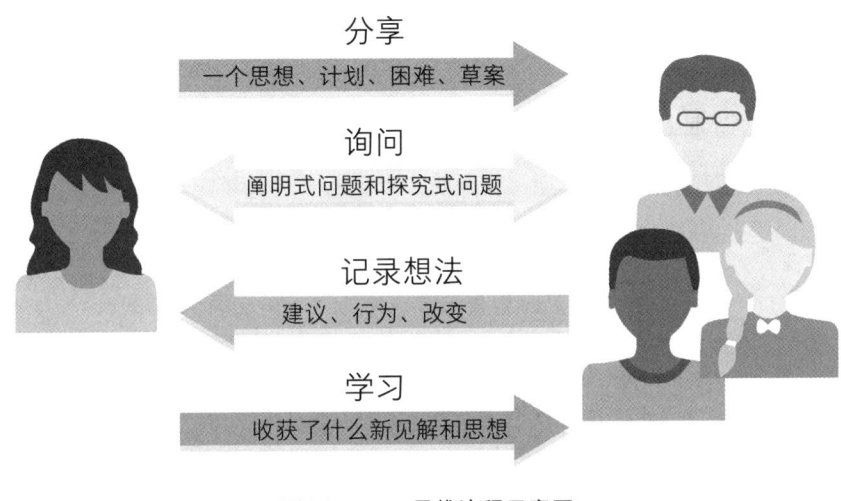

图3.3 SAIL思维流程示意图

实践案例

乔迪·科罗，在利吉特大学附属学校教授二年级，当一名学生问她是否可以在探索时间创造自己的棋盘游戏时，她意识到这是一个她可以向二年级学生进行真实询问的机会，其他学生也迅速效仿。乔迪早已参与到了游戏世界的未来探索，并希望将其升级，以利用学生对棋盘游戏的兴趣。随着游戏创作的发展，乔迪寻求了教育和创新院长迈克·梅德文斯基的支持，他认为游戏项目为学生提供了一个探索3D建模和打印以及使用"SAIL"思维流程的完美机会。

正如乔迪所言，学生们已经安排好了早上的课程，"我们将以我们的项目工作和另一轮的"SAIL"思维流程开始我们的一天。昨天我们结束了索尼娅的表演。今天我想我们有两个人已经准备好了。"乔迪扫视了一下大家的脸，确认她的判断是正确的。乔迪请走上前的两个男孩来决定谁先开始。一场快速的剪刀石头布游戏决定了麦克斯将先开始。麦克斯一边说着，一边将游戏"国王对国王"移到房间中央的桌子上。

"好的，我们的第一步是分享，对吧？"乔迪确认，"每一个人，把你的注意力放在麦克斯身上，这样我们就能听到他的分享，我们就能理解他的比赛。"麦克斯开始解释他的游戏，使用黑白棋盘和20面骰子。"这就像下棋，但骰子告诉你要移动多少空间。棋子的移动方向和形状与国际象棋相同，但空间的数量取决于掷骰子。如果你落在板上的一个特殊位置，你的棋子就出局了。"麦克斯解释道。他进一步解释："降落在特定区域会导致你受到自然灾害的袭击，如龙卷风或海啸，你会被击倒，但如果你降落在流星上，你就可以将流星扔向对手并击倒他们。"

乔迪意识到已经有几个学生举手表示期待，于是引导讨论继续进行。"让我们想想问问题吧。我看到你们中的一些人已经在思考自己的问题了。在你开始之前，我希望你记住使用我们的语言，'我有一个阐明式的问题要问你'或'我有一个探究性的问题要问你'。"在允许麦克斯去叫他的同学们之前，乔迪鼓励学生们从桌子上挪开,因为有几个同学已经爬过桌子,以便能更近地观看他。

卡蒂亚问了第一个问题,"骑士们还能保持L形吗?"乔迪温和地问:"卡蒂亚,你问的是什么问题?""我认为这是一个阐明式问题。"麦克斯作出肯定的回应,并演示了骑士的动作。

然后,麦克斯去找杰森。"我想我有一个探究性的问题,"他开始说道,"所以,如果你掷出一个数字,你就可以在游戏中移动尽可能多的位置?"认识到杰森实际上问的是一个阐明式问题,乔迪轻声解释道,"所以你要澄清规则是什么。"麦克斯解释说这就是规则的运作方式。

阿莉娅提出了另一个问题,略带犹豫地说:"我想这是一个探究式问题,你打算在黑板上增加更多的正方形吗?"她指着棋盘上的黑色缺口。

"不,"麦克斯澄清道,"那是监狱。我要看我能不能造一个3D监狱。我在考虑改变一些正方形的形状。"

阿莉娅的问题和麦克斯的回答表明,阐明式问题和探究式问题并不总是能在表面上区分开来。虽然麦克斯的快速回答"不"表明这是一个明确的问题,但他对修改游戏棋盘的阐述和想法表明他打开了一个新的思考领域。麦克斯继续呼吁他的同学,他们大多数人有明确的问题,旨在发展自己对游戏方式的理解。某一时刻,该小组的一位成员评论说:"我已经掌握窍门了。"

大约10分钟的提问和解释之后,乔迪将对话推进:"是时候考虑一下你的想法和建议了。"学生们举手。杰森提出了一个问题:

"我想知道你用20个面制作的3D部件是否适合你的游戏？似乎如果你掷出20面，游戏就会马上结束。"麦克斯立刻回答说："好的，我会改的。"乔迪插话道："你不必改变它。这只是一个建议。"麦克斯的回答显示出他理解这个问题的精神和含义："我知道你在说什么。这关系到你是想让游戏继续发展还是马上结束。"

另一名学生提出了一个想法："你可以这样做，当监狱里发生了一些事情时，你可以去一个地方，而这个地方能让你有办法逃出。"麦克斯喜欢这样的想法："我会设置这样一个地方的。我还需要作一些调整。我会在那块板子上放一把特殊的钥匙，当你走到那里时，你就可以出去了。"这一讨论引发了关于监狱的其他想法：让它变得更大，以便容纳更多玩家，并创造更多玩家。在接下来的几分钟里，大家继续分享新的想法。

乔迪意识到学生们急切想要结束并开始制作自己的游戏，他最后问麦克斯他从讨论中学到了什么。"我想多想想监狱以及它在游戏中的作用。还有骰子和游戏的持续时间。也许我需要多玩几次，才能看到最好的效果。"

通过对这次讨论的反思，乔迪认为"SAIL"的思维流程在为学生提供一个结构，帮助他们思考他们的游戏和获得改进的新想法。她指出："对于阐明式问题还是探究式问题，仍然存在一些困惑。我认为现实是有很多阐明式的问题，因为二年级学生很难用文字来解释一个游戏，而这只是很自然地就产生了明确游戏规则的需求。学生们真的很想问一些探究式的问题，所以我认为在他们寻求这样做的过程中，他们有时会错误地给自己的问题贴上标签。"即使在阐明式问题方面占优势，乔迪也认为倾听和回答问题的过程是有帮助的。"'SAIL'思维流程课程为这群学习者提供了一个机会，让他们能够分享自己的想法，或者真正地倾听他人。在学校里这么早就进行丰富的对话，可以让我们的课堂文化成倍增长。"

创造意义

选择一个概念、想法、主题或事件、以增强其含义。借助以下提示指导一次小组。在图表纸上记录相关内容：

回应：每个人轮流用一个词回应所选择的焦点。每个人的单词都必须是独一无二的，这样才能增加集体意义。补充：每个人都在别人的单词上加上一个额外的单词或短语，以某种方式进行阐述。

建立联系：将整个小组已经写在图纸上的想法联系起来，对说明了关联的那些词语下面画线，并说明联系。

记录一个问题：每个人根据目前出现的问题记录一个关于焦点话题的问题。

写下自己的定义：基于小组在图表纸上的"创造意义讨论"，现在每个人都在便利贴上写下自己对想法、主题、概念或正在探索的事件的定义，并在粘贴到图表纸上之前向小组成员大声朗读。

和许多思维流程一样,"创造意义"思维流程从我们促进团队学习的经验中产生。在"学习思考、思考学习"项目中,我们与老师合作,希望他们在开始研究学生参与的方法之前,探究参与概念的意义,并提出有关参与的问题和想法。"参与"这个词有时被滥用了,对不同的人有不同的含义。一开始,我们考虑过使用"粉笔对话"程序,但这个程序对团队来说非常熟悉,我们想要一些新的东西。此外,我们认为为了真正深入了解概念的含义,我们需要进行更深入的讨论。我们决定将集体在纸上交流的想法与推动人们一起深入思考的步骤相结合,并尝试了一个与团队一起这样做的过程。在接下来的一年里,我们与老师和学生进行了试验,改进了步骤和过程,创造了"创造意义"思维流程。因为这个流程是一个可视化的流程,我们在这里给出了它的示例(见图3.4),希望在你进一步阅读时,图标将为你定向。

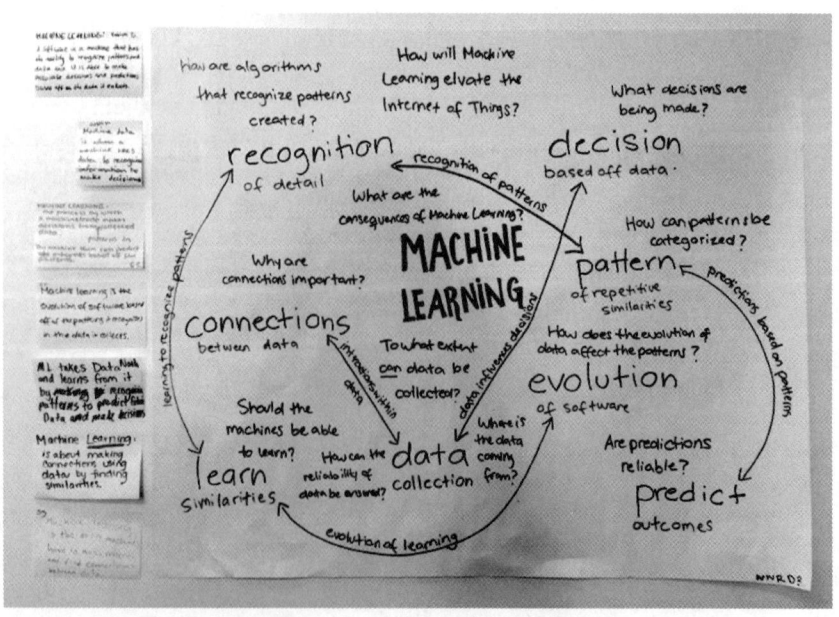

图3.4　九年级和十年级计算机科学课上让机器学习"创造意义"

目的

这个思维流程要求学习者探索一个已经熟悉的话题、概念、想法或事件，通过联系、思考、解释和综合来达到更深层的意义。从学生带来很多先验知识的意义上来说，这个主题可能很熟悉，或者随着小组对主题的探索而逐渐熟悉。"创造意义"思维流程，通过提出想法，添加他人的言论，提出问题并进行综合来突出强调以协作的方式建立理解的概念。这个程序从简单的用一个词联想话题开始。通过从每个小组成员中收集不同的关联，主题的关键方面开始出现。小组最初的联想会随着人们对彼此第一句话的补充而扩展。此时，一个包含关键特征和相关想法的大地图就出现了。然而，这些想法是随机列出的，它们需要联系起来。

一旦小组关联了所有的联系，他们就会根据记录下来的讨论中出现的内容对这个话题提出问题。最后，作为提炼和综合新知识的一种方式，学生们对主题进行个人定义。记录所有这些过程并逐步进行这些过程，可以使学生的学习和思考变得像脚手架一样，并使之可见。

选择合适的内容

"粉笔谈话"通常用于在单元开始时探究一个具有挑衅性的问题，而"创造意义"的思维流程集中于定义一个单一的概念、想法、话题或事件。因此，这一流程要求学生们把大量的知识带到日常生活中。由于这个原因，它经常被用于：

- 拆解熟悉的概念，如社区、欺凌或学习，以便对它们有更深入的了解，并形成更多一致的意义；
- 作为一门课程结束后总结和汇总学习内容的一种方式，例如可持续性、革命或分数。

在任何一种情况下,学生必须对主题有实质性的想法,并且必须有一些可以定义的东西。

步骤

1. 组织方式。在每个小组的桌子上放一张大表格。或者,图表纸可以挂在墙上。在每张桌子上放置5~8个单一颜色的标记(例如,一张桌子是蓝色的,一张红色的,一张橙色的,等等)。每个学生都有一张便利贴,准备好进入最后一轮。将学生至少5人一组,最多8人一组。准备好在白板上写下流程的每一步。

2. 呈现"创造意义"主题。让一个学生在纸上中心写上单词/概念、主题或想法。请学习者思考当他们听到这个单词时脑海中浮现的单词。

3. 用一个词回应。每次一个单词,让每个小组成员将听到第一个单词时,首先想到的单词记录下来。每个学生的单词需求不同。当轮到学生时,学生可以大声说出他们的单词并拼写出来。在纸张周围留出空格,这样它们就不会集中在一个地方或在一个列表中。当每个人都写完他或她的单词后,收集组里的记号笔,并将它们传递到下一个桌子上,以便每个组使用新颜色的记号笔开始下一轮。

4. 添加。每次一个人,每个成员都在别人的词语的基础上进行补充。这个附加词可以是当一个人想到这个词的时候联想到的另一个词,也可以是把这个词加起来变成一个短语。这里不需要一一对应的回应。这意味着两个人可以对同一个单词进行补充,而有些单词可能没有添加任何内容。如果学生习惯于创建概念图,他们可能会自动开始为他们的添加画线。因为线是用来连接的，让学生在不画线的情况下在原单词的上方、下方或两侧做加法。当每个人都写完他或她的单词后，从组中收集所有的记号笔，并把它们传递到下一个桌子上，这样每个组开始使用新颜色的记号笔。

5. 建立联系。指导小组讨论他们在页面上看到的想法之间的联系。当这些联系被识别出来后，小组中的某个人应该在这些联系的想法之间画一条线，并在这条线上写下这些联系是什么。因为这是一个小组过程，不是每个人都会在这个阶段作出书面贡献。一旦感觉小组已经用尽了建立联系的能力，就从小组中收集所有的记号笔并将它们传递到下一个桌子上，这样每个小组就可以使用新的颜色开始下一轮。

6. 记录一个问题。每次一个人，每个成员根据目前的探索记录一个关于原始主题的问题。问题不需要连接到页面上的任何内容，可以只写在空白的地方。学生可以在写之前大声说出他们的问题。

7. 写下自己的定义。给每个学生发一张便利贴。指导学生在小组探索的基础上，写出他们当前对主题/想法/概念的定义。鼓励学生利用在他们的小组中出现的想法。要强调的是，这是一个符合他们理解的个人定义，而不是字典上的定义。一旦小组中的每个人都写好了自己的定义，小组的每个成员都大声朗读他们的定义，并把它贴在图表纸上。

8. 分享思想。进行课堂巡查。让学生找出自己所在组与其他组的相似之处以及不同之处。或者，你可以让学生专注于日常活动的一个方面，比如出现的单词，寻找他们在其他小组的便利贴上可能产生的其他联系，或者他们觉得最有趣的问题。听取全班同学注意到的情况。

使用与变通

亚历山德拉·桑切斯老师,来自密歇根州诺维的帕克维尤小学,她发现,"创造意义"这个思维流程可以在整个幼儿班上完成,而老师则扮演抄写员的角色。"在我的课堂上,孩子们开始喜欢讲八卦,有一天课间休息时,这个问题爆发了。我找到了一页深文,可以和我的学生分享,我让每个人都打开同一个页面。然后,我让全班同学坐在地毯上,告诉他们我认为一个思维流程可能会帮助我们更好地理解八卦的概念。"亚历山德拉用蓝色的马克笔复述了这一过程,亚历山德拉记录了单个单词:坏的、谣言、传播、伤心的、不友好,等等见(图3.5)。当课堂上的生词快要用完的时候,她就邀请学生们在前面一页上已经有的生词的基础上再加生词,她用粉红色的字体把这些生词记录下来。随着学生们继续探索彼此之间的联系,亚历山德拉对他们的参与产生了越来越深刻的印象。"他们非常认真地对待这件事。"她说。学生们的问题显示出他们对停止这种行为的关注。最后一步,亚历山德拉让学生们回到座位上,写下他们自己对"八卦"的定义。然后她大声读出每个定义。亚历山德拉最后谈到了八卦及其影响。"我觉得我的学生真的很喜欢我花时间帮助他们更深刻地理解他们的问题,并培养他们解决问题的能力。"她反思道。

密歇根州罗切斯特高中的特殊教育老师雷内·卡瓦拉尔和艾丽卡·拉斯基,他们对一群语言和学习困难的学生进行了研究,他们认为,他们的教案中指定的教授词汇的方法没有吸引学生。他们决定尝试"创造意义"作为替代方案。第一次使用"本能"这个词花了她们30分钟,雷内和艾丽卡都觉得这个操作比照本宣科的方式能激发更多的讨论和互动。艾丽卡说:"我们对学生们自己想出的一些词汇感到满意。"他们并不总是在非结

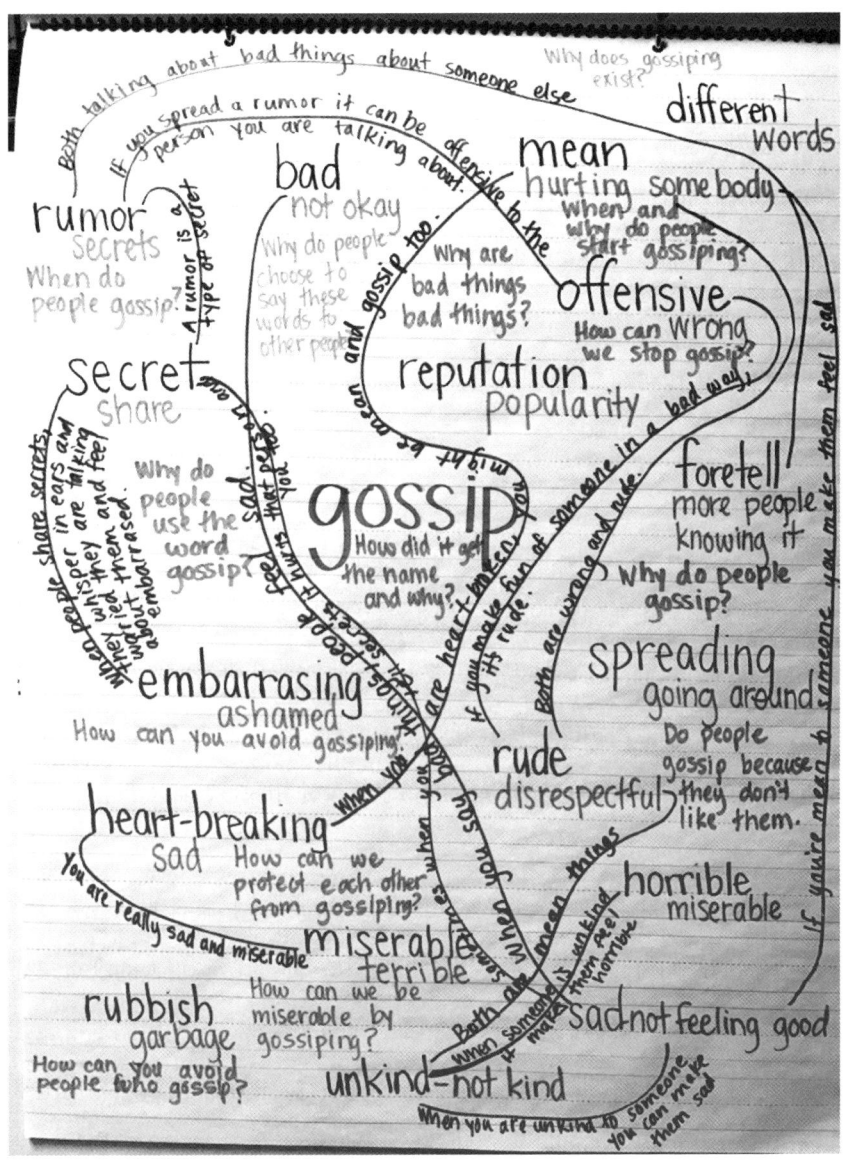

图3.5 三年级学生"创造意义"训练：八卦

构化的口头表达或写作中包含这些内容。"我们对这场充满活力的辩论感到惊讶，其中蕴含着丰富的推理。"雷内·卡瓦拉尔和艾丽卡·拉斯基都认为，对于他们的学生来说，让词汇变得有意义比照本宣科的施教更有意义，但这真的更好吗？他们决定进行为期两周的实验，对这两种方法进行比较。他们发现，一旦他们和学生熟悉了这套思维流程，他们可以在10~20分钟内完成，具体时间取决于单词。这在时间上可以与脚本化方法相比较。然而，在教案提供的方法中，80%的学生不能一次性掌握词汇。这导致了重新教学和重新测试的需要。在使用"创造意义"方法的课堂上，所有学生在第一次测试时都达到了熟练程度。

评估

当学习者用初始词来回应时，看看他们为话题带来了什么样的词汇。他们的贡献是与正在探索的概念相关还是无关紧要？如果学生有足够的背景和丰富主题，词汇应该体现这一点。如果许多学生很难想出别人提供的词以外的词，可能表明这不是最好的思维流程，因为概念还不清楚。在学生的补充中，看看他们的贡献是否提供了复杂性和深度，而不仅仅是一种重述。

学生之间的联系将揭示他们的知识在多大程度上是整合的，或者是割裂的。他们是如何回应别人的建议的？他们是否通过吸收别人的观点来提高自己的理解，或者他们发现很难整合别人的观点？看看学生们是否能够识别出表面特征之外的联系。确定了一种联系后，他们能清晰地表达出来吗？看看学生们提出的问题，它们是切中主题的核心和实质，还是与主题无关？如果主题很熟悉，是否有值得进一步调查的问题？如果主题是一个班级刚刚完成的学习，是否有问题表明他们正在超越并将主题扩展到新的领域？在词汇、附加内容、联系或问题中是否有错误的概念值得未来讨论和探索？在检查学生的定义时，探究学生是否利用小组讨论超越了他们在流程练习之前可能会做的事情。

提示

如果学生们熟悉"粉笔谈话"，那么认识到"粉笔谈话"和"创造意义"之间的相似之处是很有用的。两个思维流程都在图表纸上分组并使用标记。然而，在"粉笔谈话"中，小组成员保持沉默，而"创造意义"中，小组成员可以谈话。当然，一个主要的不同之处在于，"创造意义"更加结构化，并且在老师的引导下进行操作。与其一次告诉学生所有的步骤，还不如一次透露一个步骤。这避免了认知超负荷。

每一步都用不同的颜色进行标记，这样就更容易看到想法是如何在日常学习中发展起来的。如果每个小组都用自己的颜色开始，然后在每一轮结束后传递他们的记号笔，每一个由此产生的"创造意义"页面都将有不同颜色每个步骤，尽管与他人完成该步骤的颜色不同。就团队规模而言，5个是最小数量，因为较小的团队在前两个步骤中没有足够的初始想法，这使得之后很难确定联系。

重要的是要以一种开放的、探索性的方式来解决这个问题，这样学生才不会停下来或担心给出正确的答案。此外，应该强调课程的协作性，这样学生们就能自如地运用和构建他人的想法。作为一个小组来讨论联系是特别重要的。这一阶段是培养学生理解能力的关键，不能操之过急。只允许学生在已经彻底探索了联系的情况下再写下来。

实践案例

亚特兰大国际学校的乔伊斯·卢伦科·佩雷拉，决定使用"创造意义"，来帮助她九年级和十年级的计算机科学学生巩固他们在学习单元结束时对机器学习概念的理解。"我一直认为，对于学生来说，这是一个复杂而具有挑战性的话题，因为它涉及机器如何学习和解释信息。"乔伊斯解释说。她觉得"创造意义"思维流程提供了一个重要的机会，可以连接和综合所有学生的学习成果。

"今天，我们将使用一个思维流程来帮助我们构建'机器学习'的集体意义。在这一过程中，我希望你们利用到目前为止我们在研究中所经历的所有学习机会。你要和你们的小组一起完成这个操作，共同构建意义。"乔伊斯宣布。然后，她从白板上阅读练习前4个步骤的说明，并询问学生是否有明确的问题。

一个学生问道："一个人来写可以吗？""我们能不能把它挂在墙上，这样更容易看到？"另一个人问道。乔伊斯告诉学生，如果有小组想要尝试这种方式，两种选择都是可以的。她很想知道这些变化是如何发生的。

因为她的研究对象是年龄较大、更独立的学生，乔伊斯决定让小组自行调整节奏。她给每个小组发了一份需要参考的步骤，并告诉全班同学，他们将有15~20分钟的时间完成思维流程的1~4步。然后乔伊斯在黑板上投影了一个数字计时器，让学生们参考，并且播放柔和的背景音乐。

当学生们开始写下词语时，小组成员会很快指出这个词语是否已经被用过了。当这种情况发生时，虽然会有一点沮丧，但如果有人遇到困难，学生们会互相支持去寻找新单词。乔伊斯在房间里走来走去，倾听，她注意到没有多少谈话发生。她鼓励小组成员相互询问"是什么让你这么写的？"，以更好地理解每个人的贡献。她的建议立即被采纳。乔伊斯无意中听到一个学生在问另一个学生关于"决定"这个词的问题。学生回答说："电脑必须整理大量的数据，并根据这些数据作出决定。"这促使学生提出最初的疑问，写下"基于数据"这个短语，以进一步阐述"决定"这个词。

在另一组，学生们正在讨论单词"进化"。一个学生想知道软件在改善机器学习方面的特定发展，而另一个学生想知道数据的发展及其对发现的模式的影响。通过讨论"进化"一词可能适用于机器学习的不同方式，学生们找到了他们在没有讨论的情况下不可能意识到的联系。乔伊斯继续她不引人注目的监督，她提醒全班同学，他们还有大约5分钟。

随着学生进入提问阶段，乔伊斯注意到很多问题都可以很容易地用"是"或"不是"来回答。她建议学生们尽量开诚布公的提问。她提出："我想知道怎样才能以一种鼓励别人探索可能性的方式提出问题，而不仅仅是回答'是'或'不是'。"因此，一个学生将他最初的问题从"机器学习有重要的结果吗？"改为"机器学习的结果是什么？"乔伊斯注意到，这个简单的建议在每个小组的成员中引起了很大的兴趣，他们渴望回应和参与彼此的问题。

随着时间的推移，乔伊斯注意到所有的小组都完成了前4个步骤。"请每个小组的人把你们小组的页面拿到前面挂起来。我们想看看能否识别并分享从不同团队的海报中观察到的相似之处。"

"'数据'这个词无处不在。它不断出现。"一个学生注意到。"这些问题是最不一样的。"另一个人说。另一名学生补充道："是的，我们真的被这些问题弄得抓狂了。""似乎每个小组都有关于机器学习伦理的问题。"在整个讲座之后。乔伊斯分发便利贴，完成了开发"机器学习"角色定义的最后一步。当学生写作时，许多人来到海报前寻找他们想要使用的词汇。一旦每个人都写下了自己的定义，学生们就会大声分享，并将这些定义添加到他们小组的图表中（见图3.4）。

回想起她和她的学生们第一次使用"创造意义"流程的经历，乔伊斯觉得这个程序已经达到了她的目标，帮助学生们团结起来，综合他们的学习。"学生们对'机器学习'有了共同的、深刻的理解，能够以一种更深入、更周到的方式谈论它。"所产生的问题也为进一步推动课堂学习提供了途径。"我完全被学生们提出的问题吓到了。它们内容丰富，可供我们在以后的课堂讨论中使用。"

+1 思维流程

> 在阅读一篇文章、观看视频、听讲座或了解到新信息后,一群学习者会做以下事情。
>
> **回忆** 通过记忆,在2~3分钟内,每个人都能回忆起演讲中的关键细节、事实和观点。
>
> **+1** 学习者将纸张向右传递。花1~2分钟,每个学生阅读他们面前的列表,在手头的列表中添加一个新内容。重复这个过程至少2次。
>
> **评论** 将纸张还给原主人。学习者通读并评论他们表格上的附加内容。他们还可以添加从阅读其他人的表格中得到的任何他们认为需要注意的想法。

作为研究人员,我们花时间在教室里观察教学和学习,以便更好地理解这些过程。我们在许多教室尤其是中学教室里看到的一种做法,就是学生记笔记。虽然这不是一件坏事,但学生的笔记有几个问题。首先,当学生记笔记时,课堂参与往往会减少。学生将注意力集中在记录材料上,而不是讨论和质疑材料中的观点。其次,在很多情况下,学生在没有任何过滤机制的情况下,记录所有所讲内容或写在黑板上的东西,即使不能保证他们在下课后会看笔记。最后,虽然没有直接观察到,但通过研究发现,记笔记或阅读自己的笔记通常不是一种有效的记忆策略,尽管学生们经常认为它是。为了将事物锁定在记忆中,人们需要检索信息,而不是简单地记录和阅读信息。为了解决这3个问题——增加课堂参与,同时参与思考，促进有效的信息过滤和促进记忆的构建，我们开发了+1思维流程。

目的

这个思维流程通过识别值得记住的重要观点来培养检索练习。认知心理学家梅根·史密斯和亚娜·温斯坦为"学习科学家"博客撰稿，他们把检索练习描述为"重新创造某样东西"，你从你的记忆中学习过去，现在就在思考它。换句话说，当你从书上、课堂上或老师那里听闻某件事物并学习了一段时间后，你需要把它记在脑子里或回忆起来。他们认为，在接受信息并保留一小段时间后，检索值得注意的观点会让人更有可能记住这条信息，并在未来灵活运用它。我们不希望学习者仅仅是信息的被动接收者，而是通过检索和应用来主动处理重要信息。

检索练习可以借助勾画笔记，画出关键思想的插图，或者绘制出值得注意的概念。我们的练习为学习者提供了一个识别和回忆关键思想的结构。然后，通过与他人的交流，学习者在彼此笔记的基础上学习。在这个过程中，学生们将专注于意义的创造和相关性。

有经验后做笔记的好处是，学生被要求检索和识别关键思想，这是一个重要的过程。这与尝试在实际体验中做笔记有很大的不同。在实际体验中，你很容易迷失在细节和多余的信息中。这种流程利用小组的力量，通过具体的步骤，在每个人最初的记忆列表中添加内容，来加强每个人的笔记，从而引出深入和实质性的对话。同时，每个人都创建了书面文件，以备将来参考。

选择合适的内容

这个方法可以代替传统的记笔记。因此，它将使用相同的内容。学生遇到新想法和新信息的任何场景都为使用这一流程提供了机会。这些时刻可以是一个讲座，一次有导游带领的实地考察，一篇文章，一个简短的视频演示。无论是什么，重要的是这些信息传达了各种事实、想法或概念，需要回忆并找到值得注意的关键点。

步骤

1. 组织方式。学生将需要一张纸写字并传递。笔记本或白纸就很容易了。电脑不太方便工作。让学生把他们的名字写在纸上，这样他们传完笔记后就可以还给他们。如果学生坐在桌旁，他们可以按顺时针方式传递纸张。如果他们使用其他组织方式，则可以组织小组，以便每个人都可以轻松访问同学的列表。学生需要回复其他至少2~3名学生。在刺激方案提出之前，学生不会需要这些文件，所以最好等到需要的时候再写，以免分散大家的注意力。

2. 回忆。在展示之后，要求学习者回忆他们刚刚单独经历的事情。在2~3分钟的时间里，每个人都会列出一份从演示中回想起来的想法清单。列表可以包含陈述中的事实、陈述或更大的概念。学生在这个时候无须评价这些想法。

3. 传纸条，做加法——"+1"。一旦到了回忆和检索步骤，学生们就把他们的笔记传递给他们右边的人。现在，要求学生花1~2分钟的时间来通读这个新列表，尽可能地增加至少一个额外的笔记。这可能是一个详细阐述，一个新的细节，一个进一步的观点，一些缺失的东西，或想法之间的联系。尽管这个程序最初是为了让学生们在传递一个新的想法之前在彼此的页面上添加一个新想法，但学生们可能会添加更多的东西。我们的目标是利用彼此的想法来构建一组可靠的笔记。你可以根据展示物、你的目标和你的学生来决定你认为最有效的方法。

4. 重复+1步骤。至少将笔记再传1~2次，这样每个学生都至少对另外2~3人的原始记忆列表作出了贡献。在这一阶段，当学生遇到新的笔记集合时，他们将需要时间来阅读这些笔记，并确定可以添加哪些进一步的思考。

5. 将注释返回给最初的创建者，以进行审查和详细阐述。学生们回顾他们最初的记忆清单，并记录下所有的新增内容。然后，他们可以将任何进一步的内容添加到他们自己的笔记中。可以说是最后一次"+1"，这一步只需要几分钟。

6. 分享思想。有了一系列集体创造的笔记在手，学生们现在开始彼此讨论。他们可能希望提出问题以供进一步思考，将他们真正感觉的东西综合为演讲主题的核心，或者相互揭示材料的复杂性。综上所述，小组可以根据重要性对事实和观点进行排序，以确定哪些是最突出的。小组可以使用他们的笔记来想出一个标题，或者作为生成—排序—连接—精心制作流程的第一步，开始创建一个小组概念图。

使用与变通

杰夫·沃森，密歇根州特洛伊国际学院东区一名高中数学老师，多次在数学课上与他的学生一起使用"+1"思维流程。"每当我想查看学生从某些活动中记住了哪些关键思想，以及他们将这些思想牢记在记忆中的程度如何时，我让他们合上笔记本电脑并放下原始资料，并要求他们简单地检索他们认为与我们现在的学习有关的最重要的思想。"杰夫的学生回忆起笔记，然后以现场为基础，激发学生与学生之间的互动。"'+1'思维流程提供了我们最近所学知识的一个很好的回顾，这些对话导致更多尚未被发现的想法被带到人们的视野中。"

密歇根州贝米斯小学的一名五年级老师，金姆·斯迈利是虽然不常让学生记笔记，但也发现了"+1"思维流程有趣的用途和变化。她在社会研究视频中使用了"+1"思维流程。在一场以印第安人为主题的全校讲座结束后，她还对学生们做了这个练习。"学生们可以坐下来，立即开始记下他们所学到的'奇思妙想'。"金姆说。学生们甚至告诉她，他们认为这是一个很好的流程，因为这迫使他们真正地倾听和集中注意力。一个学生对金姆说："比起在讲座上记笔记，我更喜欢这样，我想这是因为我可以真正地专注于内容呈现。"

评估

当学生们写下他们最初的清单时，他们会四处传阅，看看学生们能记住哪些东西，能记住多少东西（这是有效记忆的标志），以及他们能在哪些细节上构建他们的笔记。注意学生是如何处理的。他们是迅速地把想法记下来以免忘记，还是更有条理地把一个想法作为另一个想法的跳板？当学生传递他们的清单时，注意学生添加的内容。他们是将相同的想法添加到每个清单中吗？还是仔细阅读列表，看看他们可以再在哪里添加细节或详细说明来回应这种阅读？学生是否向他人的清单提出挑战或质疑？

当笔记退还给学生，并且你已经邀请学生们就值得注意的关键观点相互交谈时，请仔细倾听学生提出了哪些观点。小组是否发现了一些重要的经验教训，这些经验是值得让他们考虑的学习经验吗？学生们还认为哪些想法很重要？如果他们的选择让你感到惊讶或感觉不符合标准，你可以问，"你为什么会这么说？"或"还有哪个小组想要补充或挑战这个观点？"

提示

对于那些精通记笔记的高年级学生来说，这是他们课堂活动的一个常规特征，讨论一下为什么你要求他们不在一开始做笔记，而是寻求相关性，这是很有帮助的。解释一些关于记忆和提取练习的脑科学，并指出当下做笔记来捕捉一切并不是一个有用的学习技巧。你也可以解释说，你希望学生在陈述材料时更专注、更投入，而不是抄下每一句话。向学生保证，他们会带着一套好的笔记离开，他们对材料的记忆会得到加强。

一些学生对别人将文字写在他们的论文或笔记本上有消极的反应。如果是这种情况，则可以使用便利贴来添加内容。有时学生们会发现，如果用不同的颜色添加东西，就很容易被发现。这适用于学生在流程结束时在自己的页面上添加的内容。

一些老师可能想要找到电子方式传递笔记的方法。虽然这是可行的，但要确保这个过程不会妨碍思维流程要激活的分享和讨论。研究还表明，手写方式记笔记本身是一种电子笔记无法做到的方式增强学生记忆。如果使用电子方式传递笔记，那么考虑一下笔记的传递是如何实现的，这样每个人都能一次把注意力集中在他们面前的一张列表上，以便作出贡献。

实践案例

只要环顾一下，位于阿布扎比的美国社区学校的马特·麦克格雷迪老师的视觉艺术教室，就不难发现，让学生的思维可视化是他教学的一个显著特点。学生的想法、学习过程和学习项目在整个环境中被记录下来。对于马特来说，在他的艺术工作室中创建一个安全的空间是很重要的，同时也鼓励学生们在思考和构建艺术时，从其他人的角度来考虑问题。不过，马特担心的是，有时他的学生们的想法流动得如此自由和迅速，以至于有趣的观点会迷失，或者想法并不总是能得到充分的探索。他想知道是否有一种方法可以捕捉学生的想法，让它们在课堂上更加突出，而不是在瞬间消失。马特还担心那些直言不讳的学生。马特相信"+1思维流程"思维流程对于解决他的小问题是非常有益的，每个学生都有机会提供观点，提出进一步的观点，挑战想法，并相互合作。

在一个抽象艺术单元的启动仪式上，马特向他的七年级学生介绍了"+1思维流程"。对于任何新的主题，马特知道会有很多关于抽象艺术的先入为主的概念，许多学生认为它只是一堆飞溅的颜料，没有意图或理由。马特计划让他的学生初步进入这个主题，他们的最初想法，无论是什么，都会立即激发学生们对这类题材的全新思考方式。

学生们将观看一段视频，简要介绍抽象艺术及其历史。视频中有很多信息值得他的学生们考虑。在节目开始前，马特告诉他的学生们："我不希望你们为记下所有的信息而担心。在这段视频中，我不想做笔记，我想让你们在心里记下此处重要的东西。在你们看来，抽象艺术中有哪些关键元素是值得注意的？"

马特让他的学生拿出他们的艺术日记，准备一张空白页，以便他们在视频结束后回忆起重要的想法。然后，他让他们把自己的日记推到一边，放在够不着的地方。

"那么，我们在观看视频期间不做笔记吗？"一位学生问。

"不，不，我不希望你们迷失在记笔记中，而没有注意到你感觉超棒的想法。"马特回答。

"我们只是坐着听吗？"另一个学生问。

"不完全如此。"马特一边答道，一边检查着学生是否已经准备好日志，"我希望你们坐着听，但是不仅如此，我希望你们记下关键思想。你们听到了什么？讲述者似乎试图让我们理解抽象艺术的关键点是什么对吗？"

另一位学生犹豫地问："但是视频结束时，我忘了该怎么办？"

马特向他的学生保证，"你不可能把每件事都记在脑子里。这对任何人来说都是一件非常困难的事情。但是，我认为我们练习我们的工作记忆是有价值的，记下那些对我们来说很重要的东西，然后加入一个我今天想与你们分享的叫作"+1思维流程"的学习方法。"他们会有时间回忆日记中重要的内容，然后在彼此的回忆中添加想法，在几轮传递之后，日记会回到原来的创作者那里，这样就可以做更多的补充。马特说："在某种程度上，我们将就抽象艺术的最初思想创建一个集体思想。在本单元的课程中我们会多次重温这个最初的想法。我们可以增加我们的思考，我们可以改变我们的思考，我们的目标是利用彼此的视角来不断提高我们对抽象艺术的理解。"

一旦他的学生们对这个过程是如何运作的有了足够清晰的认识，马特就会播放这段7分钟的视频，按时间顺序为他们概述抽象艺术在西方艺术中的起源。视频结束后，马特让他的学生们悄悄找回他们在艺术日记空白页上记下的重要想法。在两分钟的个人回忆时间后，马特让他的学生把他们的列表传递给他们右边的人。他让他们安静地读一下刚刚传到他们手上的笔记，然后尽他们所能把它们添加到这个列表中。他建议他们添加细节或详细阐述更值得注意的信息。"尽你所能，尽可能多地添加到这些笔记中。"马特鼓励道。

在第一轮添加结束时，马特要求学生们再次将笔记从右边传递，并重复这一过程。他提醒他们注意一个事实，那就是现在这个清单已经变得更加强大了，所以他们应该深入调查，添加他们认为重要的东西。"你甚至可以画画或者做点什么将你自己的观点与我们在视频中听到的内容联系起来。试着添加一个明喻或暗喻来充实一个观点。但是尽量不要重复已经存在的想法。"马特建议。

经过3轮检查后，马特让他的学生将笔记归还给原作者以作进一步检查见（图3.6）。他让学生们再多花几分钟时间安静地阅读自己的列表，至少做一个额外的添加。"你记得最清楚的是什么？为什么你认为这是你记得最清楚的？有什么是别人似乎发现了而你没有发现，但你现在可以记录下来的？"

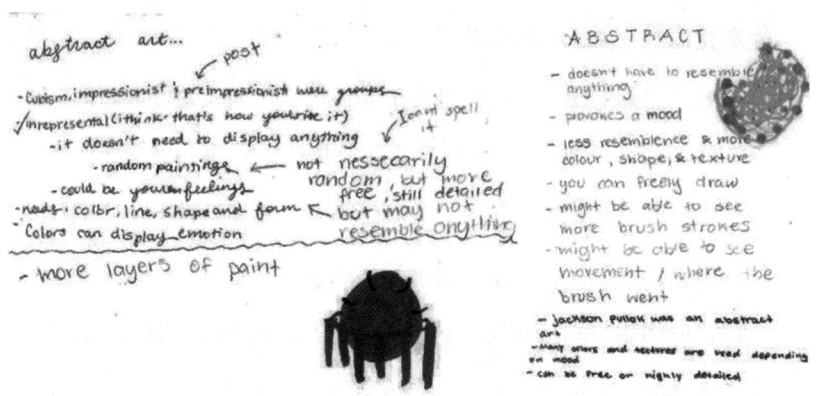

图3.6　七年级学生"+1"思维流程在抽象艺术上的应用

在建立了他们的一套笔记之后，马特让小组讨论他们对抽象艺术的最初想法以及它的含义。由"+1思维流程"生成的注释充当这些交互的锚点。马特注意到学生们都在认真地倾听彼此，并进行有趣的讨论。他们争论视频中提出的想法，满怀自信地互相提问。马特惊喜地发现，即使是第一次，这个过程也会让人感到熟悉和亲切。

回想起他的学生最初使用该流程时，马特说："我们注意到的一件事是，当他们收到一套新的笔记时，他们就会疯狂地重新阅读和集中注意力。就好像他们都想进去看看还能添加些什么。观察到这一点很令人兴奋。"马特提到，他看到一些学生每次得到一套新的笔记时都写同样的东西,他试图阻止这种做法。马特分享说:"我认为他们可能每次都写相同的东西,因为他们对这种特定的附注感到自信。对于他们和我来说,这都是一个新的过程,因此我认为,只要他们为他人作贡献,那么我们就可以继续努力,使这个过程变得更好。"

第四章

参与思考的思维流程

参与思考的思维流程			
思维流程	思维	注意	教学案例
问题分类	提问和质询	用来辨识质询的问题,学习问更好的问题	● 印度新德里美国大使馆学校,科学课,一年级 ● 阿德莱德,南澳大利亚独立学校协会,专业学习,成人 ● 厄瓜多尔基多科托帕西学院,科学调查,三年级
剥水果	注意、疑问、解释、联系、视角和精炼	用来探索主题结构,以建立理解。可以是一个生成性文本	● 澳大利亚墨尔本,佩林艾森顿文法学校,机器人科学,九年级 ● 密歇根特洛伊,贝米斯小学,阅读课,幼儿园 ● 华盛顿特区,华盛顿国际学校,诗歌课,十年级
故事:主体—侧面—隐藏	观点、复杂性、关联、分析和疑问	用视觉来探索不同的"故事",或者作为一个框架来分析和深入	● 密歇根,奥克兰县,五年级 ● 澳大利亚墨尔本,佩林艾森顿文法学校,历史课,九年级 ● 澳大利亚墨尔本,佩林艾森顿文法学校,会计课,十二年级
美与真	注意、复杂性、解释和抓住核心	用视觉效果或者故事来辨别美与真在哪里,以及它们如何交叉	● 沙特阿拉伯图沃,考斯特花园小学,科学课,五年级 ● 赞比亚,卢萨卡美国国际学校,文学课,十一年级 ● 澳大利亚纽卡斯尔,圣菲利普基督教学院,图书馆/历史学,五年级
NDA:命名—描述—行动	靠近观察,注意和记忆	用视觉专注于注意和描述,建立工作记忆	● 密歇根特洛伊,贝米斯小学,社会研究,四年级 ● 宾夕法尼亚,麦克唐纳,南费耶特高中,西班牙语,十二年级 ● 密歇根特洛伊,贝米斯小学,科学课,一年级
注意	综合、提问和抓住核心	作为一种退出策略,或者在展示信息后鼓励对主题的讨论	● 华盛顿特区,华盛顿国际学校,科学课,十二年级 ● 宾夕法尼亚,贵格谷,奥斯本小学,科学课,三年级 ● 德国,慕尼黑国际学校,历史课,九年级

图4.1 参与思考的思维流程矩阵

问题分类

> 个人或者作为一个小组，对关于该话题的一些问题进行头脑风暴，并且在便条纸或者便笺卡上写下每个问题。
>
> **按生成性分类**：这个问题产生参与、洞察力、创造性行动、更深入理解的可能性有多大？以生成性的标准来讨论和处理每个问题。
>
> **按真实性分类**：小组对探究这个问题有多关心？讨论，并在真实性的垂直轴上，垂直向上或向下移动每个便笺。
>
> 作为一个小组，决定每一个象限的问题将如何处理和向前推进。

我们开发的许多思维流程都邀请学生提出问题：看见—思考—提问、思考—疑问—探索，321桥，等等。因此，老师会问："我对学生提出的所有问题该怎么办？""问题分类"是为了帮助解决这个问题，特别是通过将问题的所有权重新交到学生手中。

目的

富有成效的探究依赖于好的问题。但是提出好的问题并不总是容易的。为了帮助学生学会规划和识别能够指导他们学习的问题类型，他们必须练习这样做。当然，不是只有一种方式让学生提出的问题。有些问题可能值得进一步调查，并很容易纳入一个调查单元。其他的可能只是简单地探讨一下。但是，我们如何决定应该追问哪些问题呢？这一流程帮助学生整理他们的问题，并找出那些真正具有生成性和真实性的问题，以供探究。

选择合适的内容

当你想帮助学生们就他们感兴趣的总体概念和想法形成生成性的、真实性的问题时，"问题分类"流程就是最合适的流程。它适用于基于项目的学习，各种探究模型，或者任何最终的调查体验，例如国际文凭课程（IB）计划中的。

在考虑使用此流程时需要思考一些事情："我们的主题是一个很好的例子，更大的想法是什么？"通常这种更大的想法是问题发展的最丰富的机会所在。例如，专门提出有关"印刷机的发明"的问题与提出有关"技术和创新如何影响我们的生活方式"的问题是不同的机会。前者侧重于一个非常特殊的对象，后者侧重于一个更广泛的概念，关于人类的创造力和它在影响人类方面所起的作用。这通常是好问题开始和涌现的地方。当然，一个主题也需要引起学生的兴趣，并且可能需要一些早期的指导性探索来发展这种兴趣。

步骤

1. 组织方式。介绍你希望学生提出问题的主题，然后让他们就这个主题单独或成小组讨论一系列问题。在旁边放上便利贴或便笺，以便记录所有出现的问题，并在后续步骤中方便移动。一旦大量的问题被记录下来，每张便笺纸上都有一个问题，就可以开始分类了。

2. 按生成性分类。在白板上画一条长长的水平线，或者用胶带在地板或桌子上制作你的水平线。把这横线标为"生成性"。在横线的右边写上"高",另一端写上"低"。向学生解释这条水平线代表了一个连续统一体,让他们根据每个问题与其他问题的相关性来分类所有的问题。也就是说,通过每个问题,学生决定在这组问题中与其他人相比,促进参与、洞察、行动或对该主题的新理解的可能性有多大。每个问题都是有效的。我们的目标不是驳回问题,而是对问题进行分类。允许学生有时间讨论他们放置在这个水平线上的"生成性"连续统一体的问题和原因。

3. 按真实性分类。现在创建一条长的垂直线,将水平轴平分。标记这条垂直线为"真实性"。在这条垂直线顶端写上"高",在末尾写上"低"。要学生考虑他们自己对每个问题的真实兴趣,即他们个人有多关心这些问题,并投入了多少精力去解决这些问题。学生将每个问题直接移到当前位置的上方或下方,以表明他们对该问题的真正兴趣,但在上下移动时要小心保持水平位置。允许学生讨论问题,以及他们放置在这个垂直线"真实性"连续统一体的任何一个方向背后的原因。

4. 分享思想。让小组退后一步,衡量一下排序的大小。现在,每个问题都属于四个象限之一。右上角象限(象限1)包含了所有小组决定调查的最有创造力的问题,以及他们最真正关心的问题。这些问题是有意义的调查的"最佳匹配"。左上角象限(象限2)包含了小组认为与其他问题无关的问题,但仍然代表了许多真正的兴趣。这些通常都是简短的、可以回答的问题。小组决定他们想要如何处理这个象限的问题,可能要求志愿者在接下来的课程中进行调查并向小组报告。左下角象限(象限3)的问题被认为是最不缺乏生动性和最不真实的问题。就持续的调查而言,这组问题不太可能产生很多新知识。右下角象限(象限4)包含了所有在精神上似乎具有创造性的问题，但该小组目前似乎对这些问题不感兴趣。通知小组，这些问题暂时搁置，但如果他们的调查能使这些问题重新进入视野，则有待进一步考虑。

使用与变同

塔希雷·坦皮老师，在印度新德里的美国大使馆学校任教时，对一年级学生采用了"问题分类"的思维流程，帮助他们设计一些问题，这些问题不会太大或太模糊，难以处理，或者只能得到"是/否"的回答。她的学生们在之前的无脊椎动物研究中提出了一系列问题。塔希雷要求她的学生用4种更有创意的方式来重新构建之前的问题列表：如果……会有何不同？假设……？如果……会有什么变化？一旦班级提出了十几个修改过的问题，塔希雷把这些问题复印在卡片上，每对学生可以有一副卡片。在接下来的一节课中，她给每一对学生发了一副课堂问题卡片，让他们一起决定如何在两个不同的连续体中整理他们的问题。塔希雷将横轴重新命名为"可能性和路径"，并解释说她希望他们根据如何提供"少量"或"大量"的可能性来对问题进行分类。她将纵轴重新命名为"兴趣"，并要求学生根据他们对每个问题的兴趣程度排列问题。因为每对学生都有同样的12个问题要分类，塔希雷和她的助手可以很容易且轻松地聆听一年级学生讨论他们的分类选择以及他们是如何作出排列决策的。

这个流程的一个有趣变化是"行为分类"。一个团队不是用问题来解决问题，而是用他们已经产生的一系列可能的行动来解决问题。南澳大利亚独立学校协会的10个学校小组，开展了一个为期3年的项目，旨在建立一种跨学校的思维文化。他们使用"行动分类"来帮助他们确定前进的"最佳匹配"。在此之前，这群人对自己的行为思考得很狭隘，而且往往只从一个方面考虑。或者只有一个想法会被考虑和讨论，以至于几乎没有时间去探索其他想法。学校小组想要摆脱这种模式。在对一大堆可能的行动进行头脑风暴后，它们被写在便利贴上，不加评判，然后每个学校小组开始对它进行分类。他们给横轴贴上了"力量"的标签，"力量"代表着推动学校前进和打破现状的力量。他们将垂直轴标记为"可管理性"。考虑到执行这些集合前需的时间、资源和精力，放置在第一象限的行动是"良好的起点"。第二象限是"值得考虑"的，第三象限是"不值得努力"的，第四象限是"长期"。使用"行动分类"法，学校小组能够制定出让他们印象深刻的，经过深思熟虑的行动。

评估

当学生们逐渐适应形成问题时，注意他们是否会从人们可能认为肤浅的问题转向那些需要更多细微差别和调查的问题。如果你注意到他们的问题让你感觉有些空洞，准备一份类似于"无领导讨论"的开场白的清单会有所帮助。

当学生沿着两个坐标轴分类时，请倾听他们给出的原因以及他们在哪里提出问题。对他们来说，是什么让问题具有生成性？对他们来说，什么样的问题才是真正的问题？他们对历史或思想的复杂性、涉及的人、影响、目的或其他事情感兴趣吗？学生如何决定哪些问题似乎提供了新视角？这些问题是否需要广泛的思考方式来进行调查，比如仔细观察、建立联系或揭示复杂性？或者他们只需要收集信息？

提示

一开始，讨论什么才是好问题，并引出学生的想法。这让他们注意到他们所提问题的质量，而不是简单地提出问题。

许多思维流程，无论是在这本书中，还是《哈佛大学教育学院思维训练课》，都包括提问、置疑和迷惑的机会，而不是引入一个话题，然后头脑风暴一系列新的问题。老师可以很容易地将其他思维流程中已经发现的问题作为一个开始的问题列表，用于问题排序。"理解地图"（见图2.1）可以作为一个跳板，让学生在研究之旅的开始阶段提出要排序的问题。

当"问题分类"文档已经成形，老师和学生可以在整个询问周期的过程中重复回顾和参考。学生可以添加问题，阐述观点，甚至发现有些问题比最初设想的更有意义。老师可以利用这些文档来规划未来的课程和体验。能够移动、添加、丢弃或详细描述的便利贴动态特性是该流程的关键文档特性。

实践案例

保罗·詹姆斯·米勒，是厄瓜多尔基多科托帕西学院的三年级老师。他观察到，当他要求学生们就一个新话题进行头脑风暴时，他们往往会提出一些宽泛、模糊或漫无目的的问题。"有时他们的一些问题远在天边，我却不知道该怎么处理它们。之后，一旦我们有了所有这些问题，我并不总是确定如何处理它们。"像许多老师一样，他知道回答学生提出的每一个问题是一件不可能完成的任务。永远不会有足够的时间。这也不是为良好的研究习惯建模的最有价值的方法。保罗和他的指导教练劳拉·弗里德认为,"问题分类"有望帮助学生发展有意义的探究。

开始,保罗和劳拉决定让学生们集中注意力在他们之前被要求开发问题的所有地方。他们引导了一场关于学习者为什么会问问题,以及什么可以让他们在学习中变得更强大的讨论。保罗和劳拉共同认为,这种对话有助于学生看待问题列表,不是像完成一份清单,而更像是完成一组令人兴奋、充满活力的好奇心组合,他们学得越多,就会越兴奋。"我们不希望学生认为我们提出问题,回答问题,然后就结束了,完成了。"保罗说,"我想让问题更有生命力,而不只是一场疯狂的竞赛。"

第二天,保罗推出了一个新的生态系统调查单元,简要介绍了这个主题,并分享了几张图片,以激发学生们的想象力。然后他问他们:"还记得昨天我们讨论过提出好的问题对我们学习的重要性吗?你认为你可以在这些便利贴上提出一些对我们有益的关于生态系统的问题吗?"他告诉学生们,他希望他们尽最大努力写出他们认为好的问题,并希望写出很多这样的问题。

一个学生问:"我要不要在每张便利贴上写下一个问题?"

"是的,没错,每个便利贴只有一个问题。所以,如果你有两个你认为很好的问题,那就用两张便利贴。一张贴一个问题。"保罗回答。起初教室里有点安静,随后学生们开始忙着写很多问题。

一旦他看到每个学生都有一些问题,保罗让每个人把它们贴在教室白板上。这相当多的问题对每个人来说都是一目了然的。

孩子们围在一起，开始互相看着对方的便利贴。保罗开始了新的对话，"哇，就像我想的，你们对生态系统有很多问题。看看我们有这么多问题！"孩子们点头表示同意。他继续说道："让我来分享一下我认为我们可以用这些问题做些什么。"学生们把注意力转向他，保罗继续说："现在，这里的每个问题都会让我们产生一些思考。如果这个问题对我们的学习没有帮助，你就不会问了。但有这么多的问题，甚至不知道从哪里开始，所以我希望我们做一些分类。"

"分类？什么意思？"一个学生问。

"嗯，通过分类，我的意思是，我们将试图找出一种方法在这一大堆问题中找到问题，这将使我们对生态系统的学习越来越深入。"保罗告诉他们。他小心翼翼地向他们保证，所有的问题都是有用的和重要的。然而，其中一些问题可能会让你有很多思考的机会，而另一些问题可能只需要一点点思考。

保罗拿起一个记号笔，在白板上画了一条长长的水平线，在右边写着"产生很多思考"，并快速地画出了一个大型工业工厂引擎的图像。在另一端，他写道"产生一点思考"，并在旁边画了一个小电池的速写。他解释说，他希望他们按照这条线对一堆问题进行分类。似乎有较多影响力的问题向右走，而有一点影响力的问题向左走。

"现在，我没有让你们把名字写在便利贴上是有原因的。你们知道吗？"保罗问他的学生。

"这么说你不知道是谁的了？"一个学生回答。

"嗯，是的，差不多是这样"。保罗解释道，"但更重要的是，现在我把所有问题都放在我们班，这些问题是属于我们大家的。我们可以一起为班级的探究作出正确的决定，而不是担心每一个具体的问题。你们想试试吗？"

他邀请学生们两人一组到问题库前选择一个问题来处理，不一定是他们自己的问题，任何问题都可以。这两个同学决定沿着生成性的路线将其放置在何处。"记住，"保罗说，"你和你的朋友认为可能是这个大引擎的问题，你会想放置更多的问题在这条线的这一边。他们有很大的能力。而那些你认为能给我们一点能量的问题，就像这块电池，只要把它们放在线的那一边就行了。"

很快就有了很多动作和讨论。诚然，保罗有点担心他的一些学生只关注自己的个人问题，他担心学生会在某种程度上受到伤害。然而，让他感到惊讶的是，这个过程比他和他的教练劳拉预想的要顺利得多。保罗的学生非常认真地对待分类。在这两组人中，有一些关于在哪里放置某些问题的争论，但保罗认为他们很快就会达成共识。这让他很高兴。他想知道，自己是否在过去放弃了给他们自己创造问题的机会，并决定哪些问题可以带来好的学习效果。在劳拉的指导下，保罗决定第一次尝试这样的流程，对今天来说，沿着生成性连续体进行分类已经足够好了。

他们会在第二天重温"问题分类"。保罗使用这种语言介绍了垂直轴："真正关心探究"和"没有兴趣关心探究"。从逻辑上讲，保罗和劳拉已经预料到，便利贴会到处乱飞，这样就可以抹去昨天的生成性分类。所以，保罗让他的学生们在水平线上想象每个问题都有自己的泳道。他解释说,每个问题要么朝着"真正关心探究"的方向发展,要么朝着"没有兴趣关心探究"的方向发展(见图4.2)。分类的第二天,沿着"真实性"连续体,进行得和第一天一样好。

第三天,全班同学一起看便利贴的四个象限。保罗问他的学生:"如果我们要专注于使我们的研究达到尽可能最远的地方,有人知道我们应该从哪里开始吗?"他们很快将高度生成,高度真实的部分确定为他们对生态系统进行研究的良好起点。这似乎是一个必然的好问题开始。

图4.2　三年级学生整理关于生态系统的问题

现在他们检查其他象限，并决定低生成性/高真实性（象限2）部分可以在接下来的几天内快速处理。保罗要求不同的学生自愿做一些独立的小型研究，以满足每个人的兴趣。对于那些在水平线以下的问题，全班决定让它们保持原样——就像在一个储存罐里一样。"有时在我们开始探究之前，我们不知道哪些问题是真正重要和有趣的，"保罗说，"所以现在有一个储存罐似乎是一个很好的计划。"

回想起这次经历，保罗分享道："在过去，我担心如果我不是完全负责，我就不知道如何处理学生的问题。我想我终于明白在创建一个思维课堂中我的角色是什么了。我必须相信我的学生能做什么！"

剥水果

选择你想体现你的理解的一个话题、概念或者事件。

☆ 介绍"剥水果"图。解释思考理解发展过程的一种方法是把它看作一种水果。

☆ 从该水果的表皮或者外层开始。描述你所看到和注意到的。记录任何你马上看到或注意到的特征或方面。记下关于该主题你已经知道的，你的先验知识。

☆ 穿过果皮到水果的内膜。提出问题、疑问和想知道的。记录你的反应。

☆进入该水果里的肉或者果粒。当你制造关联，建立解释和阐释，辨识和考虑不同的观点，这里你将发展或者追溯你的理解。当你记录这些时，一定要用手头的证据来证明你的说法。

☆定义该水果的核心。抓住该话题、概念或者事件的本质或核心。问一问到底是怎么回事。

☆现在退后一步。当你将该话题视作一个整体的时候，找出哪些新的复杂性正在出现。什么变得复杂、有细微差别或者分出层次？产生了什么新的奥秘或者疑惑？

当思维可视化项目开发了理解地图（见图2.1），作为一种阐明和建立理解所必需的思维方式，人们问地图本身是否可以成为一种思维流程。虽然我们强调，思维活动并没有顺序，构建理解可以采取许多不同的路径，但我们也承认可以提出一个可能被证明非常有用的思维流程。大卫·帕金斯承担了开发这一流程的任务，"剥水果"的思维流程由此诞生。

目的

理解是我们教学的一个主要目标。然而，我们的学生往往没有工具来发展他们的理解或知道如何自己进行这一过程。信息的记忆是相对简单的，但建立理解可能是一个相当大的挑战。"剥水果"的思维流程提供了一种方式来排列理解的过程。这个思维流程有许多步骤，因此，可能比典型的思维流程花费更长的时间。图4.3所示的图形既可以用来回忆"剥水果"的步骤和隐喻，也可以用来向学生介绍这个流程。

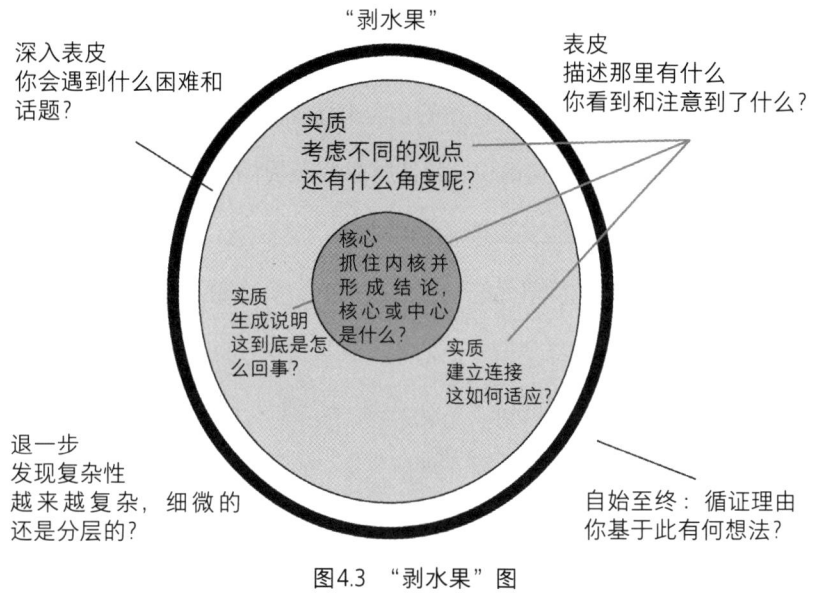

图4.3 "剥水果"图

如果理解的对象相对较小，比如一首诗、一篇文章或一件艺术品，那么，思维流程可以在一个环境中完成，学生们分成小组一起学习。如果要把重点放在一个更宽泛的话题上，比如理解民主、功能或电力，那么这个思维流程可以作为一个图形组织者来跟踪学习的顺序。最后，在单元结束时，程序可以作为一个综合工具，把一个人的学习集中起来，使其理解。通过这种方式，思维流程有助于整合和理解所获得的知识和信息，从而实际上促进学生的理解。

选择合适的内容

这个流程需要有一些东西可以深入理解，而不是仅仅获得知识。理解的对象可以是相对独立的，也可以是一个完整的研究单位。例如，学生可能会分组来尝试理解一段文字、一段当前发生的事件或一篇主要的原始文献。如果使用这些定义好的原始材料，材料本身应该足够丰富，学生可以使用页面、屏幕或文档上实际存在的东西来建立他们的理解，而不必依赖谷歌来"找到答案"。换句话说，原始材料应该提供一个机会，通过仔细的分析和单独的探索来建立某种程度的理解。

如果流程是作为教学单元的一部分使用的，那么就不是确定一个单一的原始材料，而是考虑整个指令序列和所有将要使用的材料。无论你是在理解一个主题（如第二次世界大战）还是一个概念（如可持续性），重要的第一步是确定我们想让学生真正理解什么，而不是仅仅了解什么。在明确了我们的理解目标之后，我们就可以使用"剥水果"的思维流程来帮助指导我们的教学。在这种情况下，我们将有大量的原始材料供学生接触和使用。在我们的教学中，我们会在不同的地方停下来，让学生在他们所接触到的内容的基础上建立理解。例如，在阅读一篇文章和观看一段短视频后，我们可以要求学生利用这些材料来帮助他们探索联系，这将有助于阐明我们试图理解的概念或主题。

步骤

1. 组织方式。分享"剥水果"的图作为理解的模型。向学生讲解从表皮开始到中心的隐喻序列。将学生分成3~4人一组（你可能想先在全班一起练习），让他们通读并仔细检查你试图让他们理解的内容。

2. 表皮。在一张很大的图表纸上，让学生画一个大圆，填满页面的大部分。在圆圈的外面，学生们记录他们所注意到的东西。什么是显而易见的？关于他们正在检查的作品，他们已经知道了什么？

3. 内膜。让学生在原来的圆内1-2厘米处画一个小圆。在这个环里，学生们记录下他们对主题、概念或他们正在探索的物品的疑惑、问题和谜题。

4. 果肉。让学生在纸的中心画一个直径3-4厘米的小圆圈。这将产生第二个更大的圈。在这个圈里，学生们记录他们正在建立的联系，他们正在建立的解释，以及他们正在检验的观点。这个过程需要大量的讨论和检查，记住应该留有足够的时间，这是一个构建理解的过程，而不是反馈之前提供的答案。这就意味着，在今后的讨论和教学中，可能会出现一些误解和错误。

5. 果核。在中间的圆圈中，学生们记录一份综合了中心思想、信息，或他们所做的主题或片段的意义的陈述。这到底是怎么回事？

使用与变通

澳大利亚墨尔本佩林艾森顿文法学校的中学老师雪莉·麦克格拉斯，借用水果的比喻，用6张不同颜色的纸做成了水果形状的纸球。每个小组都收到了一个球体和一张图表纸，供他们在整合机器人单元学到的知识时使用。学生们撕开球体上的第一张纸，寻找方向："在本单元开始时，你们对机器人有什么了解？"学生在纸上画一个大圆，并在纸上记录他们的回答。接下来，学生们从他们的球上撕下第二张彩纸，接受下一步操作的指导："本单元开始时你们有什么问题和迷惑？""在我们的机器人研究中，又出现了哪些新的疑问和问题？"学生们把他们的回答记录在他们所画的圆圈里。然后，雪莉让学生们在纸的中间画一个直径3厘米的内圆。她解释说，水果球下3层的回答将记在纸上这个大圆环上。各小组按照自己的节奏,逐渐地将纸水果球的纸张撕开,以揭示和记录机器人技术与他们在科学和其他学科中研究的其他主题之间联系的走向。下一页请他们解释一些在机器人领域工作的科学原理。第五张纸,也就是"紧挨着最后一张的那张纸,要求学生考虑机器人的不同观点:"其他人对这个话题的看法如何?"最后一张纸要求学生们记录:"用一句话总结,你认为机器人是关于什么的?"雪莉认为,逐步展开这个球体以揭示下一组走向的过程,有助于学生训练思维流程,并使他们保持专注。

图4.4 学前班使用"剥水果"来理解童话

来自密歇根州特洛伊市贝米斯小学的摩根·菲尔兹用"剥水果"的方法记录了她幼儿园的孩子们不断发展的理解力。然而,摩根并没有使用圆形来模拟水果,而是在一张图表纸上画出了一个有3个塔楼的城堡的轮廓(见图4.4)。然后她记录下了学生们认为他们知道的关于城堡轮廓的童话故事。接下来,摩根在第一个城堡里画了一个较小的轮廓,暗示有一条护城河。摩根在这里记录了学生们关于童话的问题。这份文档随后被挂在教室前面的墙上。在接下来的一周里，学生们阅读并讨论了各种各样的童话故事。当学生们在童话故事之间建立联系时，发现"这两个故事都有会说话的动物"，这些都记录在其中一座塔楼上。学生们还被问到关于童话故事的各种特征，"他们通常以'从前'开头，以及为什么这些特征可能作为一个课堂内容存在，他们观察来自不同国家的童话，以获得新的视角。"学生们共同对童话进行定义，并将其记录在城堡中央画的心形图上：童话是有魔法和幸福结局的虚构故事。它们有皇室成员或会说话的动物。它们给孩子们上了一堂好课！

评估

"剥水果"思维流程可以获得丰富的评估信息。当学生完成思维流程中的"表皮"部分时，记录下学生已经掌握的关于该主题的知识。请注意学生在观看作品（诗作，图片，论文，文献）时能注意到和命名的内容。随着我们对任何主题的了解越来越多，我们发现和注意新特性的能力也得到了增强。因此，无论学生注意到什么，都能告诉我们，他们能够将哪些知识融入到他们对主题的理解中。例如，如果在看一幅图像时，一个学生注意到艺术家使用明暗对比法，那么，我们知道这个学生理解这种技巧，并且能够识别它的使用。另一方面，如果一个学生学过明暗对比，但他表明说"许多明暗对比"，我们知道这个学生可能理解了这个概念，但还没有把用来描述它的术语完全整合到他们的功能词汇表中。

学生提出的问题可以给我们提供重要的形成性信息，为今后的教学奠定基础。学生的问题是基本的、信息性的还是反映了深度、好奇心和细微差别？哪些问题可能构成未来教学的基础？例如，在摩根·菲尔兹的童话研究中，学生们提出了这样的问题："每个童话都有魔力吗？"以及"好人总会存在吗？"摩根用这些问题来选择特定的童话故事，让学生找到答案。

当学生建立联系、建立解释，并考虑不同的观点时，他们正在积极地建立自己的理解。这是一个混乱的过程，经常会出现误解、失误和错误。将这些记录下来作为可能的讨论点，可以是与个人讨论，也可以是与全班讨论。让学生站起来走走，去看看其他学生的作品，并让他们识别出他们在不同小组的作品中看到的不同之处，或任何他们可能质疑的想法或评论，这可能会有所帮助。这让学生可以直面差异，作为讨论和探索的切入点，而不是简单的纠正老师。

在捕捉任何作品的本质、概念或主题时，我们希望学生获得自己的理解。这意味着他们可能不会总是给出我们希望看到的教科书式定义。这没关系。课堂上可能再次讨论他们的核心观点与其他小组的相似之处和不同之处。

与其他所有思维流程一样，我们不会对它们进行正式评估或分级。然而，在参与集体理解、参与评估的过程中，学生将处于一个有利的位置，参与更正式的评估，可以评分。在接下来的练习画面中，汤姆·海尔曼让他的高中生们在课堂上用"剥水果"的思维流程去探索一首诗之后，写了一篇分析性文章作为家庭作业。

提示

由于它的步骤很多，因此这是一个经常在整个班级中完成的思维流程。在这种情况下，焦点更可能是一个单一的对象（诗歌、图片、文档或手工制品），而不是大的主题或复杂的概念。当在整个班级进行时，老师充当记录的角色，记录学生在每一步的反应。另外，学生也可以在便利贴上写下他们的回答，然后添加到课堂记录中。水果的"果肉"可以分为3个独立的阶段——连接、解释和透视，就像雪莉和她的学生探索机器人一样。当全班第一次学习整个课程的时候，这可能会很有用，这样你就可以明确地把学生的注意力引向这些不同的思考领域。然而，在实践中，学生们经常会在这3种思维方式之间来回切换，如果觉得必须先完成一种思维才能进行下一种思维，那就太过死板了。此外，这3种思维方式之间并没有真正的逻辑顺序。

实践案例

汤姆·海尔曼，一直很喜欢给他在华盛顿国际学校高中生教授诗歌。然而，他知道学生们读诗歌的时候总是带着一点忐忑。"学生们都在逃避诗歌，我年轻的时候有过这样的经历。我下定决心要确保这里的学生能够找到进入状态的路径，因为这是一个非常有益的经历。当一个学生终于理解一首诗的时候，是最有意义的，我并不是说他们找到了作者写的一些信息。我的意思是理解它，因为他们可以通过建立在诗歌事实基础上的争论来传达他们的理解。"

为了促进这一过程，汤姆定期让他的学生们通过"剥水果"的思维流程来分析诗歌。汤姆强调他们的目标是发展他们对这首诗的理解。"我不在乎你用什么，但我希望你做的是培养你的核心理解能力。你将从外部开始，从表面开始，直到你发现核心理解。"汤姆解释道。

当汤姆大声朗读贝丝·安·芬内利的诗时，他认为"我需要更像法国人或者日本人"。你会听到一连串的事物：瑞格利球场、密西西比、木兰花和鞭炮。颜色也有参考：黄色、灰色、青瓷、棕色和红色。还有大自然：蜜蜂、知更鸟、花蕾、树叶和花朵。"如果我是"这句话虽然不是有节奏地重复着，但当汤姆读到最后一句时，他的声音充满了一种渴望：

"……如果我是法国人，

我会喜欢这个，最后是红色的细丝

散落在焦黄的草地上，

我的诗会鼓动那些老于世故的人，

法国和日本读者——

因为细丝看起来像火柴棒，

我们都知道，是火柴点燃了火焰。"

回到老师的角色，汤姆评论道："这是一首长诗，从意象上来说，这是一首有趣的诗。当你在自己的小组中时，你就会开始挖掘这些意象。"

学生们熟悉了用"剥水果"的思维流程训练方法剖析诗歌的过程，他们立即进入小组，并从教室前面拿一张图表纸。学生们立即在纸上画出3个同心圆，开始在最大的圆圈外说出并记录他们认识的诗歌的各种特征：它是自由诗，说话的人就是作者。只有一个长诗节，不押韵，等等。

当汤姆在房间里走来走去时，他注意到一群女孩把她们注意到的作为提出问题的基础。凯蒂写道，这首诗"看上去不押韵"，但她小组的另一名成员在"内膜"上画了一条线，写下了"效果？"同样地，小组中有人记录了表面上的"讽刺"，但另一个人在"内膜"上画了一条线，提出了一个问题，"不完全是讽刺，但是什么？"

汤姆注意到另一组没有在图表的第二圈或"内膜"上提出任何问题。相反，他们只是扩展了他们所识别的东西，或者给出了一个例子。一名学生在"表皮上"写下了"参考自然"，另一名学生在圆圈内给出了"知更鸟，玫瑰，花朵"等例子。汤姆问大家："围绕这首诗，你们有什么问题或困惑吗？"各组一片沉寂。他们解剖诗歌和识别它的所有部分，但不质疑它或切身体会它。汤姆建议小组看看其他小组提出的问题，看看是否能激发他们的一些灵感。

当小组开始探索联系、观点和解释时，对话变得更加激烈，而学生们讨论他们的试探性想法时，记录反应就显得次要了。"似乎随着诗歌的发展，意象变得越来越复杂。"凯蒂说。"是的，它也更安静，更平静。"伊莉斯补充道。蒂芙尼反驳道："我不确定它是否精致，是否更大或更华丽。这更像是她把这些非常简单的普通的东西变得更加复杂。"

凯蒂突然兴奋起来，"嘿，这是一种与自由诗的关联，没有韵律。一方面，你认为这很简单、因为它看起来很随意和普通，但事实并非如此。也有一些简单的，普通的物体不是真的。它们变得更加复杂。"蒂芙尼建立了这种关联,"是的,自由诗看起来很简单。但当你看到这些标点符号和换行符时,你就会意识到这有多么复杂。"

上课40分钟后,汤姆把学生们叫回来,请几个小组发言(见图4.5)。他告诉他们:"你们不需要一步一步地向我们介绍你们做过的每一件事,但也许可以介绍一些你们讨论中更丰富的观点和你们觉得特别有趣的东西。"约翰、托马斯和玛丽把他们的图表纸拿到前面,挂在白板上。"我们在一次大型的讨论会上讨论的就是关于刻板印象的使用。"约翰分享道。"主要是对美国人的刻板印象。"玛丽补充道。这就好像她在说美国人就是很喧闹、狂热和粗鲁。但后来我们注意到,这更像是她在做的一种对比,更像是在开玩笑。"是的,"托马斯附和道,"她说她想要更保守一些,但她几乎是在欢庆,然后她使用最后一句'我们都知道,是火柴引起了火焰。'所以,就好像她在拥抱自己的伟大。"

班上其他同学在讨论时爆出一些同意的解释和一些不同意的争论,他们的不是关注大的复杂点,但实际上简单点中可以找到复杂之处。"这太棒了,"汤姆说,"这些都是我在你们今晚的作业中要写的评论。我希望你们拥有这首诗的所有权,并根据这首诗的事实为你们的解释提供依据。"

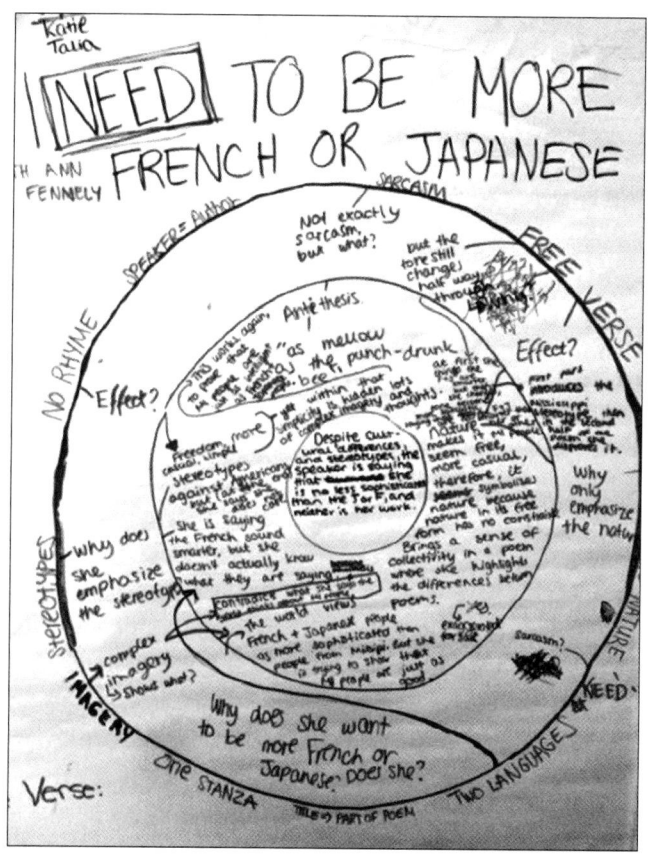

图4.5　十一年级学生对"我需要更像法国人或者日本人"的"剥水果"练习

故事：主体—侧面—隐藏

在仔细审查原材料后，确定并解释：

☆ 讲述的主要或者核心故事是什么？

☆ 什么是发生在场外或边缘的侧面故事？这可能不一定涉及主要

角色。
☆什么是隐藏的故事，即我们开始没有轻易意识到，可能隐蔽、忽视，或者发生在表面下的故事？

电硝（Densho）是一家总部位于西雅图的组织，致力于保护、教育和分享二战期间日裔美国人被监禁的故事，以探索这些事件在当时和今天的更深层次的问题和影响。在他们的网站上积累了大量的原始文档后，问题是如何让学生深入研究并通过表面看到真相。"主体—侧面—隐藏"故事成为这样的一个工具。

目的

这个思维流程帮助学生分析事件，并通过围绕这些事件构建一系列的叙述来更深入地探索文件。学习者从主要叙述开始，抓住所讲的核心或中心故事，然后要求超越这个范围。通过查看辅助故事，鼓励学习者考虑其他人物、因素和影响，可能是在工作中复杂化更基本的主要故事或添加增强现实性的额外层次。这个过程可能会产生新的疑问和疑惑。此外，在寻找侧面故事时，鼓励学生找出其他可能没有被充分展现或描绘的观点。透过事件的表面来揭开隐藏的故事，学习者被邀请去探索事件的复杂关系。这一步会推动学习者超越既定的思考并展现洞察力。

选择合适的内容

原始材料应该体现深度和一定程度的复杂性。它可能是来自历史档案的主要来源文件，一件复杂的艺术作品，一个新闻事件照片、故事或小说中的特定事件、案例研究、数据集，甚至是一个社会问题或情境。因为流程是一种分析框架，所以当情况出现时，我们通常可以动态地使用该思维流程，从而从更深的探索中获益。例如，老师可能会意识到课堂讨论的重点是回忆和了解主要故事，然后询问可能的侧面和隐藏的故事是什么，使课堂讨论深入。

步骤

1. **组织方式**。介绍资料来源，并邀请学生仔细检查。这可以单独完成，也可以成对完成。通过关注细节和细微差别，学生们将更有可能找到支持自己观点和隐藏故事的证据。这个慢读不应该太仓促，应该明确鼓励学生花时间去注意那些不那么明显的事情。

2. **主体**。在仔细检查原始材料后，邀请学生（单独或两人一组）找出反应最明显的中心思想的主要故事。

3. **侧面**。提示学生找出可能的故事。这里边还发生了什么？其他可能对主要故事有贡献但不是主要参与者的角色是谁？

4. **隐藏**。最后，让学生考虑隐藏或不为人知的故事。什么事情虽然不能马上看出来，但却可能对理解实际发生的事情很重要？有意或无意间，哪些内容可能会被忽略或忽视？

5. **分享思想**。一旦学生有机会确定他们的主体、侧面和隐藏的故事，转而向全班分享。通常大家对故事的主要内容都有共识，因此不需要详细讨论。课堂上经常会出现各种各样的小故事，学生们听到这些小故事后，对情况的理解就会增强。在学生分享的过程中，让他们详细阐述、解释和说明，或许可以用思维流程的方式，"你为什么这么说？"讨论隐藏的故事。有些学生的小故事是别人的小故事，这是很正常的。当学生们分享他们隐藏的故事时，你可以接着问："是什么让你对这种情况产生这样的疑问？"或者"为什么你认为这个故事被隐藏了？"

使用与变同

来自奥克兰县的史蒂文·惠特莫尔和来自密歇根州休伦谷学区的詹妮弗·霍兰德，他们都使用"故事：主体—侧面—隐藏"的故事思维流程作为进一步社交和情感学习的工具（见图4.6）。

史蒂文回忆起一个例子，他在给一个五年级的男孩做心理咨询时，使用了"主体—侧面—隐藏"故事思维流程。男孩的父亲经常出差，当父亲回来的时候，男孩就会情绪崩溃。一次事故后，史蒂文把男孩带进他的办公室，让他在一张纸上画一座房子。"我告诉他，我想让他画出房子里发生的事，"史蒂文说，"只是告诉我，妈妈说最近情况不太好。我没有引导他告诉我具体发生了什么。"男孩画了撕碎自己的日记，把房间弄得乱七八糟。然后，史蒂文让他在房子的一边画上"侧面故事"。他在地板上画了一个厨房柜台和一个水瓶。最后，史蒂文让他在房子下面画"隐藏的故事"。这男孩画了许多爱与恨对比鲜明的图像。当所有的画都画好后，史蒂文请小男孩解释一下他画的画。故事的主要内容是，他因为生气把房间弄得乱七八糟，把日记也撕了。侧面是他的水瓶从厨房柜台上掉了下来，他妈妈责怪他，触发了他的情绪崩溃点。当史蒂文让男孩告诉他关于隐藏的部分时，他说他和他的父母之间是"爱恨交加的关系"。他继续解释说，当父母中的一方离开时，另一方会对他更好。他们像成年人一样对他说话,他们告诉他的姐妹们该做什么,但他可以自己做决定。然而,当父母都在家的时候,情况发生了变化,他被当成了一个孩子,这让他很生气。史蒂文指出,揭示隐藏故事的过程不仅为发现男孩行为背后的问题提供了一个工具,还对男孩的行为产生了影响,他指出,自从他们在一起讨论之后,他暂时还没有崩溃过。

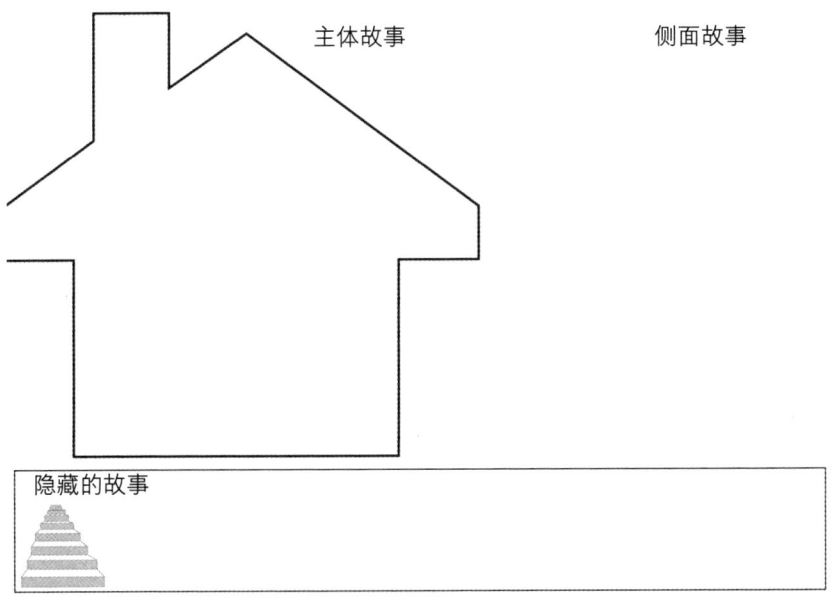

图4.6 詹妮弗·霍兰德开发的"主体—侧面—隐藏"咨询模板

澳大利亚墨尔本佩林艾森顿文法学校的中学历史老师,阿曼达·斯蒂芬斯发现,"主体—侧面—隐藏"的故事思维流程能很好地帮助学生从原始资料中学习。在和她九年级的学生讨论原住民权利时,阿曼达带来了几份她自己家里的20世纪40年代的文件。一份来自原住民事务委员会的文件。把一位母亲的孩子们归类为1/4混血,解释说,只要孩子没有与"原住民"有联系,他们就不被认为是"原住民"。她的学生揭露了原住民生

163

活被完全控制的侧面故事，以及与之相关的当权者的屈尊俯就。隐藏的故事揭露了阿曼达和她的学生所认为的种族主义和种族灭绝的"丑陋真相"，其试图系统性地阻碍家庭与亲属的联系，从而中断原住民身份的传承。

评估

确定故事的主要内容，显示出学生掌握源材料的中心思想或基本情节的能力。有时，学生甚至会忽略主要故事，试图跳到更深层次，因为主要故事对他们来说太基础或肤浅。让学生放慢语速可能很重要。在确定不同的分支故事时，看看学生是否能够确定与主要故事相关的人物或事件，并从他们的推断开始，充实外围的问题和关注。如果学生对一个事件或历史时期了解很多，他们可能会知道其他影响事件的普遍关注和问题，并将这些列为侧面故事。这种联系非常有用，不应该被忽视；然而，应鼓励学生尽可能多地直接链接到原始材料，问："在图片、故事或文件的哪里显示？"

这个隐藏的故事本质上是推测性的，因为它要求学生思考不明显的东西。这个问题"可能发生了什么，我们没有直接看到？"，推动发现隐藏故事。学生是否能够灵活地思考潜在的风险和影响？他们可以通过将其与主要故事联系起来，为那些隐藏的动机和影响力辩护吗？例如，"隐藏故事如何帮助我们更好地理解主要故事？"学生们能找出隐藏这个故事的原因吗？例如，人们通常不承认种族主义是他们行为的动机，而常常试图把它隐藏成隐讳的，更能被接受的可行的动机。

提示

为了帮助学生识别"主体—侧面—隐藏"故事思维流程，提出直接关联使用的特殊源材料的特殊问题可能是有用的。例如，在数学课上检查数据表时，了解主要故事的问题可能是：这些数据告诉我们什么？这张桌子向我们展示或帮助我们看到什么？侧面的故事可能是：如果我们更深入地看，这些数据还会在这里发生什么？最后，为了弄清楚这个隐藏的故事，问题可能是：为了完全理解这些数据，我们需要了解哪些在数据表中看不到的东西？是否存在表格本身未立即解决的隐藏问题或疑虑？如果我们研究一段莎士比亚戏剧中的独白，仔细研究一件艺术作品，或探索一件私人事件，这些问题就会截然不同。

为了帮助学生理解隐藏的故事不仅仅是想象，而是建立在证据的基础上并从证据中推断出来的，也许值得看一看崔西·雪佛兰关于寻找画中故事的 Ted 演讲。在这次演讲中，《戴珍珠耳环的女孩》(*The Girl with a Pearl Earring*)的作者谢瓦利埃带领观众仔细观察绘画，找出重要而有趣的元素，然后将其与历史背景联系起来，最后围绕着这些元素构建一个故事。

实践案例

来自佩林艾森顿文法学校的史蒂夫·戴维斯和达雷尔·克鲁斯，第一次遇到这种"主体—侧面—隐藏"的思维流程时，他们认为这不会是他们在十二年级会计课程中使用的方法。然而，当他们看到它作为学习实验室的一部分在高中英语课堂上被使用时（将在第七章讨论），一些想法被触发了。"当我们看着这堂课展开的时候，我们讨论了一些我们喜欢的东西，并意识到我们可以把它用在一个特别困难的主题上：讨论性问题。这些一直是我们关注的一个领域，很多学生都在努力解决这个问题，因为期末考试没有固定的评分标准。"史蒂夫说。

具体来说，史蒂夫和达雷尔认为，作为一种结构，这种思维流程将有助于学生对讨论性问题作出回应，这些问题要求学生表现出对会计作为一个整体的理解，而不仅仅是熟悉单一主题或程序。这是整个维多利亚州会计科目发生变化的主要方式之一。期末考试的重点已经从重新计算规则和应用程序转移到会计学在现实世界的应用。由于这些新类型的问题关注的是理解的深度，学生们往往不知道如何处理它们，达雷尔和史蒂夫指出，许多较差的学生只是重复别人给他们的信息，而没有解释它。

达雷尔和史蒂夫认识到，将思维流程应用于观察数据与应用于解读文献是不同的，于是他们首先确定了他们在将思维流程与会计学科目联系起来时会问的问题。他们提出了以下问题：

● 主体：你能从所提供的数据或信息中得到什么，它直接告诉你什么？

● 侧面：会计学的哪些核心假设或特征适用于这个领域？它们之间有什么联系？

● 隐藏：这些的效果是什么？它如何影响决策？

史蒂夫和达雷尔通过使用一些熟悉的数据，澳大利亚足球联赛（AFL），开始了这项活动。史蒂夫向学生解释了这项任务："我要给你们一些关于AFL球队过去几年表现的数据。请在另一张纸上创建3栏，分别标注'主题'、'侧面'和'隐藏'。"使用史蒂夫和达雷尔精心制作的提示，学生们开始在每一栏做笔记。当学生们完成后，史蒂夫解释了下一个任务："利用你手头的笔记对贴在白板上的讨论问题作出一一回应。这和你们在课程考试中被要求做的事情很相似。"史蒂夫指出，写作过程似乎比以前的问题要简单得多。学生发现沟通"主体—侧面—隐藏"框架将他们对数据的初步分析体系，在3栏内"主题—侧面—隐藏"的结构有助于他们快速开始写作。

第二天，两位老师重复了这个过程，但都提供了一个原始信息表，包括历史成本、折旧、账面价值和4年期间的市场估值。达雷尔在白板上写下了讨论问题提示，这与他们在考试中可能遇到的问题非常相似："使用这些数据，讨论记录社会萧条对企业的影响和重要程度。"达雷尔提醒学生利用昨天的思维流程，创建他们的，"主体，侧面，隐藏"，或简单地制成表格。

在回顾了课后学生的书面回答后，达雷尔指出："这种方法为学生的写作提供了一种形式和结构，并确保他们明了了会计的含义，而不仅仅是阅读表格。"史蒂夫评论说："这似乎对弱势学生的帮助最大。过去，这些学生一直在努力寻找企业会贬值之间的联系。"

史蒂夫和达雷尔继续使用"主体—侧面—隐藏"流程，在会计课程的每个概念领域，逐步看到学生的改进和成功。虽然一开始他们认为这种训练对能力较弱的学生最有帮助，但随着时间的推移，史蒂夫和达雷尔注意到，他们的成绩正在全面提高。"作为维多利亚课程中心外部考试的评审员，我们每年在300多份试卷中抽一两份满分的学生打分，"史蒂夫说，"不过，在我们的班级里，我们总共有55名学生，每项评估任务至少有2~3名学生达到了这个水平，这是令人震惊的。我们还发现，中低水平学生的平均分数从以前的40%~55%大幅提高到现在的60%~75%。"

美与真

在阅读一篇文章、查看一张图片、考虑一个复杂的问题或反思一个事件后，问：

美——你能从这个故事/图片/事件中找到美吗？哪些事物让你觉得相当美或吸引人？

真相——你从哪里能找到这个故事/图片/事件的真相？有哪些事情让你觉得是事实？

揭示——美如何揭示真理？美的东西在哪里照亮或揭示了真理的某些元素？

隐藏——美如何能掩盖真相？美的东西在哪里遮蔽了真理的因素，或者使它难以被发现？

多年来，我们"零点方案"项目的同事，维罗尼卡·博伊克斯·曼西丽亚、弗洛西·蔡以及他们的小组成员，一直在研究培养和支持青年的全球意识和全球能力的意义。他们致力于创造学习环境，培养学生的思维习惯，让他们了解世界的复杂性，并在其中成功地生活和工作。作为朗维尤基金会支持的"全球视角"项目的一部分，维罗尼卡和她的同事们与普利策中心教育团队合作，为自己设定了一项任务，那就是为新闻工作创造新的思维流程。"美与真"的出现正是这些努力的结果，我们在这里分享我们的版本。这一思维流程使学生在探索大问题的同时，培养超越熟悉概念、以开放的态度接触新的观点的动力，辨别当地和全球原创性，理解地域和背景，从文化视角出发，挑战刻板印象。

目的

在这一思维流程中，前期的思考类型包括仔细观察、考虑观点、建立联系和揭示复杂性。在很多方面，"美与真"与之前发布的思维流程，如"换位思考"和"观点圈"一起出现。这种思维流程方式激发了学习者的学习兴趣，让他们跳出自己的思维方式，促使他们从各种不同的角度去理解一个问题、一个事件或一个更广泛概念的细微差别和复杂性。当一个人从看似不同的角度来考虑一个问题或事件时，就会出现有趣的机会来揭示其复杂性，从而支持对全球主题、当前争议或永恒问题的批判性思考。

选择合适的内容

该思维流程探讨了不同观点之间复杂的相互作用：美与真。它最初是根据学生在我们视觉化、媒体饱和的世界中获得的大量信息来探索全球问题的复杂性。学校和博物馆中的教育者都发现，在探索印刷作品和摄影新闻以及艺术作品时，这种思维流程很有用。它邀请学生学习高质量的新闻如何利用美来吸引我们去学习更多的知识，并寻求真相，同时使学生反思新闻记者和艺术家如何评论并邀请我们思考我们的世界。

我们已经看到老师们在其他内容环境中使用了这套思维流程，例如辩论科学中的道德问题，分析诗歌，甚至研究人类学、地理学或文学问题。在所有这些情形下，一个重要因素是源材料应该是复杂、丰富且有细微差别的。需要有足够的东西，以便人们可以"读懂"而不是停留于表面。在选择内容时，自己快速应用思维流程很有用。你能找到很多"美"的例子吗？你能发现许多揭示"真"的特征吗？

步骤

1. 组织方式。准备好原始材料。如果是图像，最好是有质量好的、视觉效果生动的复印机或投影仪。在进入下一步之前，给学生足够的时间来仔细观察和体验这种材料。通常情况下，最初的观察是默默进行的，并遵循简单的指示尽可能多地进行注意、考虑如何记录出现的想法。如果这个程序是全班一起完成的，那么老师可能就是那个记录的人。如果学生们是小组协作，可能会创建一个小组文档，当学生开始思考如何揭示潜在真理时，列出原始材料中"美和真"的位置是有用的。在某些情况下，学生可能会被要求随后在小组或全班中分享。

2. 在这个故事、形象或事件中，你能从哪里找到美？"美"这个词是有宽泛意义的，可以被解释为美学上或其他方面令人愉悦、有魅力或吸引人的特征。没有必要对这个词作过多的定义。允许学生提出自己的解释，接着问："你为什么这么说？"让学生们找出所有的方式，或大或小，在这些方式中，人们可以从他们面前的故事、形象、议题或事件中构想出美。

3. 你从哪里可以找到这个故事、形象、问题或事件的真？"真"这个词意识也应用得很广，让学生们可以用不同的方式来解释它。真可以是一个真相，一个现实，或普遍存在的。同样，在开始之前没有必要过多定义这个词。让学生们识别出在故事、形象、议题或事件中所体现的所有真相或事实。

4. 美如何揭示真？ 美的东西在什么地方阐明了真的某些元素，或者把它特别暴露出来？怎会如此？你为什么这么说？在回答这个问题之前，学生将需要时间去思考、探索或与搭档讨论。通常，学生的反应会带来引人注目的探索和讨论的机会，其他人也会参与其中。要欢迎这些互动。

5. 美如何能隐藏真？ 在这个故事、问题、议题或事件中，哪里的什么美的东西会隐藏真，让人难以辨别？是什么？以何种方式？你为什么这么说？揭开和潜在的问题不一定要依次进行。把它们放在一起考虑是可以的，并允许对话反复进行。

6. 分享思想。 如果整个班级都在做这个练习，并且学生的观察记录在案，那么很多想法就会被分享。如果这个程序是在小组中进行的，让他们分享小组对话中最有洞察力的观点。在这两种情况下，询问他们在哪里发现了一些一开始可能不明显的东西，这是结束对话的有效方式。此外，你可能会问："你是如何理解这个话题的？""你对美和真的理解在某种程度上是如何改变、成长或加深的？""我过去常常想……现在我想……的反思是什么？"

使用与变通

凯特琳·麦奎德，是沙特阿拉伯阿卜杜拉国王科技大学花园小学五年级的老师，与她的国际学生一起使用"美与真"进行一项关于不同类型能源的探究项目。学生们阅读艾伦·德拉蒙德的图画书《能源岛：一个社区如何利用风能并改变他们的世界》(*Energy Island: How One Community Harnessed the wind and Changed their world*)（2011年）。这本书讲述了一个丹麦小岛社区的真实故事，他们聚集在一起，减少了140%的碳排放，从而几乎完全实现能源独立。这个鼓舞人心的故事表明，只要稍加努力，心中有一个大目标，平凡的人也可以成就不平凡的事。但这种改变并非没有挑战。凯特琳要求她五年级的学生们考虑一下这个小岛社区的风能资源节约所传递的美。然后学生们把他们的注意力转向实现他们梦想的现实。通过从"美"和"真"的角度来思考这个群体的故事，凯特琳发现对话的层次变得微妙起来。

朱莉·弗雷德里克，是赞比亚卢萨卡美国国际学校的一名高中英语语言艺术老师，她在聆听受到好评的"故事团项目"的回忆时，用了"美与真"来表达。朱莉的十一年级学生听了《干溪谷的圣人》(*Saint of Dry Creek*)，这是一位绅士讲的故事，他回忆了20世纪50年代，他的父亲还是个十几岁的少年，他努力想弄明白自己的性取向。在这个故事中，这个年轻人和父亲在一起时经历了片刻的恐惧，但这一刻却变成了无条件的爱。朱莉认为这提供了一个机会，通过"美和真"的角度来考虑一篇生活散文的故事元素和文学特征。朱莉认为，审视这些"美与真"的双重视角，会促进关于身份、家庭关系、恐惧和爱的更复杂的对话。

还有其他的老师，比如澳大利亚昆士兰太平洋路德学院的艾丽莎·詹森。在看待技术、创新和地球资源时使用了"美与真"和地理概念。"美—真：作为一种结构，帮助学生发展一种强大的行为模式，以指引复杂的、微妙的、广泛的全球概念，从自我认同到能源独立。

评估

当学生们探索"美与真"时，注意他们在前两个提示中的回答，以理解他们是如何含蓄地定义这些术语的。当学生们分享美的要素时，美的哪些方面会浮出水面？学生们考虑的是美学、理想还是利益？当学生分享真的要素时，他们的回答揭示了哪些方面？学生是否在考虑实际情况和实事求是的问题？他们认同普遍真理吗？真相的哪些方面可能会受到质疑，意味着它们可能不像人们一开始认为的那样不可避免？

注意学生在日常生活中寻找视角、建立联系和发现复杂性的能力。他们的回答是否表明他们认识到人们可以以不同的方式理解美和真？他们是否能够将自己置于原始材料中所描述的演员或角色的位置，从他们的角度来识别美与真？学生们是否能将彼此的想法联系起来并建立起来？随着讨论的进行，学生们是否能够识别主题中的紧张关系、模糊性和复杂性，还是他们试图简化并得出简单的结论？随着时间的推移，你会发现"美与真"是如何在学生的对话和探索中变得复杂但有用的。

提示

正如前面提到的，不要在一开始就过分关注如何定义"美"和"真"。这些术语很宽泛，有多种含义和用途。我们注意到学生们对这些概念的理解比老师们预期的要多得多。例如，内莉·吉布森让她的幼儿园学生参与了一项为期数月的关于美的调查，结果产生了丰富的对话和深刻的见解。然而，如果你看到学生们纠结于如何理解美或表达真。你可以创造一个未来探索的机会。例如，随着时间的推移，共同制定一份标准清单，来判断是什么让某些东西给我们留下了包含"美"或代表"真"的印象。从学生的日常经历中寻找真善美。指出你眼中的美与真。一旦列出了代表这些概念的几个角度的清单，你就可以促使学生扩大他们最初的想法，甚至采取更多的视角，这是发展这种全球思维倾向的关键目标。

与其让一群学生一次完成所有步骤，然后进行对话，不如把思维流程分成两部分。步骤2和步骤3，对美和真的探索，可以作为一个整体来完成并记录下来。这扩展了每个人对原始材料的理解，并阐明了观众的不同视角。然后转到步骤4和步骤5，关于揭示和隐藏真的讨论。这一步往往更健谈，微妙和复杂。学生们经常大声地尝试不同的想法，看看它们是否站得住脚。你可以鼓励这种试探性的探索，先让学生以小组或搭档的形式进行讨论，然后再进行全班讨论。老师们也颠倒了步骤4和步骤5的表述，问"真如何揭示美？真怎么能掩盖美？"

辅助性问题是帮助学生更好地理解复杂层次的关键。例如，"你为什么这么说？"或"那么你如何看待这个观点与另一个观点相联系？详细阐述他们的回答并解释他们的理由。"这也传达了这样一个信息：你在认真听他们说话，跟随他们的思路，而不是试图让他们给出一个预先确定的答案。

其他的思维流程，如"付出与收获"与"美与真"很好地结合在一起，为学生创造丰富的互动，建立联系和综合思想。例如，学生可以被要求在一幅图像中识别出3种美的事物和3种真实的事物，然后通过"付出与收获"的思维流程与他人讨论这些最初的列表。在总结"美与真相"过程中，学生可以被要求创建一个标题，提炼出他们对这个问题/形象/议题的新理解。

实践案例

佩妮·贝克，澳大利亚纽卡斯尔圣菲利普基督教学院的一名小学老师，她在学校里担任图书管理员。她已经使用了一段时间的"观看—思考—提问"和"换位思考"的思维流程，她的学生们对这些方法已经非常熟悉了。作为一个图书馆工作者，佩妮每周合班上课一两次，而不是只给自己负责指导的学生小组上课。随着时间的推移，继续思考是一个真正的挑战，佩妮依赖于使用思维流程来帮助记录想法，把学习从一节课带到另一节课，特别是在课程之间有很大的时间间隔的情况下。"美与真相"让佩妮觉得这是一个很有前途的思维流程，可以基于既有思维流程，并寻找合适的时机来介绍它。

在一系列图书馆课程中，佩妮的五年级学生观看了一段名为《澳大利亚：我们的故事》(Australia：The Story of Us)的视频，该视频最初在澳大利亚"七网络"播出。本演讲以几位杰出的澳大利亚人为特色，探讨过去40000年间塑造澳大利亚的人物、地点和事件。佩妮认为，"美与真"可以处理这种经历，让学生有机会从多个角度思考他们国家的历史和全球性/普遍性问题。

佩妮关注的是视频中突出的一个事件，尤里卡寨子。1854年，维多利亚州的淘金者反抗他们认为的英国殖民势力在该地区的不公平权威。他们强烈反对严苛的管制和税收。不幸的是，一场激烈的战斗发生了，许多人在这次事件中丧生。但这一事件被许多人视为澳大利亚历史上的决定性时刻，自由人反抗帝国暴政，为基本的民主权利铺平了道路。

佩妮并没有问她的学生们是否同意矿工的行为，也没有提出浅显的意见，而是为学生重放了一段视频。然后她问道："我希望你花点时间考虑一下，你在尤里卡寨子的这段视频中，哪里有你认为值得提及的东西？你认为它是美丽的、强大的、特别的、有价值的或鼓舞人心的？"佩妮给学生们几分钟的时间来收集答案，然后问全班同学想到了什么。

一个学生回答说："我认为矿工们勇敢地面对军队是一件美好的事情。"

佩妮问："你为什么这么说？矿工和军队有什么强大之处或美好的地方？"

学生解释说："他们愿意放弃自己的生命，为自由而战。"

另一个学生在对话中加入了她的声音。"矿工们互相支持，我觉得这是件很美好的事情。"

佩妮又问了一个辅助性的问题，"你能再说一点吗？你在视频中哪里看到过这样的例子？"

这名学生回答说："当军队揪出一个没有合法执照的矿工时，所有其他矿工都开始驱赶军队。"

另一名学生加入了进来："是的，就像他们是一个集体。这感觉很美。"

佩妮回答说："集体。我明白了。这又如何表现出一种集体意识呢？"

学生继续说:"嗯,他们互相帮助。他们愿意冒险帮助另一个有需要的朋友。"

另一名学生插话道:"军队也像社区一样相互支持,他们实际上只是在努力做他们认为正确的事情,为国家服务。所以也许这也是一件美好的事情?"

佩妮觉得这种特别的回应真的把话题带到了另一个深度。她认为为国家服务是一件美好的事情,这是一种相当非传统的反应,她没想到学生们会这么做。然而,令佩妮高兴的是它实际上揭示了一些巨大的张力和复杂性,用于理解反抗、起义、战斗等。

关于美的讨论持续了一段时间。然后佩妮让学生们从另一个角度思考同一段视频:真。她问:"好吧,在这个事件中有很多美好的事物,但是现在我想让你们想想在这个关于尤里卡寨子的视频中,你们从哪里找到了真?如果你必须把你刚刚看到的事实或真相列一个清单,你会列出什么?"学生们花了一些时间记下他们的回答,然后佩妮问问题时,他们开始分享。

一些学生提到了双方都不愿放弃的真相,导致战争爆发。其他学生提到,尽管矿工们为自己的权利挺身而出是件美好的事情,但事实是,这导致了暴力发生和生命的牺牲。

佩妮被学生们的反应惊呆了,这是她第一次做这个练习。"在过去,我知道我会告诉他们关于这件事或任何其他事件的所有信息,我相信如果我告诉他们,他们就会明白。但当我有了工具和结构,再加上我的时间和兴趣,我的学生能做的比我想象的多得多。"佩妮在课后反思道。

考虑到这是佩妮第一次使用"美与真",同时也知道图书馆的时间即将结束,佩妮决定暂时不去问美在哪里揭示了真相,美在哪里隐藏了真相。"我真想知道他们在那儿说了些什么,"佩妮说,"我觉得他们会想出一些有趣的东西。我的意思是,他们已经清楚地说明了一个事实,那就是殖民地军队,虽然在这个视频中可能扮演了坏角色,但也可能有一些有趣的、紧张的和复杂的视角需要探索。事情并不总是非黑即白!"

佩妮带领其他班级学生使用"美与真"思维流程探索尤里卡寨事件。"学生们告诉我,当他们听到彼此对美与真相的说法时,他们告诉我,这给了他们从别人的眼光看同一事件的方法。我认为这是很震撼的一件事,"佩妮反思,"当我花时间让他们的思维变得清晰可见时,我再次被我学生们的反应震惊了。随着'美与真'成为日常活动,我知道我会希望少说话和少指导,以便学生可以多说话。他们的回应非常有深度,我想我只需要给他们一个他们应得的自主权。他们有自己的声音,而我的工作就是为他们创造一个发声的环境。

NDA:命名—描述—行动

> 选择一个图像仔细检查。看一分钟,然后把它从视线中移开。现在,根据记忆……

> **命名**——列出你能记住的所有部分或特征。这些可能是名词,你可以指的东西和名字。
>
> **描述**——对于你所命名的每一个事物,添加一个描述。你可以在列举的名词后面加上什么形容词?
>
> **行动**——对于每一个你命名的东西,告诉他们如何行动。它们需要做什么?它们的功能是什么?它们对整体是如何补充或贡献的?它们和你命名的其他东西有什么关系?这些可能是,但不必局限于动词。

《哈佛大学教育学院思维训练课》最常用的思维流程之一是"观看—思考—提问"。这是一个强大的思维流程,因为它可以促进深入观察和分析。我们正在寻找其他方法来培养近距离观察,同时也增强表达性词汇和发展工作记忆。我们注意到,当我们把一幅图像从视线中移开,让学生们回忆起他们看到的东西时,学生们常常看到仔细观察和注意的价值,这是他们以前可能没有的方式,从而加深了参与思考。此外,当学生从在图像中命名对象开始,然后被鼓励发展为描述(形容词)和动作(动词)时,他们的表达性词汇就得到了增强。这对于词汇量有限的第二语言学习者似乎特别有用。

目的

这一思维流程强调了仔细观察和近距离观察的重要性,作为思考和解释的基础。在处理图像时,这个程序可以帮助学生注意到并描述图像中不断增加的细节层次。对于幼儿或学习另一种语言的学生来说，这种思维流程也有助于提高语言能力。它可以在小组中进行，也可以单独进行，但只有当单独进行时，它才有可能帮助提高工作记忆。

这个程序可以是一个独立的活动（甚至作为一个游戏），以提高学生缓慢观察、近距离观察和利用记忆的能力。它提供了一个与学生谈论大脑如何工作的机会。例如，当要求学生在图像被取走后回忆时，他们必须首先依靠他们的工作记忆，也就是我们能够记住的东西。我们对记忆的回忆是开始将短期记忆锁定为长期记忆的过程之一。这就是为什么检索练习是一个很好的学习技巧，学生也在利用视觉记忆，在他们的头脑中重新创造图像。视觉化与想象也是很有效的学习技巧。最后，学生们使用了"分块记忆"，将相关的对象组合在一起，这减少了记忆负荷。这就是为什么人们把电话号码记为3-3-2和2的系列数字，而不是10个单独的数字。

虽然"命名—描述—行动"作为谈论和发展记忆的工具很有用，但当内容被整合到更有目的性的学习中时，这个思维流程的作用更大。在一个单元的开始阶段使用"命名—描述—行动"，可以通过培养好奇心和激发对当前图像的更多了解欲望，帮助创建艾莉森·阿德科克所说的"被激发的大脑状态"。如果在最初的思维流程之后提供有关图像的信息，学生更有可能记住它，并有动力去学习更多。当然，这是假设这张图片很可能引起学生的兴趣和好奇心。当与已经学习过的话题一起使用时，这种思维流程有助于巩固学生的理解，因为他们知晓该话题的各个部分。最后，思维流程为分析提供了一个可访问的框架，我们将在"使用与变通"一节中看到。

选择合适的内容

虽然术语"图像"是用来解释的,但学习者被要求仔细看的可能是一幅画、照片、手工制品、文本摘录、卡通图片、发现探索的对象。事实上,几乎是任何可以观察和解释的东西。然而,选择一种吸引人的东西时关键。一个很好的测试方法是问问你自己这个图像/物体是否吸引了你。你能看着它几分钟并注意到新的东西吗?它会激发你的好奇心吗?由于思维流程的第一步是近距离观察和命名事物,因此图像中需要有许多元素可以看到和注意,以确保思维流程是相关的。同样地,因为学生将被要求描述他们命名的事物,所以对象应该有一些变化。似乎描述物体如何"行动"的能力需要借助图像来描述某种事件或行动,然而,事实并非如此。可以使用各种动词来描述类似的动作,这对于扩展学生的词汇量和思维能力都是有用的。例如,站立的人物可以描述为等待、暂停、沉思、潜伏、威胁、指挥、监督、思考等。

这个思维流程也可以用来复习一个单元的学习或文章(见下面的"使用与变通")。在这种情况下,还应该在一定程度上丰富事物的名称、标识、描述和标志动作或互动。在某些情况下,这样的回顾可能会有太多的东西需要回忆,所以你需要缩小回忆的可能范围。

步骤

1. 组织方式。用一分钟的时间展示所选的图像,让学生尽可能详细地看到图像/物体。在黑暗的房间里把图像投射到屏幕上效果很好。因为观察期是有时间限制的,所以在你的演示文稿中,在图像前后都制作一张空白幻灯片通常是很有帮助的。在一分钟内,引导学生近距离并尽可能多地观察。提醒学生暂时不要交谈或分享。一分钟后，将图像从他们的视野中移除。

2. 命名。要求学习者在写作和记忆中尽可能地从图像中说出事物的名字。一个有用的提示是说出你可以在图像中能实际用手指触碰的东西。让学生把注意力集中在特定的物体上，比如士兵、枪支、火焰等，而不是"一场战斗"或"战争"。学生可以把他们的答案写在一张列表上，或者一开始就把答案分成3栏，分别标记：命名、描述和行动。

3. 描述。要求学习者用一到两个形容词或一个形容词短语来描述他们命名的每一个物体。强调形容词的使用。例如，如果图像中有一个男人坐在桌子旁，学生们把"一个男人"作为他们的目标之一，他们应该用形容词来形容他，比如高个子、威严，而不是写一篇聚焦于行动的详尽描述："嗯，那个人在左边角落，他戴着一顶帽子，穿着一件绿色外套，坐在一张桌子旁，看起来他好像在等人。"学习者可以把他们的形容词写在他们所命名的事物旁边。在这个阶段之前，通常没有必要把图像放回去，但是如果你认为有必要的话，你可以允许再看一次。然而，要注意的是，记忆是通过使用而增强和建立起来的，回忆起来有点困难并不一定是件坏事。

注意：处理描述阶段的另一种方法是将学生配对。一名学生从列表上念出已经被列出的东西，该学生的搭档用形容词来描述它。他们反复地重复这个过程，直到他们都用尽了他们的列表。如果A说出了B没有看到的东西，那么A有责任描述它。

4. 行动。让学习者说出每个有名称的对象是如何工作的。这可能只是将一个动词赋值给对象。如果是这样，请指导学生不要重复使用同一个动词。这将扩展他们的词汇量。根据图像或教学意图，对行动的关注可能会超越"它们需要做什么？"的问题，而是去思考：它们的功能是什么？它们是如何对整体做增进或贡献的？它们和你命名的其他东西有什么关系？它们是如何与其他命名对象互动的？

注意：如果学生与合作伙伴一起工作，让他们将注意力转移到识别行动上。学生A从他们的列表中说出一些东西的名称，学生B通过使用动词（或识别一些其他形式的动作、功能、关系、互动）为其指定一个动作。将这一流程继续，轮流命名事物、分配动作。

5. 把图像放回去。在这一点上，学生们往往渴望再次看到图像，以确认他们的观察记忆。把它挂起来，让学生们随意交谈。通常情况下，会有很多指向和生动的讨论。如果你选择了一张图片引起学生的兴趣，问他们对图片还有什么疑问。这是与学生分享有关图像的任何信息以利用其运动的大脑状态的绝好的时机。

6. 分享思想。如果学生单独做了这个流程，提供一个机会来分享答案，可以是两人一组，也可以是多人小组。当学生看别人的回答时，让他们找出共性和不同点：别人有没有说出你没看到的东西？其他人在"描述"和"行动"阶段使用相同或不同的词汇吗？你能想出更多的词吗？如果学生一直和伙伴一起做这个思维流程，那么他们已经做了很多分享。你可能想把大家都拉到一起问这样一个问题：有没有搭档说的东西是你不知道的？你想描述的最有趣的事情是什么？你认为图片中的哪个物体最有可能用形容词来描述它们，哪个最不可能？你为什么这么说？你最喜欢用什么词来描述事物是如何"表现"的？

如果这是你第一次做这个练习，你可以用它来谈论工作记忆、视觉记忆和分块记忆。你也可以告诉学生，我们的工作记忆通过我们的使用得到了增强，就像我们在这里做的那样。

使用与变通

密歇根州特洛伊市贝米斯小学四年级的老师玛丽·戈茨，在有关密歇根州早期印第安部落的一个单元的结尾使用了"命名—描述—行动"。玛丽要求学生们尽可能多地"说出"他们能从学习中回忆起的东西。"有趣的是，当我们在这个流程中'命名'事物时，它就像被撞倒的多米诺骨牌。一个想法接着一个想法，如此反复。"说出57件东西的名字后，玛丽让全班同学把这些东西分门别类。学生们为部落、工艺品、食物、政府和家庭的名字创建了小组。由于项目的数据非常多，玛丽让学生们只描述了少数几个。玛丽从每组中挑选一个项目，让学生描述或讲述有关它的一些东西。例如，一名学生将"长屋"描述为长200厘米、宽20厘米。说到"行动"，学生们说，长屋是用来创造社区，但也是失去隐私的行为。

在宾夕法尼亚州的南费耶特高中，塔拉·瑟洛夫用"命名—描述—行动"让她的西班牙语和文化预科学生读短篇小说，用来取代传统方式下的理解问题。在把卡门·拉普特的短篇小说《艾尔·柯雷吉奥》(*Al Colegio*)阅读作为家庭作业后，塔拉将学生分成两组，并告诉他们将根据一些简单的提示进行结构化的对话。学生们有大量的纸张和记号笔来记录他们的讨论。首先，塔拉让学生们一起合作，说出他们能想到的在故事中起作用的所有物体和人物的名字。一开始，学生们只列出了两个主要人物，但塔拉追问他们，"在故事中，什么东西在两个主要人物之间的关系中起了作用？"学生们面面相觑，一开始很迷惑，但很快就开始命名物品：出租车，冰激凌，辫子，人行横道，桌子，黑板，等等。接下来，塔拉让学生们描述每一件事情。因为这是一门高级西班牙语课，所有的讨论和描述都是用西班牙语进行的。最后，每对学生被要求解释每个角色/物品在整个故事中的行为。正是在这一环节中，学生们对这个故事的误解之处才显露出来。当其中一对学生谈论故事中关系变化时，他们发现自己对时间线有不同的理解。后来，学生们表示，这种思维流程"帮助他们更好地理解材料，因为他们从整体上看故事，而不是简单地寻找理解问题的答案"。

评估

在学生对"命名"的反应中，要提高他们注意细节的能力，从而使他们更深入地了解图像，而不是停留在眼前的表面特征上。此外，注意学生能说出多少东西。学生能够回忆起的项目数量是工作记忆的一个粗略指标。尽管研究表明，我们能回忆起的不相关的东西数量大约是7个，但通过分组记忆和使用视觉记忆法，我们能够回忆起更多的东西。如果学生们在学习中遇到困难，那么额外的努力学习工作记忆可能是有益的。

在"描述"步骤中，学生经常使用视觉记忆来回忆细节。他们的回答可以表明他们词汇的丰富程度，同时也提供了进一步发展词汇的机会。同样，如果他只关注动词，"行动"阶段也可以涉及词汇。如塔拉所示，如果它进一步扩展到探索关系、互动和功能，就有机会评估学生更深层次的理解。最后，评估学生对图片或其他原始材料的参与程度。在他们的问题、讨论和对材料的好奇中，这种思维流程是否有助于激活一种积极的大脑状态？

提示

这个思维流程有一种游戏的性质，所以要利用它来给学生带来乐趣，让他们参与进来。把它当作游戏来做，可以减轻学生对可以回忆的物品数量的焦虑。有时老师不喜欢看到学生在学习中挣扎，所以想要通过再次展示图片或允许他们看书/笔记来帮助他们回忆。这些练习虽然有助于产生反应，但实际上破坏了思维流程的目的，即培养记忆力和增强与原始材料的接触。如果你认为有帮助的话，最好一开始就给学生更多的时间来查看图像。让学生学习他们能回忆起的信息，并认为完全可以接受，这也是好的。期待它们随着时间的推移而发展。

对于年龄较小的学生来说，整个流程都可以通过口头来完成。将图片从视野中移除后，学生可以与另一个学生配对，轮流命名事物。然后，你可以要求全班同学说出他们看到的东西，之后把它们记录下来。在这个列表中，你可以读取一个对象，然后让班上的同学用不同的形容词来描述它。处理思维流程中"行动"部分的一种方法是让学生"表演出来"或"假装"他们是那个对象。在一个幼儿园教室里，每个学生都选择一个物体，然后在房间里安静地走一圈，就好像他们是那个物体一样。

实践案例

密歇根州特洛伊市贝米斯小学，一年级老师阿什利·佩洛斯玛，对如何与学生展开探究单元进行了很多思考。在思考她关于岩石的科学单元时，阿什利说："多年来，我一直在教这个单元，我知道，推动它将是最具挑战性的部分，因为吸引学习者是至关重要的。一年级学生天生好奇心强，所以一旦我们开始探索，这个单元通常会很好地分层，但是开始这个单元需要技巧。""命名—描述—行动"是一种吸引听众注意力的思维流程，需要思想和声音发挥积极作用。作为一年级的老师，我知道这个流程不仅可以吸引我的学生，而且可以为他们提供一个传达和理解科学图表的平台。"

阿什利在网上搜索了两张图片：一张是岩石循环，另一张是水循环。她认为，让学生们一起看这两个循环的图像，可能会建立更多的联系。在进行最后的图片选择时，阿什利选择了两幅色彩鲜艳的图片，其中有许多清晰的组成部分，一些有助于传达动作感的标签和箭头，她觉得这些组成部分可以帮助学生发展科学知识和关系。

阿什利将学生聚集在互动式白板前，开始上课。她向全班解释道："我在我们的科学工具箱里找到了两张图片。但我很难理解它们，我需要你们的帮助。"在这一点上，她选择不告诉学生科学工具包的重点，而是使用"命名—描述—行动"程序来吸引学生的兴趣。然后，阿什利将这两张图片一起显示在互动白板上，给学生大约两分钟的时间来仔细观察这些图片，并在脑海中做笔记。当学生们安静地注视着这些图像时，阿什利问学生："你们注意到了什么？"并指示他们"尽可能多地尝试记住这两幅图像，以便我们以后讨论"。

两分钟后，阿什利翻转白板，告诉学生们："转过身去，和朋友聊聊你所看到的。"轮流给物品命名，比如乒乓球比赛。他们轮流说出事物的名称。当学生们的对话结束时，阿什利将全班同学的思路带回到一起，并解释道："我想抓住你们刚刚在这张表格上提到的所有东西，这样我们就可以更多地思考它们。有谁能告诉我，他看到了什么并说出了哪些名字？"学生们列出了水、雨、山、树、天空、太阳、火山、熔岩、岩石、云和山。

接下来，阿什利告诉学生们，她希望他们思考他们说出名称的所有物品，但要更进一步推进。她把"描述"这个词写在表格的顶端。然后她举了一个例子，"如果我要在课堂上描述一个孩子，我可能会说，棕色的眼睛，棕色的头发，绿色的衬衫，蓝色的裤子，等等。我想让你用我们的'命名'部分的项目来做这些。转身和你的同伴谈论我们刚刚提到的项目。你会如何用形容词来描述它们呢？"几分钟后，阿什利把全班同学召集到一起，并询问他们的描述。学生们为每个项目提供了各种各样的形容词，并提供了各种颜色、形状和大小的词，如蓝色、尖的、椭圆形的、圆形的、弯曲的、灰色、棕色、绿色、巨大和庞大。

最后，阿什利引导学生进入流程的"行动"阶段。"现在我们想要告诉大家，我们刚刚命名和描述的这些东西在做什么。"她将"行动"一词写在了图表的顶端，并进一步解释道："如果我们真的在现实生活中观看这些图像，或者它就像一部电影，那么每件事都在做什么？"学生在与他们的伙伴分享之后，阿什利收集了他们的词语：跌落、降落、站立、感觉、淋湿、闪耀、反射、爆发、破裂、照顾一切等等。课程结束后，阿什利问学生这两幅画有什么共同之处。一个快速的反应是，它们都是关于地球、陆地、水和天空的。阿什利告诉学生们，下一个科学单元将使他们更多地了解地球，特别是地球的岩石，他们将成为地质学家。

之后反思时，阿什利评论道："我很高兴词汇和信息浮出水面。如果我只是从工具包中使用调查来启动这个单元，我不认为讨论或词汇会如此丰富。我被他们对工作的投入和他们的工作记忆所震撼。当有机会进行图片中的'命名'项目时，我注意到学生在挖掘所有的基就出知识。到了'描述'的时候，我惊讶于学生们是如何将事物与先验知识和抽象事物联系起来的。"阿什利看了一遍课文，注意到了用来描述物品的单词——毛茸茸的、弯曲的、圆形的、尖尖的、暗淡的、白色的，像棉花糖一样。这些话让人耳目一新。"看看学生们是如何把这些单词和我们将要学习的科学词汇联系起来的，这将会很有趣。学生们现在超级好奇。这个练习真的增强了他们的自信心。学生们离开时说：'我们是地质学家，我们会发现更多关于地球和岩石的东西，因为我们已经知道这么多了！'"

注意

在讲座、电影、阅读或讨论后，学习者"记下"以下其中一项：
☆最重要的一点是什么？
☆你发现具挑战性、令人困惑或者难以理解的是什么？

> ☆ 你最想讨论的问题是什么？
> ☆ 你发现有趣的事情是什么？

我们的研究旨在帮助学生积极地参与到思考中。在太多的课堂上，我们看到学生在上课时认真地抄写笔记，而不是认真思考所讲授的材料。在学生准备阅读材料时也会出现类似的问题。他们可能会阅读，但不会真正理解材料。哈佛大学物理学教授埃里克·马祖尔的做法是，让学生在阅读完他的翻转课堂材料后，对一个简短的在线提示做出回应。他利用这些回答来帮助塑造他的课堂教学。我们将马祖尔教授的技巧正式定格为一组四个提示，学生可以从中选择一个，作为一种简单的方法，既可以吸引学生使用手边的材料，也可以为老师提供未来教学的有用信息。

目的

我们的学习和记忆能力通过定期提炼关键思想与识别新出现的问题和谜题而得到加强。此外，分享想法和问题促进小组的学习，持续的探索、讨论和综合，并向老师提供反馈。这个程序可以在教学活动之后、之前或中间使用。在一段教学之后使用，这个程序提供了一个捕捉学生思维的机会。例如，"注意"可以用作退场票，老师可以在下节课之前收集并复习。另外，"注意"可以作为翻转课堂策略，就像埃里克·马祖尔和其他使用"及时教学"策略的人所做的那样。学生可以通过电子邮件或文本，或使用学生带到课堂上的索引卡，在谷歌文档（一个在线产品）上提交他们的回答。然后，老师组织学生的回答，让他们为下节课做准备，以确保重点得到解决、问题得到探讨。为了使这种策略长期有效，重要的是让学生看到，老师实际上利用了学生的回答，并围绕学生们提出的问题来进行教学。

在讲座或内容密集的课堂上使用，老师可能会定期停下来（每10~15分钟），让学生对"注意"的提示作出回答。讲座中的这些休息时间提供了思考和注意力的时刻。斯蒂芬·布鲁克菲尔德和斯蒂芬·普莱斯基尔教授称之为"结构化沉默"，他们认为这种沉默是对话中的一个关键因素，尽管学生们一开始常常感到不舒服。因此，提供经验是很重要的，使学生习惯于这种沉默，并学会把它们作为学习的一部分。这样的间歇有助于让讨论更加深入和集中，同时也为对话中出现新的声音提供机会。

选择合适的内容

和所有学习一样，内容很重要。有意义的讨论产生于有意义的内容。同样，只有当有重要的东西摆在桌面上时，才有意义。对复杂问题的不同观点也增加了讨论的丰富性。因此，对于具有一定复杂性、细微差别和争议的丰富内容，此思维流程将最有效。这些内容可能来自阅读讲座、视频、演讲者或播客。然而，如果你知道你想让你的学生对这些内容说什么，或者认为这些内容的潜在反应范围可能是有限的，那么"注意"不太可能产生任何实质性的讨论或未来的教学基础。

步骤

1. **组织方式**。解释学习能力和记忆能力的增强是通过定期提炼关键思想，以及识别出现的问题和疑惑。鼓励学习者积极参与学习环节，而不是做笔记,以便充分参与。

2. 回应。定期(如果有很多内容)或在课程结束时,分发索引卡(或使用上面列出的技术平台之一),并让每个学生对前面列出的任何一个笔记提示作出回应。各种各样的提示设计是为了每个学生都能找到要回答的内容。你可能想把这些写在白板上,或者准备好一个幻灯片。让学生匿名记录他们的想法。

3. 分享思考。无论是隔一段时间还是在课程结束,都需要有某种形式的分享。这可以通过以下几种方式实现:

- 小组分享和讨论他们所写的内容。
- 一个组收集他们的索引卡并将它们传递给另一个组。收到新卡片后,卡片被随机分发,每个学生阅读并回应他们收到的卡片。卡片会被收集起来,并传回给他们后来的小组。
- 老师把所有的笔记卡片收集起来,然后随机地重新分配。学生们大声朗读他们收到的卡片。老师可以记录和组织学生的回答。或者,老师选择几张卡片与全班同学讨论。
- 老师收集、阅读并总结这些笔记卡片,作为形成性评估的一种形式,并通过分享或以某种方式利用它们来开始下一节课。

使用与变通

中学科学老师艾米莉·韦尔斯,在华盛顿国际学校与她的高水平学生使用了"注意"的思维流程。这门课程探讨了人类进化和迁徙之间的联系。具体来说,学生们研究了显示酶持久性全球分布的地图,通过线粒体DNA显示人类的迁移,气候难民的迁移,以及通过DNA突变追踪的人类迁徙。学生们被分成两人一组，分析其中一张地图，以及相关文章的链接，这些文章提供了额外的信息。在小组讨论这些材料时，记录了他们对所有"注意"提示的集体反应。艾米莉在她的其他生物课上重复了这节课。第二天，她把这两门课的作品在"画廊散步"中发布出来，并让学生们在每个小组的文档周围走动，发表评论或提问。她注意到一些学生建立了联系，一些学生提出了问题，还有一些学生只是简单地提出了一些想法。

三年级老师埃里克·林德曼，探索了关于减少污染的问题和解决方案，他使用了与艾米莉在"注意"中类似的策略。他为宾夕法尼亚州贵格谷的奥斯本小学的学生收集了一系列关于"减少污染"全题适合班级的文章。由于学生们要独立作业，埃里克制作了一份一页记录表，分为4个象限，每个象限有一个"注意"提示（见图4.7）。当学生阅读时，他们用这张纸记录他们与课文的互动。埃里克设定了一个目标，让学生们知道他们在记录纸上记下的回答将构成第二天课堂讨论的框架。在讨论之后，埃里克使用"3Y"的思维流程来帮助学生思考全球、本土和个人的关系。

在多次使用这一方法后，埃里克观察到，"注意"可以让孩子们在情感层面上揭示他们对这些想法的反应。这些都是他们想要分享的东西，而且通常在窃窃私语和大笑中分享。这种思维流程捕获了那些强烈的反应，并利用它们来引发感兴趣的讨论。我们也支持一个安全的平台来发现误解。

图4.7 埃里克·林德曼"注意"笔记

评估

"注意"为老师提供了一个机会,以便更好地了解学生是如何接触到文本、信息和思想的。注意学生的困惑、挑战和迷惘。学生们通常不会在课堂上分享他们的困惑,因为他们害怕自己看起来很傻。通过匿名记录和综合课堂上的回答,你更有可能发现学生感到困惑的事情。正如来自澳大利亚墨尔本佩林艾森顿文法学校的高级英语老师,李·克罗斯利所说,"这个(思维流程)最大的好处是它能给我反馈,让我知道我们作为一个班级需要在哪些方面努力。这也引发了讨论,并让我得以评估班上有多少人在和这些问题而苦恼"。

同样,问题提示也以一种能满足学生兴趣和需求的方式为主题的探索打开了大门。这些问题在规划未来的教学时也很有用。随着时间的推移，注意学生提问的类型。他们是否能够以一种有意义的方式参与内容，从而加深他们的理解？他们的问题是开放式的吗？如果不是，那么讨论一些不成熟的开放式问题可能是有用的。你也可以使用"问题分类"思维流程。

在学生回答最重要、最有趣的问题时，不要只看答案是否正确。相反，你应该关注那些能引起学生共鸣的东西。这些提示是为了促进与想法/信息/文本的接触，而不是作为测试。如果你觉得学生们没有抓住要点，可以这样进行讨论："有几个人说_____是最重要的，而其他人则说_____是最重要的。我很高兴听到你的推理。"

提示

只有当学生认为我们感兴趣时，他们才会给出他们的想法。因此，重视学生对原始材料的回应并以某种方式加以利用是很重要的。正如埃里克·林德曼指出的那样，"我认为强调他们的贡献与即将到来的讨论直接相关，能够激励学生，因为他们知道他们正在塑造即将到来的一天"。

尽管你可以允许学生响应所有的提示，但此流程的一个目标是使每个学生都能够进入提供回应的过程。这4个提示中的每一个都提供了进入原始材料的另一种方法。如果你每次都必须对每个提示作出回应，那么这个程序就变成了另一个工作表。另外，对所有4个提示进行响应可能会减慢本应是快速过程的速度。

实践案例

慕尼黑国际学校的九年级历史老师大卫·瑞尔，在学生们放完秋假回到学校的第一天就尝试了"注意"的这套程序。大卫在"'零点方案'项目"会议上了解了这个思维流程，并渴望尝试它。"我想给自己一个挑战，马上在班上尝试一些新的东西。我们重视思考并使用一系列的思维流程，所以我不是突然插入这个流程。我也希望出现某种成果，为下一课搭建桥梁。"

大卫的班级一直在研究1857年的印度兵变体会，也涉及到印度兵变，因为它是由印度步兵主导的。作为历史学，学生需要分析判断这次兵变的原因和后果。在复习完前几堂课的材料后，大卫要求学生们独立阅读他们的历史教科书中关于叛变后果的一段摘录。然后，他将他们引向另一段关于英国为了让印度成为殖民地而采取的行动的文本。这篇文章还详细描述了印度反对殖民的思想和政治根源。

当学生们完成他们的独立阅读后，大卫在白板上写下4个"注意"的提示。当大部分学生读完后，大卫解释了这个流程："这个流程的目的是帮助我们巩固对当天所学的关键理解，并找出可能没有答案的关键问题。你可以回应任何你想要的提示。如果你想回应多个问题，也可以。我们要把这些写在索引卡上。你不需要在上面写上你的名字。我感兴趣的是整个班级是如何处理这个信息的。我将收集这些卡片作为通行证，并对你们为开始下节课所做的努力给予反馈。"

因为大卫的学生习惯使用索引卡和便利贴来记录他们的想法，学生们似乎很清楚他们会被要求做什么。当学生们离开时，他们把卡片递给大卫。大卫注意到，大多数学生对不止一个题目作出回应，有些学生甚至对所有题目都作了回应。

一天上课结束后，大卫坐下来整理卡片。在他阅读的过程中，他注意到许多学生把兵变的原因和后果都视为重要的一点。例如，增加的教育和对西方传统的接触可能助长了反殖民情绪，而在兵变之后，英国转变了态度，允许印度人更多地参与政治。此外，更广泛的问题，诸如权力与公正，正如学生们注意到，英国有许多方式能掌握权力。

看这些问题，大卫注意到有些问题显示出了对事件的某种程度的混淆和误解。例如，一个学生写道："为什么印度步兵首先要得到大炮？"所以，这位学生并没有完全理解，作为一个占领者，在印度的英国军队主要由英国军官组成，但需要大量使用当地步兵来补充英国的军事力量。有些学生的问题很基础，但对于理解这次叛变的文化背景很重要。最让他兴奋的是那些显示出对形势和历史背景复杂性的洞见的问题。例如，一个学生的问题将印度步兵的问题与英国占领的大背景联系起来，"2万名英国人是如何控制2亿印度人的？"另一名学生在她的提问中谈到了事件的历史框架："这些事件可以被描述为'兵变'和'第一次印度独立战争'吗？"

在综合了学生们对"注意"的反应后，大卫觉得他为下一个讨论打开了空间。他复印自己创建的内容集合，并计划使用它来回溯上一节课的内容。"我的计划是让学生回忆他们在'注意'思维流程中的反应和与我的思想建立联系，看看他们自己的反应在哪里。然后，我想利用学生的问题来展开讨论，以探讨起义失败的原因，并研究其对英国和印度人的直接影响。这将是我下一堂课的目标。"

第五章
参与行动的思维流程

参与行动的思维流程			
思维流程	关键思维行动	备注	教学例子
PG&E：预测—收集—解释	用证据、分析、解释和预测来推理	在实验或探究的背景下使用	● 越南河内，联合国国际学校，物理教育，三年级 ● 澳大利亚新南威尔士州中央海岸，圣母玛利亚小学，地理/地球科学，五年级 ● 澳大利亚墨尔本，圣三一，数学，二年级
ESP+I	提问、抓住核心、期望和分析	用于提炼和反思一个经验或基于问题的情况	● 圣弗朗西斯泽维尔小学，计算机科学，五年级 ● 南澳大利亚阿德莱德，威德内斯学校，STEM，五年级 ● 北卡罗来纳温斯顿萨勒姆，高峰学校，数学，三年级
制作必做事项清单	分析、规划、解释和关联	用来帮助学生分析范例，以确定个人或团体的目标和行动	● 华盛顿贝尔维尤学区，奇努克中学，语言艺术，八年级
是什么？为什么？怎么样？	抓住核心、解释和暗示	用以评估，确定行动的含义，并规划未来的行动	● 新墨西哥圣达菲，曼德拉国际磁石学校，数学，十二年级专业学习，成人 ● 澳大利亚悉尼，雷德兰兹学校，音乐，十一年级
三个为什么（3Y）	关联、观点采用和复杂的情况	用于探索一个话题或者问题是如何影响从个人到世界的不同群体	● 密歇根罗切斯特，德尔塔中心小学，读写能力，全校 ● 密歇根安阿伯市，爱默生学校，思维倾向/儿童社会情感学习，五年级 ● 密歇根伊普西兰蒂市，沃什特诺国际高中，西班牙语，十年级
四个如果（4If）	关联、观点采用和复杂的情况	用于探索一个话题或者问题可能采取的行动	● 密歇根诺维市，帕克维尤小学，儿童社会情感学习，三年级 ● 澳大利亚墨尔本，比亚利克学院，历史/犹太研究，十二年级 ● 加利福尼亚德尔马，阿什利瀑布学校，设计/问题式学习，六年级

图5.1 参与行动的思维流程训矩阵

PG＆E：预测—收集—解释

> 考虑你面前的调查、问题或情况：
> ☆ 你预测的成果、结果或发现可能是什么？你的预测基于什么？
> ☆ 设计并进行查询以收集数据和信息。你需要收集什么信息？你将如何获得它？
> ☆ 你如何解释和理解你面前的数据？你怎么知道它是可信的？你为什么会得到你做的结果？这和你最初的预测有什么关系？

这一思维流程，是在与科学和数学老师讨论如何组织调查活动的过程中形成的，目的是促使学生做更多的事情，而不仅仅是执行调查的步骤。与许多常规思维流程的程序一样，我们通过自问来传递并设计这个过程：在调查过程中学习者需要做什么样的思考？为了参与调查并激活他们的先前知识，我们说学生们需要预测结果并证明他们的预测是正确的。学习者需要设计和开展调查，收集相关的数据和信息。最后，一旦我们从调查中得到数据，我们必须弄清楚它的意义，并使它与我们最初的预测相一致。

目的

这一思维流程可用于指导调查、研究或实验，无论是短期的还是长期的。它的第一步侧重于与理论和预测相关的思考，然后要求学生进行计划和开展调查或询问。最后，该程序指导学生分析他们的数据，用收集到的证据进行推理，以建立解释和阐释。这个过程可能会产生新的疑问和疑惑。

选择合适的内容

选择一个新的环境,在那里能够发现和学习新的东西。与仅仅需要验证预期结果的任务相比,具有模糊性和细微差别的调查会引起更多的思考。不要害怕结构不良或混乱的问题,因为这些问题为学生数据收集创造有意义的计划。这样的调查甚至可能会带来惊喜和差异,使学习变得有吸引力。问题可能来自学生自己。这个流程虽然适合科学和数学实验,也可以用于缺少结构的调查,例如对小说作品中可能发生的事情进行预测,阅读以收集数据,然后使你收集的数据产生意义。

步骤

1. 组织方式。提出并讨论问题、研究或询问。确保学生清楚调查中被问到的问题以及可能成为问题一部分限制因素。

2. 你预测这个问题结果可能是什么? 问完问题后,给学生时间思考,收集他们最初的想法,并借鉴过去的回忆和经验。对学生来说,把自己的想法和思考写下来以便之后参考是很有用的。让学生用"你为什么这么说?"这个提示来解释自己的想法。与他们的预测相结合。根据调查情况,你可能希望以成对、成组或作为一个整体共享初始预测。

3. 我们如何收集我们的数据? 这是一个让学生计划调查的机会。老师倾向于告诉学生他们将如何进行询问或调查。这样,任务就变成了执行方向,失去了重要的机会。给你的学生一个计划的机会,即使这些计划可能不会完全被执行,但可以提供重要的学习。你可以中途停止这个过程,评估它是如何工作的,让学生重新设计标志。此外,如果将小组数据合并成累积的全班数据,那么学生很快就会意识到标准化的必要性。

4. 我们如何解释我们的结果？ 我们为什么会得到这样的结果？为什么数据是这样的？如果我们再做一次，我们会得到相同还是不同的结果？这一阶段要求学生进行解释和分析。然而，这并不一定意味着他们拥有所有的答案。例如，一个学生在做一项关于电的调查时可能会说，"看起来你必须让电线绕成一圈才能让灯泡亮起来"，这表明他对电路有一定的了解。然而，关于使用电池、电线和灯泡的电路是如何工作的，还有更多需要了解的。提问、进一步调查和直接教学在这个阶段可能很重要。

5. 分享思想。很多学生的想法是作为一个整体来完成的。如果是在小组中进行，你可能会让小组做报告，也许会集中在他们如何收集和组织数据，以及他们如何解释数据。或者，你可以让学生在分析之前回顾一下这门课的累积数据。

使用与变通

河内联合国国际学校的体育老师马特·马格文，他给他三年级的学生做"预测—收集—解释"思维流程训练，探索运动中的力量。使用指导性问题："增加或减少力量如何影响我们的跳高？"当马特将学生们的反应记录在表格上时，学生们集体做出了预测。这些最初的预测，如"这将取决于力"和"速度和弹簧将帮助我们跳得更高"，显示了学生对力理解的发展。在思维流程程序的"收集"阶段，学生们确定了他们可能进行的各种实验和试跑。在进行多次试验和收集数据后，学生们明白了"增加冲力可以帮助我们跳得更高"，冲力可以通过跑步或使用蹦床等跳板来获得。

来自澳大利亚中部海岸的爱丽丝·维格斯，她利用"预测—收集—解释"思维流程帮助她在圣母玛利亚小学的五年级学生检查在一次地理考察中收集的水样本的质量。学生们用红色卷心菜汁作为天然的pH指示剂，根据他们在旅行中的经验，预测他们不同的水样本的酸度。然后他们测试了他们的水样，并将它们按照酸性从高到低的顺序排列。在这一点上，爱丽丝使用"观看—思考—提问"程序作为一种帮助她的学生在流程的"解释"阶段帮助学生的方法。学生能够根据面前的证据给出理由，并得出结论。

评估

听、读/记录孩子们的反应是这一流程的第一步，"预测"提供了一个机会来意识到学生可能对一个话题有误解以及他们正在形成的理解。你要监控学生是否能够根据出现的数据修正他们的错误观念。

在思维流程的"收集"阶段，评估学生在多大程度上能够计划调查。他们能识别出他们应该注意的变量吗？他们对如何组织和记录数据有想法吗？让学生在杂乱无章的真实数据中工作可以提供有意义的学习，我们不应该为了效率而缩短它。也就是说，一旦问题被识别出来，向学生展示组织方法和技术是很有用的，这些方法和技术可以帮助他们以一种更容易识别模式和构建解释的方式安排数据。

"解释"阶段提供了一个机会，看看学生是否能够发现模式，建立解释，并识别因果因素。这并不总是容易做到的，很多时候有必要计划额外的调查或做研究，以确定真正发生了什么。

提示

对一些科学老师来说，"预测—收集—解释"。可能会让他们觉得和思维流程的"预测—观察—解释"一样,而且其中有两个步骤是相同的。然而,重点在于决定收集什么数据、如何收集数据以及如何记录数据,这标志着这两个思维流程之间的区别。这种区别使"预测—收集—解释"成为一种合适的思维流程,既适合进行大规模的调查研究,也适合进行小型的科学实验。因此,对于"预测—收集—解释"来说,预计收集阶段最长,因为进行调查和记录数据需要时间。此外,解释现象往往需要我们超越观察。我们经常需要以各种方式组织数据,以便形成模式和关系。这是关注数据收集和组织的另一个原因。因此,这个阶段可能需要学生重新审视他们的数据,并尝试不同的表达方法。

实践案例

在维多利亚州埃尔瑟姆的圣三一小学,二年级老师迈克尔·厄普顿在白板上写了一个新的调查问题:"掷3个骰子100次,那么最经常出现的和是什么?"迈克尔让一名学生大声朗读问题,然后问全班同学:"这是什么意思?让我们看看每一部分,这样我们就能真正理解他们问的是什么。"课程继续讨论单词"和"、"最经常"和"100次"的含义。为了确保学生们理解,迈克尔拿着3个骰子问道:"我有3个骰子。我现在该怎么办?"

"转动它们。"全班说。

迈克尔在地板上转动它们,问全班,"现在我要做什么?"

"把它们加起来,"西蒙喊道,然后急切地说,"是10。"

迈克尔让全班同学确认他掷出的2、3和5的总和是10。然后他澄清道:"我们想知道的是,如果我掷3个骰子100次,哪个数字出现的频率最高。"然后他补充道:"今天我们要做3件事。我们来预测一下。"他停顿了一下,疑惑地转向全班同学,"预测是什么意思?"班上有许多人喊"嘘"。

"预测和问题之间有一点点区别吗?"迈克尔望着大家的脸问道。

杰玛举手说:"你在想什么是最有可能的。"

"哦,所以你要有一些知识作为基础,"迈克尔澄清道,他继续解释这个思维流程,"所以首先我们要对我们认为会发生的事情作出预测。然后我们要收集一些数据。我们将掷100次骰子。然后我们会解释发生了什么以及为什么会这样。"

随着班级对调查的进一步讨论,学生们越来越清楚地认识到目标是达到总数100,而不是掷100次。这是显而易见的。然后迈克尔反复演示掷3个骰子,并问学生每次掷完后需要做什么。全班都很清楚,总数需要记下来。现在,迈克尔把有足够时间掷100次的问题留了下来,他认识到这个问题很快就会出现,然后就会出现合并数据的需求。这个时刻将提供进一步讨论如何组织数据的机会。

"所以,我们需要考虑的是,什么数字,什么和,最常出现。"迈克尔继续说道,"这是我们的预测,花10秒的时间思考。你认为最常出现的和是多少?你将如何解决这个问题?向你旁边的人分享你的预测以及你为什么会这样预测。"当学生们结对讨论时,迈克尔在教室里走动,听他们交谈。他感兴趣的是看看学生们是否能够确定一个合理的估计范围。他们知道18是可能的最大和吗？他们能够开始思考可能的和的组合吗？接下来，迈克尔指导学生们："我想让你们做的是去把你们的预测写在数学书上，然后回到你们的座位。"

当每个人都坐下后，迈克尔开始收集预测，"林赛，你预测是多少？""13。"她回答道。迈克尔把林赛的预测记录在白板上，并叫其他人来做他们的预测。学生的预测范围从1到19，表明不是每个人都能识别最大和最小范围，但大多数人都能。事实上，绝大多数的回答在9到13之间。这表明许多人开始思考组合3个骰子的可能方法。

为了确保学生把这个活动看作是一个调查，而不是一个游戏，迈克尔确立了学习的位置。他问道："如果我们掷100次骰子，结果你的预测是正确的，这教会了你什么吗？"学生们摇摇头。迈克尔解释说："所以，不管你的预测是完全错误还是完全正确，这都不是我们今天的学习方向。我们的学习将在于学习收集数据和解释我们的结果。现在我们来思考一下。看着钟表，时间快用完了，我们将如何收集数据？"

"我们可以掷一次，然后你把它写在白板上。"莱利提议。

"好吧，"迈克尔回答。"我们可以一起做。还有其他的吗？"

"好吧，如果你这样做10次、20次，甚至50次，你就会知道你会得到什么答案。"桑德拉建议道。

迈克尔认识到桑德拉建议背后的逻辑是清晰的，但他也知道作为一个概率练习，有限数量的试验很可能产生扭曲的结果。为了解决这个问题，他回到了调查提示。"如果我们这样做，我们真的回答了这个问题吗？我们是否已经想出100次之后会发生什么？"

"没有。"桑德拉承认，"但你可以改变问题。"迈克尔笑着说："我明白了。你会改变我们的问题。我喜欢这个想法，因为10或20次可能更合理。所以我们要怎么做才能做到100次？"

在几分钟的可能性探索之后，学生们决定将调查分成更小的组，每组做10次，他们将能够达到100次。迈克尔从一个罐子里随机抽出学生的名字，迅速地组成对。他把数据的组织工作留给了学生，认识到这是一个需要他们解决的重要问题。他只是给出了提示："和你的搭档谈谈你将如何记录和追踪你的投掷，这样你们双方都能了解你的结果。"

10分钟后，迈克尔停止了活动。"我在教室里转了一圈，看到了很多很酷和不同的记录数据的方式。我们正在收集数据。我注意到的是，有些方式是如此不同，我想知道你是否能与别人分享你的数据，并让他们理解。我想让你现在做的是与另一组结合，并向他们解释你的数据，看看你是否可以合并你的数据。"通过要求学生不仅解释他们的数据记录，而且研究如何将不同的方法结合起来，他希望学生不仅仅是分享，而是真正思考数据的组织。

5分钟后，迈克尔再次插话道："我们已经进行了一些讨论，但是现在我们想回头来看看我们是否有100次。我们做到了吗？"学生们回答说，他们认为班上总共有100名学生。迈克尔给了他们另一个任务,"你能不能算出你的数据,这样你就能知道每个数的和,我们就能把它们组合成一个整体?"同样,迈克尔允许学生处理混乱的数据,而不是告诉他们如何组织数据。

迈克尔把学生们叫回来,示意他们在白板上画一张图。"我需要记下你的数字,但我要怎么做呢?最好的办法是什么?当我需要获取每个人的数据时,我该怎么做呢?"

西蒙建议道:"有些人可能和其他人拥有相同的数字,所以你可以将这些数字写下来,并将相同的数字放在一起。"

杰西补充道:"你可以给每一个都打分。你可以先写下9,然后再写下这些数字。"

"这能让我们看看哪个和出现次数最多吗?"迈克尔问全班同学。大家都说:"是的。"

因为之前的一个预测是1,迈克尔问同学们掷了多少个1。当他问2的时候,玛丽亚举起了手,"你不能,因为你有3个骰子,你不能得到1或2。最小的数字应该是3。"

"好的,"迈克尔承认,然后开始讨论最大值,"我能得到的最大的和是多少?"许多学生众口纷纭,虽然肯定不是所有的回复都是18。迈克尔接着记录了数字3~18,并开始让一组人告诉他每个数字掷了几次。对于一些人来说,这是快速和直接的数据,但另一些人很快意识到,他们不能很容易地回答每个总和有多少,需要重新组织他们的数据。

一旦所有的数据都被记录下来,迈克尔问道:"看看这些数据,想想如何解释发生了什么。它告诉我们什么?"

奥斯卡给出了第一个回答，"我们可以回答什么数字出现最多的问题。是12。"

迈克尔回应道："奥斯卡，谢谢你的观察。其他人同意吗？"

丽贝卡摇摇头，补充道："下一个是10个。"

"好吧，"迈克尔承认，"为什么12是最受欢迎的数字？为什么10排第二？为什么3和4最少？想一想。为什么会发生这样的事？为什么我们的数据是这样的？思考一下，然后和坐在你旁边的人谈谈。"迈克尔在教室里走来走去，弯下腰来倾听两人的对话。

两分钟后，迈克尔让全班重新聚集到一起。"所以，回到我们的'为什么'问题。为什么我们的数据是这样的？凯娜，这个'为什么'的大问题怎么回答？"

"因为不太可能得到1、1、1。你更有可能得到其他数字。比如12。嗯，12是6+6，所以你可以摇出一个6，然后你只需要另外两个数字加起来等于另一个6就可以得到12。"凯娜解释道。

"我喜欢'不可能'这个词，"迈克尔说，"这有助于引起人们对概率这个重要概念的注意。史考特，你谈到了很多不同的方式或组合来组成12。"

根据数据的形状，史考特分享了他的观察："10和12更多地位于数字的中间，而这些中间的数字发生得最多。"科林补充道："我们说过有很多方法可以形成12，但是18和4就没那么多方法了。"

迈克尔注意到铃声即将响起，他总结了讨论内容，并提出了下一步的建议。"所以，很多人都在谈论组合和我们产生数字的方式，并说这可能与我们获得数据的原因有关。这是我们可以在下一节数学课上进一步探讨的问题。"

ESP+I

> 在完成一个扩展的任务、项目、实验、询问或调查后，使用这个框架来反思：
>
> **经验**（Experience）——在这一努力过程中，有哪些关键的行动或活动推动了你的思考和学习？
>
> **困难**（Struggles）——有哪些事情是你必须克服的，或是你认为有挑战性的？
>
> **困惑**（Puzzles）——在讨论你的话题或关注领域的过程中，你遇到了哪些新的问题？
>
> **+洞见**（Insights）——在这一点上，你对这个主题或过程有什么额外的或新的见解？

当我们研究帮助学生成为思考者的方法时，作为瑞典思维可视化项目的一部分，我们调查了学生在学校被要求进行的思维流程，以及他们认为在他们的生活中最有用的思维流程。其中一项发现是，他们在学校里思考最多的类型是"反思"。然而，他们也告诉我们，他们认为最没用的思考类型也是"反思"。为什么会出现这种分歧呢？这并不难理解。在许多情况下，被当作反思的事情，似乎只是报告了一个人的所作所为。学生们并不认为这很有用，因为它显得多余。我们的问题变成了：我们怎样才能使反思变得更有益和有用？"ESP+I"思维流程（经验、困难、困惑和洞见）通过分解有意义的反思的重要组成部分而出现。

目的

当学生完成一个项目、调查、展览或某种扩展延伸的努力时，他们自然会表达对这项任务的感受。也许他们觉得很有成就感，对这次经历很有信心。或者他们可能会因为任务结束而感到轻松，他们可以继续做其他事情。虽然这种喜爱或厌恶的表达是典型的，但并不一定有用。反思一个人的行为，以便从中学习和计划未来的行动，涉及的远不止表达情感。这一程序要求学生通过仔细观察推动他们的理解进入新的关键领域，并识别仍然存在的问题和困惑来反思他们的学习。当学生能够描述他们的行动——既富有成效又具有挑战性——他们更有可能发展一种自我意识和独立性，在未来的选择中，他们可以在需要自我指导的扩展学习机会中做出选择。

有一个空间来表达自己的困惑和见解，就创造了一个与学生交谈和控制学习的机会，这通常是一个在课堂上错失的机会，学生们习惯了老师在前面指导他们，然后在最后告诉他们是否学到了。陈述挥之不去的困惑和新鲜的洞见有助于学生成为学习者，建立对自己的信任。

选择合适的内容

如果反思是学习中有价值的一部分，那么学生就需要一些有意义和有价值的东西来反思。旅行、活动或项目都是可能用来反思的。通常，适当的内容是任何类型的查询或调查的扩展过程。适当的内容也可以是规模较小的内容，比如不太涉及的问题解决或编码任务。无论任务大小，适合这一流程的内容通常有多个步骤，要求学生作出选择，承担可衡量的风险，并需要随着时间的推移进行调整。这些品质为影响学习的反思提供了很好的机会。通常情况下，老师设计的项目有如此精细的指示、时间表和要求，以至于学生很少有机会为他们的行动作出任何类型的决定，然后再加以反思。如果没有机会对学生采取各种各样的措施来达到他们的目标，或者，如果没有需让要他们重新思考或重新定向，学生很难以任何实质性的方式报告他们所做的事情和个人的感受。

步骤

1. 组织方式。通常，流程中涉及的个人、小组或团队会执行这个思维流程。如果项目由个人承担，则个人承担"ESP+I"过程。然而，如果是小组或团队合作完成项目，他们就会一起做"ESP+I"反思。我们建议从"ESP+I"中得到反思。因此，学生将需要纸张、电脑或笔记本。有些老师会制作一个模板，或者让学生把一篇论文分成4份，然后标注出各个部分：经验、困难、困惑和洞见。所需的时间将反映项目或任务的复杂性。

2. 经验。要求学生反思他们在项目过程中的经验，并确定推动工作向前发展的主要行动。请注意，这与仅仅列出"我们做了什么"是不同的。在这里，学生们被敦促去确定对他们的学习很重要的关键行动、步骤和选择。请学生详细说明是什么使这些行为特别重要。

3. 困难。让学生找出他们在学习过程中所面临的挑战。这些可能是他们经历困难、困惑或失误的时刻。它们也可能是更实际的挑战，如何寻找资源或材料。再次强调，不要仅仅列出这些困难，而是鼓励学生们思考如何克服或解决这些困难。

4. **困惑**。让学生提出并分享他们在调查或任务结束后仍然存在的任何困惑、疑惑或问题。

5. **洞见**。让学生说出他们从任务或项目中获得的主要见解或收获。学生们会思考在研究和探究过程中所学到的东西，关于主题本身，或者关于作为学习者的自己。

6. **分享思想**。当反思是有意义的，新的见解已经收集，学生们往往渴望分享。这可以与合作伙伴或小组一起完成。微实验室程序可以是一个有用的结构。

使用与变通

来自南澳大利亚阿德莱德威德内斯学校的艾莉森·斯特，发现"ESP+I"对让她五年级的学生对STEM（科学、技术、工程、数学）项目进行反思是一种有用的方法，在这个项目中，学生们为公开展览创建了简单的机器。学生们使用"ESP+I"的个人反思，体现在他们建造的机器中。一些学生分享了与他人合作的经验，以及与他人一起快速思考的经验，这对他们的设计都有帮助，但却具有挑战性。当有不同的想法被分享时，他们必须一起努力找到前进的道路。一些学生表示，他们仍然对一些最初的设计失败感到困惑。与此同时，他们提出了一些理论来解释为什么会发生这种情况。学生们得出的许多见解是：有时他们必须放慢脚步才能走得更快。真正深入思考和考虑各种观点需要时间，但当他们认真对待彼此的想法时，结果要好得多。艾莉森还让学生们把自己的见解录下来放到班级网页上，作为记录课堂学习的一种方式。她一直感到惊喜的是，她的学生在其他场合反思自己的时候也选择了这种方式。

在澳大利亚维多利亚州蒙莫朗西的圣弗朗西斯泽维尔小学，尼克·博伊兰在他的"编码时刻"（Hour of Code）中，定期给学生们一个编码挑战作业，让他们与合作伙伴一起完成。尼克使用"ESP+I"让学生快速反思他们在课程中的学习。学生与他们的搭档讨论并在网上记录他们的回答。在课程结束前，尼克邀请学生与全班同学分享他们对"ESP+I"思维流程的看法。正如学生们分享的一样，许多人点头表示同意，有类似的想法。大多数学生的回答都很简短，而且切中要害："我们解决的问题是，我们的猫离开了页面，然后就再也没有回来。"与此同时，他们的回答往往显示出对编码的关键见解："并非所有模块都像其他模块那样连接在一起。此外，你可以在编码方面比我们之前想象的做得更多。"或者"编码并不总是正确的，但没关系，你可以再试一次。"学生分享他们的困惑会激发他们对编码的兴趣，促他们渴望了解更多，比如当奥利维亚分享时，她和她的搭档仍对此问题表示困惑："让蝙蝠在追猫的同时保持一个向上的方向。我们可以通过反复试验来解决这个问题，看看所有的可能性。"

评估

这种思维方式为学生提供了很多机会，让他们变得有自我意识、自信和独立。在学生对自己经历的反思中，寻找他们识别关键学习时刻或行动的能力，而不仅仅是报告他们做了什么。如果你注意到学生们以一种敷衍的方式来完成任务，比如"我真的学到了很多"，或者"我因为不懂一些东西而卡住了，但后来有个网站帮了我"，这可能是他们没有看到反思的价值。这可能有助于重申作为一个学习者要变得更加独立的目标，并交流这些反思如何帮助你更好做一名老师。如果你注意到学生们的回答都是泛泛的，那就追问具体的问题。你也可以分享一些你注意到的事情，关于他们的经历、挣扎，或你在近距离观察他们后的洞见。

在识别"困难"时，要注意学生如何通过写作和与他们的伙伴或团队的对话表达这些时刻。他们这么做是出于沮丧吗？如果是这样的话，这可能是不耐烦的表现，或者是他们担心自己做错了。学生们是否意识到困难是富有成效的时刻，一旦克服困难，他们就会有成就感和学习的乐趣？如果学生不能认识到困难，那么可能是任务的挑战性不够。问，"什么会使这对你来说更具挑战性，让你更有可能经历一些有意义的挣扎？下次我们该怎么做才能确保这一点呢？"

当你考虑学生未来的学习，无论是作为一个班级还是个体，特别注意他们的困惑。在这里，你会发现他们对什么感兴趣，下一步可能是什么，或者挑战是什么。如果学生没有任何疑问、困惑或问题，那可能是因为他们只是把这个项目当作老师的一项工作来完成，他们更关心的是完成它，而不是真正地学习。

学生们的洞见证明了他们是在哪里发现了学习的。然而，这可能与任务的目标没有直接关系。作为学习者，学生对自己有个人的见解吗？看看学生的洞察力是否超越了任务，触及了学科的核心思想。这些集体见解可以成为一种强大的课堂记录形式，可以作为进一步行动的跳板。记住，让学生养成自我反思的习惯，使他们成为更独立和自我引导的学习者，是这一思维流程的主要驱动力。这不会在一次经历中发生，但学生的自我意识会随着时间的推移而增强。

提示

"困难"和"困惑",因含义相近,而经常导致混淆。我们可以将"困难"视为学生通过努力破解并最终能够解决的事情。如果你曾与学生探讨过"卓有成效的困难",那么你或许已经理解了二者的差异。在学习的过程中,出现"困难"实际上是一件好事,这种短期的学习困难,将使学生获得更深刻的见识和更敏锐的见解,毕竟,一帆风顺的学习过程,其实也没什么可学的。反过来说,即使我们学了不少东西,获得了一些真知灼见,依然还可能存在困惑、疑惑和问题,它们代表了未来的学习方向。因此,判断当前存在的是困难还是困惑,只需要判断其能否被解决即可。

正如"使用与变通"一节所展示的,该思维流程可以用于解决简短问题的上下文,如尼克的编码挑战,或用于大型项目,如艾莉森的STEM项目。在不同的环境中尝试这种流程是有用的,可以让学生养成通过"ESP+I"思维流程进行反思的习惯,而不是简单地在项目结束时附加另一项大任务。然而,反思不一定总是出现在事情的最后。考虑在学习过程中使用"ESP+I",以便评估并鼓励学生寻找下一个最佳行动。这种变化在下面的"实践案例"中得到了很好的说明。

实践案例

每年12月,位于北卡罗来纳州温斯顿-萨勒姆高峰学校的三年级团队,会让学生参与一个多步骤、开放式的设计项目,作为对数学学习的终极理解表现。具体来说，"圣诞老人工作室扩展"项目，是几年前由三年级老师杰西卡·阿尔法罗和阿曼达·迪尔开发，用于评估和加深学生对数学概念的理解，包括面积和周长，计算，测量，以及使用数学工具，如尺子、计算器和坐标纸。该项目要求学生创造性地思考，解决诸如现实世界中可能遇到的多方面的问题，并证明、捍卫他们的决定和选择的合理性。

杰西卡发现，前几年，学生们经常在这个多天项目中失去动力。有时感觉她的课每天都是重新开始的。学生们迷路了。她发现自己经常提醒学生他们已经做了什么，他们学到了什么，他们下一步需要做什么。这对杰西卡来说太像老师的指导了。"我相信学生们需要对自己的学习有主人翁意识，这样他们才能计划下一步的行动。我知道"ESP+I"思维流程在他们的项目结束时很有用，但我认为这可能是一个很好的中点检查。这种思维流程可以帮助我的学生们获得清晰的思路和自我指导，也可以为他们提供更多的想法。这种思维流程基本上可以成为他们的一种提神剂。"杰西卡回忆道。她很兴奋地尝试在项目进行到一半的时候，而不是在项目结束的时候，通过"ESP+I"思维流程来进行反思。

"圣诞老人工作室扩展"任务向三年级学生提出了挑战，要求他们采用多种方法并利用各种技能来进行设计。一旦学生们理解了这个挑战，杰西卡允许他们在接下来的两天里继续工作，使项目顺利进行。

在这个为期一周的项目的第三天，杰西卡介绍"ESP+I"来启动他们的数学课。她解释说，到目前为止，她对他们用宏大想法、创造性的解决方案和勤奋努力来解决设计挑战的所有方面感到满意。然后杰西卡大声说道："但是，你知道，当我们在这样的事情中'评估'自己，组织我们的想法，并管理那些仍然感觉不清楚或令人沮丧的部分时，学习和思考的最重要的机会之一就发生了。"杰西卡继续说道，"所以，今天我想向你介绍一个我们将要进行的流程，它叫做'ESP+I'"。

杰西卡发了一张纸给学生，记录他们的回答。她和三年级的学生一起花了一些时间谈论这四个部分如何帮助他们评估他们的行动，重新激励他们的努力，做出一些真正伟大的设计。

杰西卡解释了"ESP"部分，但还没有"I"，并允许她的学生有一些安静、悠闲的时间在他们的纸上独立记录他们自己的想法。过了一会儿，杰西卡让不同的小组用两分钟的时间讨论他们在每个部分中遇到的问题。之后，杰西卡要求每个小组分享他们小组交流的一些亮点，并准备记录下对整个班有益的内容。

"我们每个人都必须分享一个想法吗？"一个学生问。

杰西卡说，最好是在小组讨论期间能决定一个大概念。当学生分享时，杰西卡在粘贴在白板的记录纸上记下她听到的一些大概念。她决定花时间来制作这张课堂记录表，部分原因是这给了她一个机会，让她听一听每个课堂小组都有什么经历、困难和困惑。

杰西卡还认为，记录学生的思维模式，为学生评估行动，有助于学习者找到关键的见解，为下一步行动奠定方向。即使是在第一次使用"ESP+I"时，记录学生的回答也传达了一个强有力的信息，即他们的思考可以让想法保持活力，并影响下一步。

杰西卡一边听一边记录，她注意到她的学生正在使用的思维语言。杰西卡发现当她听到他们说，一个朋友的经验如何连接到他们曾经有过的一个困惑，或其他人的困难帮助他们澄清一个困惑，他们想要再重新规划他们的工作室扩展设计时，这是非常迷人的、相当令人兴奋的事情。

杰西卡还注意到学生们如何快速地表达他们的经验、困难和困惑。她发现有趣的是，即使这是第一次体验"ESP+I"，学生似乎谈起困难，就像它们是正常的，不需要害怕的。杰西卡不时地让小组停下来，询问他们做了什么或者可以做什么来帮助克服前进中的困难。

在这个程序的最后一步，杰西卡让她的学生回到各自的那张纸上，并在"I"下填写更多的想法，即洞见部分。她对她的学生说："根据你们的小组讨论和课堂讨论，你们有什么进一步的见解，你认为有哪些更深入的见解可以帮助你应对我们的设计挑战？你该如何利用我们刚刚讨论和记录的内容来帮助你向前发展，并为圣诞老人和他的新工作室提出一个非常可靠的建议？"在各自记下一些见解，并花更多的时间与他们的小组分享这些想法之后，杰西卡的学生们回到了他们过去几天一直在做的项目。

回顾这段经历，杰西卡说："虽然我们之前没有做过这种特殊的练习，但是"ESP+I"中的许多思维动作和提示与我们日常课堂互动中使用的'思维流程'非常相似。"杰西卡对大多数学生自然而然地陷入这种反思和思考印象深刻，这提醒她，他们已经习惯了思考自己的想法，并使用这种结构来构建他们的理解。思维流程为学生提供了一种导航和处理的方法，而不仅仅是让他们掌握更多的知识。

杰西卡说，"如果我想要学生能反思他们的学习过程，组织自己，采取不同观点，产生下一步对他们有意义的行为，那么我得创造机会，创建思维流程，给他们时间做好。'ESP+I'是给我们真实的方式来评估无缝体验的一个思维流程。"

几个月后，在学年结束时，杰西卡讲述了"ESP+I"是如何成为她课堂里的固定活动的。"这一思维流程已经成为一种很好的方式来给学生一个时间来收集他们的想法反映他们在项目工作中的不同观点。我们已经用过好几次了。这会让他们注意到到目前为止发生在他们身上的事情，说出他们的想法，澄清仍然困扰他们的事情，并为前进制定计划。对我们来说，这样的交流对话变得非常容易，我也看到我的学生们越来越有能力使用"ESP+I"反思来规划下一步。"

制作必做事项清单

分析已有任务样本，如一篇描确定论文、过去学生的作业、项目模型、说明范例等。

☆在学习、做项目、写作和选择学习方法的过程中，必做事项有

> 哪些特点？
> ☆在学习、做项目、写作和选择学习方法的过程中，一定要避免的问题和错误有哪些？

"制作必做事项清单"是教育工作者设计的思维流程的完美示例，该流程确定了希望在学生中发展的特定行为模式。几年前，华盛顿州贝尔维尤学区的一名中学语言艺术老师朱莉·曼利与同事合作，为"弹簧板项目"制定了严格的英语语言教学课程，"弹簧板项目"是一项以学生资料为基础的大学理事会教学计划，老师资源以及形成性和总结性评估，以帮助老师和学生达到州立标准。朱莉对自己熟悉的标准很有信心，可以在日常课堂上解决这些问题，但她也担心学生可能会迷失在所有的标准中，无法明确自己需要采取哪些行动来推动学习。这种"制作必做事项清单"就是由此而来的。

目的

老师经常教学生一些技能，这些技能对于制作高质量的作品是必不可少的。然而，如果这些技能是孤立存在的，而学生对如何、何时、何地以及为什么在重要的时候使用这些割裂的技能知之甚少，那么他们可能会迷失、不知所措，或者在没有老师指导的情况下无法继续前进。这一思维流程旨在促进学生的自我反省和自我指导，使他们自己对如何、何时、何地和为什么应用他们获得的技能有一种意识。

"制作必做事项清单"还帮助学生关注总体目标和结果，反思他们的经验和努力，并计划他们的下一步行动，以实现结果。让学生在完成给定任务时遵守一系列成功标准是一回事，但让学生自己认识最大的目标是什么，然后将其阐明和内化为对他们有意义的小目标是另一件事。该思维流程要求学生分析作业样本，并检测成品质量的模式和标记。意识到这些特点之后，学生就可以确定具体的方向，通过问自己要做什么来采取行动实现目标，并最终根据自己的方向和意愿，在新的情况下独立地运用技能和知识。

选择合适的内容

"制作必做事项清单"是一种特别有益的程序，当学生获得各种新技能并正在进行示范时，他们在其中证明这些技能并为他们的应用作出选择。例如：撰写一篇议论文，发表一篇有说服力的演讲，进行一项复杂的数学调查，设计并实施一个项目，为一个艺术展览做准备，等等。通常这些都是最终的、总结性的任务或展览。

这一流程的设计是为了让学生认识自己，并发展自己对高质量作业的基本要素的理解。为了帮助学生做到这一点，他们需要检查和分析高质量的例子和低质量的例子。因此，你将需要不同质量的作业样本。最好是真实的，而不是老师制作的。你可以使用过去的学生作业，或者其他课程的作业，或者你在网上找到的作业。

步骤

1. 组织方式。这种设置是为了提醒学生，他们在遥远的地平线上努力的方向是什么，并展现所有可能到达那里的可能性。这一步骤通常是全班一起做的。有很多方法可以帮助学生做到这一点：

- 与你的学生一起总结或回顾为达到特定目标所需的技能，例如，有效论证的关键因素，数学家用证据推理的方法，或交付产品时需要考虑的关键设计参数。
- 检查与目标或结果相关的高质量作业的范例，找出好作业的特性和特点。
- 回顾评估标准或规则（这一方法的局限性参见"提示"部分）。

完成这一步，生成一份包含技能、要素、想法、特征和既定操作的完整文档是很有用的。

2. 制作个人必做清单。让学生仔细研读班级记录，问自己："为了达到这个目标或结果，我必须'确定'做什么？"让学生有时间来构思和记录他们的个人计划。这些语句应该明确指定一个明确的行动。

3. 清晰明确地制作规避事项清单。学生应对特定的问题特征，可能的错误或在继续过程中要避免的错误。他们问自己："在我尝试实现此目标或结果时，我想'一定要避免'做什么或不做什么？"

4. 分享思想。尽管这是一个旨在设定个人方向的个人过程，但学生可以从别人所设定的目标和行动中受益。这可以通过快速浏览教室来实现，每个学生都可以简短地发言，以此完成分享过程，也可以在小组讨论中进行。分享想法为学生提供了评估自己行为的机会，既可以促进学习者社区的发展，又可以从学习者社区中汲取灵感。

使用与变通

虽然这一思维流程最初是为了帮助学生在语言艺术课堂上清晰地表达

和计划书面作业，但它也适用于任何时刻，比如当学生面临复杂的、多方面的任务时。一年级的班级可以在早上的会议上聚集在地毯上使用"制作必做事项清单"思维流程，考虑他们可以采取的最好的行动，把童话故事变成短剧，在学前班表演。小学高年级学生举办高质量的展览时，IB小学课程老师也可以经常通过制作这一清单，提醒学生在完成任务的过程中牢记相关的想法、概念和技能。老师赞助者可以利用这一流程，与学生会合作，制定可行方案，改善社区范围内的学校（该活动常常涉及诸多复杂因素）。高中语言老师可以把"制作必做事项清单"作为帮助学生准备口语考试的常规活动。

评估

当学生们设计并分享他们的"必做"事项时，请注意他们所认为的与个人相关、有价值和有贡献的有助于他们成功的行为。他们的陈述是否反映了个人困难和需要，而不仅仅是一般的反馈行为？他们是否真正把握了自己的学习？他们是否通过制定有意义的行动计划来掌握自己的学习内容？注意学生的自我意识。他们能识别出哪些地方需要改进，哪些地方可能会出错吗？

倾听学生认为重要的技能和行动。他们肯定的陈述给你的印象是关键且重要，还是琐碎而切题？哪些学生似乎已认识到各种技能是如何结合在一起产生高质量的东西的？哪些学生似乎被困在孤立的细节中，可能需要一对一指导和/或小组合作？在学生肯定的回答中有哪些误解可以在随后的小课堂或课堂讨论中解决？

提示

重要的是要给学生时间独立列出他们自己的"必做清单"。学生们需要看到你让他们制定自己的行动路线所赋予的价值。必做清单可以在发给每个学生的便利贴上完成，也可以在学生手中的范本、项目任务或论文的空白处完成。这需要时间，特别是在第一次引入时，但这对发展自我管理和自我指导的学习文化是重要的。如果没有足够的时间，学生们可能只是附和别人认为正确的下一步，而不是对自己的学习负责。

尽管可以通过检查评估标准来完成这个过程，但要谨慎对待这个思维流程。通常，这类标准（特别是由外部人士制订的）体现的是标准制定人的需求，学生很可能只是检查自己是否达到这些标准，就匆忙上交作业。使用这些类型的文档的关键是专注于行动。选择其中的一个元素，让学生去探索如何才能做到这一点。需要什么样的思维？需要采取哪些具体行动？记住，我们的目标是培养能够作出决定的自主学习者，而不是简单的服从规则的人。由于这个原因，老师不要简单地告知学生应该去做什么，虽然这样做省事，但这违背了学习的目的，对增强学习者的能力没有任何帮助。

同样，也不能将这种方式作为检查作业的标准。这无疑是老师检查课堂的一种方式，但也可能产生意料之外的结果，即学生将"必做"事项视为遵从老师要求的行为，而不是为了自己的利益。如果可能，最好让学生将"必做"清单时刻放在手边，同时也可以采用其他方式评价学生个体反应以及学生总体行为模式，以便进一步安排教学互动。

实践案例

朱莉·曼利满怀热情地与其他英语语言艺术系（ELA）的同事们合作，为美国大学理事会的"跳板英语语言艺术系教学材料项目"创建了体现华盛顿州标准的课程。与此同时，她又有点担心。"当我们这些老师熟悉国家标准并将其转化为课程学习目标时，我一直在想我的学生，"朱莉回忆说，"一方面，我们的老师们越来越清楚我们想要以一种深刻而有意义的方式向学生传授的技能和概念。但是，如果学生们仍然仅仅把这种集中的指导当作一套需要遵循的程序来体验，我们是否真的会从他们手中夺走这种权力呢？这些标准可能只是纸上谈兵，对我的学生来说，没有实际意义。"

朱莉欢迎制定目标一致的学习目标。不过，她担心的是学生对自己的技能和能力没有主人翁意识。朱莉认为，即使是老师创造的最好的课程，也可以作为一套简单遵循的程序来体验，也就是说，除非老师以某种方式让学生把这些标准转化为他们自己的语言，达到他们自己的目的。

"我想，对我来说一直很重要的一点是，我的学生们能感觉到，我们一直在朝着某个目标努力。一篇随笔，一场演讲，一出莎士比亚戏剧，"朱莉回忆道，"教给学生们掌握成功完成这些事情的技能，让我感觉很好。但我不确定我是否会停下来问他们，为了我们正在努力实现的更大目标，他们认为下一步最好的步骤是什么。我倾向于告诉他们下一步该做什么。""制作必做事项清单"的方法应运而生,目的是为学生培养一种有主导权的、以行动为导向的行为模式。

当老师有很多课程要教,时间又很紧的时候,他们很容易就能清楚地说出学生需要做什么。如果学生们被鼓励在这些时刻说出自己的心声,那通常只是在模仿老师刚刚告诉他们的事情。"虽然那一刻我听起来很高兴,"朱莉回忆说,"我必须面对这样一个事实,即因为我告诉他们一定要包含这个或那个元素,而他们也会向我重复同样的内容,这并不意味着他们会发现包含该元素或采取该行动的意义。我知道某项技能或行动的强大之处,但我的学生们知道吗?"

朱莉开始想,她是否可以稍微改变一下这种说话方式。她决定问问学生自己,他们认为自己应该做什么,才能使一个作品更强,或更深入地发展一个技能,以提高整体素质。

从这个流程开始,朱莉找到了一个学生已经在学习各种技能的地方,并把他们拉回到更大的目标上来。"我们正在学习议论文写作,"朱莉说,"我们已经练习了各种各样的技巧来写一篇文章,从一个问题的两个方面来表达论点。我知道我的学生写这篇文章的时机已经成熟,因为他们是典型的青少年时期,对真理和公平非常执着。"

朱莉以这样的问题开始:"好吧,根据我们最近所做的工作和我们练习的技能,让我们重新组合一下,问问自己到底什么才是一篇好的议论文。我们能不能头脑风暴一下,快速列出议论文写作的所有元素——尤其是优秀的议论文？所有的部分都是什么？"

几分钟后，学生们集思广益，他们认为对好的论证性论文至关重要，比如想办法重新表述论题和要点，呼吁读者关注根本问题，发表突出主题的结论性评论，等等。朱莉记录了这一点。她提示，"好吧，我们已经总结了优秀的议论文包含的所有特征，现在我们问问自己，在我们的写作中，你'必做'什么才能尽可能地满足我们列出的特征呢？"朱莉希望这个思考过程可以作为一个脚手架或一个工具，帮助学生决定他们自己的下一步行动。朱莉知道，这份清单过于详细，写作时把所有的特征都考虑到几乎不可能，因此，她希望学生选出2~3个他们认为切实可行的，应用到接下来的写作中。

"老师，您的意思是说我们只是在清单中选几个出来吗？"学生问道。

"是，也不是，"朱莉回答道，"当然，这份清单包含的所有特征都体现了在追求优秀的高质量作品过程中，我希望你们能够掌握的技能。但是在你们看这个清单时，我也想让你们表达自己的想法，在清单中找接下来对你们个人而言易操作、可练习并能持续进步的'必做'项。知道你们接下来的'必做'项可以帮助我更好地了解自己可以为你们、为班级做什么。"

"我们是随便写在哪里都可以吗？"另一位学生问道。

"好问题。如果你草稿的空白处还有空间，你何不在那里写上'必做事项清单'呢？突出它们，有点像自我提示。或者你可以用便利贴贴在草稿上。这也会起作用。"朱莉回答道,"但重要的是,你要告诉自己,什么是你'确定要做的',这样你就能知道下一步要做什么,在我们继续努力写一些真正高质量的议论文的过程中,你想要采取什么行动。"没过多久,学生们就找到了他们下一步想做的事情。

随着时间的推移,这种写"必做"清单的习惯成为思维流程朱莉发现坚持使用这种方法益处良多。"我最开始是想让他们对完成目标需要的技能有发言权和主导权,但后来我注意到,学生的第一个必做清单都是他们多多少少有些自信的技能。这实际上让我对学生们自我感觉具备的东西感到荣幸。我可以和他们一起庆祝。然后我可以找到有进步空间的地方,鼓励学生做一些他们认为可能是'冒险'的写作练习。"

朱莉有时会找一些地方来推敲一下,解决一些问题。在一对一的对话中,根据学生的表现,对每个学生进行具体的和集中的指导。在其他时候,朱莉会在几个学生中寻找共性,并利用她的下一节小课堂的时间来强化需要一些清晰或更多练习的技能。通过他们的"必做事项清单",让他们的思维可视化,让朱莉有机会参与到形成性的评估中来。朱莉随时准备帮助她的学生。但她的帮助来自一群学生阐明自己的目标,而不是朱莉传授给他们可能无法真正吸收的专业知识。

因为这种"制作必做事项清单"的思维流程的性质是开放式的,它允许朱莉和她的班级以综合的方式谈论技能、素质和特点。"这并没有让我们只关注一件事,"朱莉回忆说,"当然,我们可以在特定的时刻练习技能，但我们不断问自己，这些技能是如何发展成更大的目标的。它帮助我传达了这样一个信息：在语境中教授、练习、深思熟虑和讨论的技能，正是让我的学生从中获得力量的技能。"

一旦"制作必做事项清单"成为朱莉和她的学生们的日程活动，她就意识到她的学生们真正知道了多少。朱莉想道，"如果我停止说话让他们有更多的机会来处理自己的想法，而不是由我来决定。现在回想起来，这句话似乎很简单。但我只是需要先倾听他们，而不是指导他们。如果我能给自己一个机会，听听他们认为下一步可行的行动应该是什么，或者他们为自己设定的目标是什么，我就能以一种更好的方式，反思自己下一步需要展示哪些技能"。

是什么？为什么？怎么样？

> 回忆一段学习经历、一次经验、一种观察活动或一个课堂上一直在探索的概念。让学生记录：
>
> **是什么？** 描述你做了什么或发生了什么。
>
> **为什么？** 分析发生的事情、你的行为或观察有什么意义。
>
> **怎么样？** 预先计划并确定行动及其影响。

该流程最初由吉恩·汤普森-格罗夫提出，他曾是国家学校改革学院的联席主任，后又成为学校改革倡议的创始成员和领导者。它旨在鼓励整个学院研究小组的参与者相互联系，参与彼此的工作。汤普森-格罗夫邀请老师们在他们的实践中发现当前的挑战或成功，然后阐明他们正在做什么，以及为什么这项工作对他们的教学和管理很重要。通过关注彼此围绕这些提示的反思，同事们就可以想出工作中的下一步，以提升自己的行动。"是什么？为什么？怎么样？"可以成为帮助学生养成反思和采取行动的习惯。

目的

这个思维流程的目的是培养学生更强的自我意识和责任感。它从反思和分析一个经历或事件开始，注意到正在发生什么或已经做了什么。一旦确定了这些行为，就会对其进行评估，以帮助阐明它们的重要性、目的和效果。通常在初始步骤中确定的各种事件、部分或动作之间建立连接。当理解了行动的目的、意图和意义，学生就有可能从这些行动中学习，制定计划，并采取下一步行动。随着学习者对意图和效果变得更加敏感，接下来的这些步骤变得不那么反感，更多地充满意义和目的。当学生们能够看到什么事情让他们脱颖而出，以及为什么这些事情很重要时，他们更有可能在自我指导方面感到自信。

选择合适的内容

"是什么？为什么？怎么样？"可以在任何情况下使用，当一个人想要从经验中学习，以便为未来的行动制定计划的时候。例如，它可以用于对需要分析的具有挑战性或困难的事件进行反思，以便下次的活动有所不同。如果遇到问题或冲突，"是什么？"步骤有助于澄清不同参与者之间实际发生了什么。

或者,这一思维流程可以用来利用观察结果来发展自己的行动。我们很容易被观察到。这种思维流程允许通过识别关键事件或时刻,弄清它们的意义,进行仔细的分析。为什么会这样?他们是什么意思?它们的影响是什么?然后,一个人可以考虑基于这种分析的个人行动,用来执行新的想法和实践,而不是简单地学习已有的知识。

这个思维流程也可以用来探索文本,不管是小说还是非小说。在这里,事件或想法被认为是有趣的、重要的或值得深入考虑的。这些构成了"是什么?",这是可以在文本中直接强调的。"为什么?"这部分是一个机会,让你明白这些想法,以及为什么它们很重要。最后,"怎么样?"阶段是考虑将这些想法付诸行动的机会,或者人们在使用虚构的文本时,进行预测。

步骤

1. 组织方式。回到要探索的原始材料。这可能采取回顾已经研究过的、经历过的、观察过的或读过的内容的形式。通常,第一阶段是单独进行的,然后进入更具合作性的对话,学生分组讨论或全班讨论。考虑何时、是否以及如何将学生从个人转移到小组。决定你希望学生用什么和怎样的方式来记录他们的反思。在编写文档时,考虑文档在当前和未来如何服务于学习总是很重要的。

2. 是什么? 根据原始材料确定并描述一些具体的行动、想法、引用文本、时刻或观察。发生了什么事?观察到的是什么?采取了什么行动?哪个关键观点引起了共鸣?这一步的目的是让学生从他们的学习中识别和描述这些"什么"。其他提示可能是："到目前为止，我们已经做了这么多工作，你觉得最突出的是什么？"或者"考虑到我们所学到的东西，什么东西最能引起你的共鸣？"

3. 为什么？ 一旦"是什么"被确定了，现在问："那么你刚刚列出的关键思想有哪些是非常重要的呢？"或者"那么到目前为止你所做的对你的学习有很大帮助的事情是什么呢？"这一步的目的是让学生们对意义、目的或重要性作出判断。其他提示可以是：这告诉了你什么？这里什么比较重要呢？我们能从中学到什么呢？为什么这很重要？

4. 怎么样？ 在讨论了"什么"及其意义后，问学生："考虑到你们刚才讨论的问题，现在哪些行动是值得采取的？"行动可以包括自我管理策略，设定新的目标，确定研究的下一步，实施计划，或澄清仍然需要了解的东西。这一步的目标是让学生确定并形成前进的具体行动。

5. 分享观点。 如果这些步骤都是单独完成的，学生们可以配对或组成一个小组来讨论他们所写的内容。学生们彼此认真倾听，反思迄今为止采取的重大想法或行动，思考未来可能采取的行动。学习他人的经验和观点有利于班级整体建设，也可以帮助学生个体拓宽思维，开阔眼界。

使用与变通

这个程序可以作为一个松散的对话结构来促进学生对学习的反思。例如，曼德拉国际磁石学校的高中数学老师鲁迪·潘泽尔在完成一项双变量推理的研究时，对高年级学生使用了这种思维流程方法。鲁迪提醒他的学生："二元推理的重要思想是什么？"他给他们4分钟时间写下自己的回答，然后让他们在教室周围的白板上分享自己的想法，供所有人观看。然后鲁迪和全班同学看了看教室里记录下来的东西，然后他让学生们自由地进行对话，他问他们："这些想法有什么重要的？"学生们在想法之间建立联系并画出特定的联系。然后他问他的学生："现在还有什么问题吗？"鲁迪发现这一思维流程不仅对复习有用，还能向学生传达信息，即他们完成了一个单元的学习并不意味着他们已经完成了所有和这个单元相关的知识。

遵循其最初的意图，为老师创造反思时刻，学习者已经使用这个思维流程来帮助推进专业的询问行动小组。在这个小组中，老师们在自己的教学中确定一个个人探究的领域，并采取行动来告知他们的理解。探究性的问题引出行动，行动引出洞见，洞见引出进一步的行动。理解一个人所采取的行动是至关重要的，这样才能制定出有意义的下一步。"是什么？为什么？怎么样？"关心这些，可以帮助老师们开始这个过程。小组成员可以向其他成员展示他们的行为。然后在与团队的对话中，他们可以探索这些行动的意义——"为什么？"一旦明确了这一点，学生们就可以集体探索老师下一步行动的可能性，一起思考"怎么样？"

我们也听说过这种思维流程被用作指导、咨询或合作的一种形式，在这种形式中，一个人开始讲述经历，听者通过不断地在适当的时候问"为什么？"和"怎么样？"来探查。这可以鼓励演讲者以一种持续的、对话的方式来理解他们的行为。在咨询的情况下，重点是帮助个人理解行动和事件的意义，并以一种健康的方式前进，最终实现自己的目标。

评估

实际上，从理解图（见图2.1）开始的整套思维活动都在这过程中发挥作用,并提供了一个关注学生思维的机会。学生们写下并分享"是什么"的过程,他们在仔细观察、注意和描述他们的行动或想法的细节。或他们关注的是整体情况还是表面现象?当学生们回答"为什么",有很多机会来建立解释,用证据推理,考虑不同的观点,建立联系,并抓住人心。注意学生的思维方式。当他们试图理解行为和事件时,他们是从多个角度考虑它们,还是锁定在自己的角度?他们如何在事件中找到意义?当他们建立自己的解释时,他们能够找到并使用证据吗?在思考行为的影响时,学生们能作出因果联系吗?你是否觉得学生们正在试图抓住为什么这些行为或想法的细节很重要或有意义的本质?最后,当学生开始阐述他们的下一步"怎么样?"时,他们的建议是否揭示了另一层深度和复杂性,有可能丰富和加深他们的理解?

提示

虽然日常生活完全可以通过口头完成,但结合讨论进行一些写作往往是有用的。例如,让学生回顾情境,记录"是什么?",这可能包括发生了什么,他们观察到什么,他们采取了什么行动,他们在事件中的角色,其他人的反应,经验和教训。花些时间收集学生的想法,这些想法可以进行班级讨论,或者小组讨论。如果组织班级讨论,记录个人的"是什么"也非常有帮助,这样,整个班级都会觉得自己对活动作出了贡献。

"为什么?"阶段很自然地建立在"是什么?"被识别的基础上。可以通过讨论来展开,也可以让学生写下来,在这个过程中,学生试着做出自己的理解和解释。学生通过多次实践,习惯这个思维流程后,老师可以给学生提供新的思路,加深学生理解。想要推动这个进程,老师可以通过语言提示学生："这告诉我们什么呢？""我是怎么理解这种情况的呢？""我可以从中学到什么？""有什么背后的含义吗？""我的态度是什么？我有什么感觉？""还有其他方法吗？"

"现在怎么办？"这一步要求学习者把他们所学的东西带入到意义中去。如果发现问题，就要思考哪些行为需要避免或者改进，以避免下次出现同样的问题。如果在这种情况下，如果情况是学生可以从中找到灵感，例如进行清晰的观察，则可以识别出个人的想法和行动，从而将学习成果付诸实践。如果情况是要反思一个人迄今为止的行动，则可以确定下一步。分组进行此阶段通常会有所帮助，因为它将行动的范围扩展到一个人可能自己想不到的范围之外。行为分类是问题分类的一种变体，它能够决定要执行的下一步动作。

实践案例

艾米·理查森，是澳大利亚悉尼雷德兰兹学校的一名音乐老师，她知道，临近高中毕业的十一年级学生具有反思的能力，但有时会对他们并不特别认为有价值的事情产生一些偏见。艾米无意中听到了她的一个学生的小声嘀咕，在抱怨。他不太明白研究历史以及爵士乐的发展的意义，这是他们研究了一段时间的课题。从学生的角度来看，美国历史对他来说是无关紧要的，因为他生活在世界的另一端。艾米也知道这个学生更喜欢摇滚乐而不是爵士乐，她怀疑其他学生也感觉不到有什么联系。艾米开始思考，如果学生们不能看到他们所学习的主题的价值或相关性，他们下一步的学习也无法深入？艾米担心她的课程会让学生觉得是一种考验忍耐力的课程。她希望找到一种方法，让她的学生找到话题的意义和重要性，从而与学习的知识建立更深层次的联系。

艾米的学生在研究爵士乐时，研究了密西西比河沿岸非裔美国人的移民路线，以及他们的音乐合奏团。在19世纪末和20世纪初，移民促进了爵士乐在美国各地的发展和传播。在学习这个的过程中，这个班级曾考虑过，在种族隔离盛行、贫困是普遍现实的时代，非裔美国音乐家的生活会是什么样子。他们研究了非裔美国人是如何在如此动荡的时期成为有前途的音乐家的。学生们讨论可能出现的情境，并把这些情景表演出来。他们探索创造性的情境。他们研究历史场馆，制作音乐会广告牌。学生们甚至调查了当时的通货膨胀和生活成本是什么样的，以及这些早期爵士音乐家可以预期的收入是多少。艾米认为，要真正理解音乐流派的发展，学生必须考虑它们发展的角度、复杂性和时代背景。艾米希望她的学生们看到爵士乐不仅仅是音符——它是历史、是声音、是故事、是身份。因为她想让学生们看到他们话题的复杂性和关联性，艾米决定用"是什么？为什么？怎么样？"的思维流程来进行课堂讨论，她认为这不仅有助于巩固课堂活动，还能帮助他们探索活动背后更重要的思想。

一开始，艾米以对话的方式口头使用这个思维流程的提示。她认为，这可能是一种轻松、非正式的方式，向她的学生介绍这种结构，让他们感到容易接近。艾米并没有就此作出任何让步，而是让她的学生们退一步思考，在他们的研究中，就爵士乐而言，最需要注意的是什么，以及它所代表的是什么。然后她让他们分享他们所学到的关于爵士乐的历史和演变的最重要的事情是什么。这种反思式的对话对她的学生来说是新鲜的，但思想的交流慢慢地开始了。过了一会儿，艾米问她的学生，考虑到他们刚才讨论的内容，现在该怎么办呢？这些重要的元素是否会影响到他们在这项研究中需要更多探索的东西，或者更广泛地考虑这种艺术形式及其对他们和整个人类的影响。

当讨论开始后，艾米对课堂气氛变化之快感到惊讶。她注意到，当学生们开始分享理解这一主题的道德必要性时，他们的态度立即发生了转变，甚至超越了他们作为学生音乐家的实践中可能存在的音乐应用。活动进行得比预期的好，艾米不想失去刚刚发生的事情的丰富感，也不想失去开始嵌入将来可以利用的思维流程的动力。她决定看看还能从学生身上学到多少东西。

为了在下课后使课堂内的讨论活动正式化，艾米决定给全班同学发电子邮件，让他们各自回答"是什么？为什么？怎么样？"她向他们发送此类电子邮件（见图5.2）。

学生的回信让艾米很高兴。一些学生提到，令他们印象深刻的是，所有有关爵士乐发展的背景信息都有助于阐明音乐对人的影响。其他人提到，他们把爵士乐作为一种艺术形式来欣赏，爵士乐音乐家的抱负来自对他们在生活中经历的偏见和歧视的抵抗和恢复力。一些学生阐述了反思历史局限性的重要性，以及这如何让人们通过音乐找到自己的声音。有些学生则谈到理解环境及其在音乐发展中的作用，可以为他们在从各自的文化角度鉴赏音今天下午的音乐课上，大家观点生动有趣（尤其是对非裔美国人音乐的看法），把几周以来我们对于爵士乐迁移和发展的学习推向了高潮，谢谢大家的分享！

为了深入挖掘我们已经内化的知识，思考学习的内容与我们个人的关系，在课程最后，我们进行了小组的头脑风暴，但是，我依然很好奇，我们每个人在这个阶段中学到了什么。

在这次家庭作业中，我希望每个人都可以花上几分钟思考并回答下面几个问题。

是什么？
我消化吸收了什么？/关于这个话题我学到些什么？
为什么？
为什么这些内容很重要？
怎么样？
我学到的知识对我有什么帮助？对人文学科有什么帮助？我该如何利用这些知识？
这些新知识、新想法对我未来的生活、音乐实践和音乐思维有哪些影响？

期待你们的回信。
谢谢大家！周末愉快！

音乐老师：艾米·理查森

图5.2　发给十一年级的音乐课学生的电子邮件

乐时提供借鉴，音乐从何而来，它给人体现了什么，它提供了什么。让艾米感到震惊的是，她的学生们确实明白了音乐不仅仅是一页纸上的音符。

就行动计划而言，他们现在要做什么？评论中，一些学生写道：

"以后我鉴赏爵士乐时，会把我学到的有关爵士乐发展史和背景的知识融入我的理解和思考中去。"

"我开始真正思考音乐如何塑造人类的思想，而我也会在创作我自己的音乐作品时牢记这点。"

"音乐是解决问题的灵感、表达情感的媒介、克服困难的勇气，我会把这一点应用在欣赏和创作音乐的过程中，并且，我学到的知识也可以用在历史和英语考试中。"

从那时起，艾米开始针对12—18岁不同年龄段的学生，在多种情境中使用这个思维流程。"对于我们最小的中学生来说，音乐是必修课。'是什么？为什么？怎么样？'是一个很好的思维流程，可以让他们养成寻找相关性的习惯，或许可以让他们看到自己是一名希望在音乐成为选修课后继续学习的学生。"艾米如是说。

艾米已经爱上了这个思维流程，部分原因是它的即时可操作性，以及它如何为消极态度提供了空间，而不是对学生加以指责或羞辱。"如果表现出放松的迹象——这可能发生在青少年中，那么'为什么？'阶段表达了他们的不满，同时鼓励学生去考虑他们可能不会自然而然接受的另一种观点：为什么这可能对我很重要或相关？"艾米喜欢课程结构化的方式，它能够帮助学生反思和参与课程材料，同时又足够开放地邀请学生探索不同的观点、建立联系并发现复杂性——所有这些都是她希望她的学生音乐家和学习者更广泛地养成的习惯。

三个为什么（3Y）

> 在通过视频、阅读或讨论对一个问题或话题进行初步研究后，个人和小组可以思考以下内容：
> ☆ 为什么这个话题/问题对我来说很重要？
> ☆ 为什么这个问题对我所在的集体很重要？
> ☆ 为什么这个问题对世界很重要？

我们"零点方案"的同事维罗尼卡·博伊克斯·曼西丽亚、弗洛西·蔡和他们的团队，开发了"3Y"的思维流程。它作为跨学科和全球研究计划的一部分，得到了澳大利亚维多利亚独立学校的财政支持。在应对面向全球能力的教学的机遇和挑战时，重要性和同理心的问题显得尤为突出。我们如何理解和解读发生在陌生地方的事件？面对他人的困境，我们如何看待自己？在一个联系日益紧密的世界里，我们如何帮助学生认识到他们可能无法控制的问题和事件对他们的生活产生了影响？"3Y"和"4If"（四个如果）就旨在帮助老师培养学生理解世界的能力，将学生变成塑造世界的积极推动者。

目的

这一思维流程帮助学生将事件、问题或话题与他们自己、他们的社区和世界联系起来。这种联系需要一种同理心的反应，在这种反应中，人们考虑事件的因果关系和影响，以及长期和短期的影响。首先与个人建立联系，一个人必须把自己放在问题的背景中，作为一个在某种程度上受其影响的人。如果没有直接影响，则可能需要寻找次级和第三级影响。在这种情况下，思维流程迫使人们发现情况的复杂性和细微差别。在这个过程中，学生可以认识到问题的所在，并找到所研究的问题与他们自己及其所在集体的关系。思考自我、集体和世界这一方法的外延是将学生置于情境之中，对其影响作出正确的判断。

选择合适的内容

这个思维流程可以用来检查当前事件、全球问题、地方争议、伦理困境、医学突破、历史事件、环境问题，等等。有时这些话题可能会有一定程度的争议和复杂性。虽然这些话题在课堂上很敏感，但通过关注学生的个人反应和通过他们自己的眼睛看到的话题的意义，可以为安全的讨论和进一步的探索打开一扇窗户。当然，并不是每个话题都需要是全球性的或有争议性的。这个思维流程可以用于几乎任何新的学习话题的开始，帮助学生思考这个话题的意义和为什么值得学习，例如，开始研究天气、水循环、写故事、听演讲或读传记。

在选择内容时，需要确定所研究的事件或问题有什么意义。例如，有时一个选题内容之所以重要，是因为它具有普遍性和广泛的影响范围。它在某种程度上适用于每个人。在其他情况下，意义可能是由于原创性或新颖性。这些例子帮助我们重新思考现状。意义往往是非常个人的，因为有情感或认知上的联系。有时重要的是洞察力或探索的力量，因为它提供了一个新的角度或视角，增加了我们的理解。或者意义本身就具有创造性，提供新的问题和探索路线。

步骤

1. **组织方式**。向学生介绍要研究的选题。如果学生对该选题不熟悉,可以给他们提供一些激起学习兴趣的材料,可以是一小段视频、一幅画、新闻摄影作品、一段摘抄或者是小故事。这个活动可以由学生个人独立完成,但是,如果在学生独立思考后将学生分成小组进行分享、讨论和整合,那么学习的成果会更加令人惊喜。学生可以用各种方式记录自己的观点:可以把自己的观点写成3小列,可以制作Y形图,也可以画同心圆——最里面的圆代表自己,外面一个圆代表集体,最外面的圆代表世界。

2. **学生思考:为什么这个话题、问题对我很重要?** 在仔细检查原始材料或问题之后,邀请学生(单独、成对或小组)找出问题对他们重要的原因。根据主题的不同,你可能想要承认,这个问题对他们来说是很遥远的,因此可能需要进行一些调查研究,并遵循一定的方法来确定问题与他们的直接联系。有时,这可能会采取以下形式:让学生识别他们的行为(尽管是间接的)如何影响事件的走向来完成这个步骤。

3. **学生思考:为什么这个话题/问题对集体很重要?** 在这个步骤中,需要先设定"集体"的范围,集体内涵广泛,所以要选择符合需求的内涵。集体可以是班级、校园、经常交往的人、所在的城市,甚至是自己所在的国家。

4. **为什么这对世界很重要?** 引导学生思考这个主题可能对现在和未来的世界产生影响的方式。这个问题如何影响全球的每个人?

5. **分享各自的想法**。如果学生单独学习,他们可以两人一组或跨桌组合进行思想分享。如果让他们合作完成学习，那么"画廊漫步①"可能是一种合适的分享方式。让学生在不同的小组中寻找共性，但也要看看是否有其他小组没有的创新之处。这样做的结果之一是，一旦学生探索了这个话题的潜在意义，他们就会对这个话题产生兴趣。如果你在单元开始时使用思维流程，那么你就需要给学生解释你将研究的主题的其他信息、背景和上下文。如果你在最后做这个练习，并且你想让学生开始思考他们可以采取的行动，你可能会想做"四个如果（4If）"的思维流程练习。

使用与变通

在密歇根州罗切斯特市的德尔塔中心小学，媒体专家朱莉·雷恩斯和她的同事们选择用"三个为什么"（3Y）思维流程作为集会的一部分，来总结他们的阅读月庆祝活动。该团队希望创建这样一个集会，不仅仅是对学生进行讲授，而是让他们作为一个学习者社区来分享他们的想法。在准备过程中，朱莉通过阅读和讨论奥利弗·杰弗斯和萨姆·温斯顿合注的书《读书的孩子》(*A Child of Books*)，让全校570名学生参与媒体课的学习。他们仔细地看了书中的图片并进行了解释。朱莉将讨论与"读写能力"的话题联系起来，并要求学生使用"读写能力"这个关键词进行谷歌图像搜索。朱莉组织高年级学生探讨了与文盲率有关的社会正义问题。在这一点上，朱莉介绍了她的"三个为什么"的思维流程，并让学生独立完成它。低年级的学生用图画来展示他们的想法，英语学习者也可以选择用母语

---

① 画廊漫步：一种教学法，教师为课堂上的"画廊漫步"活动准备4-5个讨论题目，将每个问题分别写在大白板上，放置在教师不同位置并标明顺序，作为学习站。每个学习站都留有足够的空间，以便小组在学习站停留并讨论问题。

写作。学生们把自己的作业（见图5.3）带到集会上，整个学校都在进行"付出与收获"的思维流程活动，与他人分享为什么自己认为读写能力很重要。

图5.3 关于读写能力的3Y活动

像世界各地的许多老师一样，康妮·韦伯已经认识到发展成长型思维模式的力量。她知道，她希望学生不仅要学习什么是成长和固定思维模式，也要深入思考这个理论对他们自己和班级社区的影响。康妮从卡罗尔·德韦克的一书中节选了简短的两页给学生们阅读，向他们介绍这一理论。阅读是关于学生如何解决他们遇到的难题和挑战的研究。在阅读和简单讨论了成长型思维与固定思维的对比之后，康妮在黑板上画了一系列同心圆，介绍了"3Y"的思维流程（图5.4）。在回答"为什么思维模式对我很重要？"时，学生们写道："它给予你积极的态度。这会让你感觉更好。你尝试的东西越多，经验就越多。这可能会影响我的工作方式。我过去常想，如果事情来得不容易，那说明你不擅长它。现在我知道你必须练习，让事情来得容易。"回答"为什么这对我周围的人很重要？"时，学生们回答说："如果你有错误的思维模式，它可能会改变你对待别人的方式。好的思维模式会让别人对你印象更好。"最后，在考虑"为什么它可能对世界重要？"时，学生们回答说："我们会有较少的问题。它将推动世界和平。它可以改变每个人做事的方式，以及他们的行为方式和说话方式。"

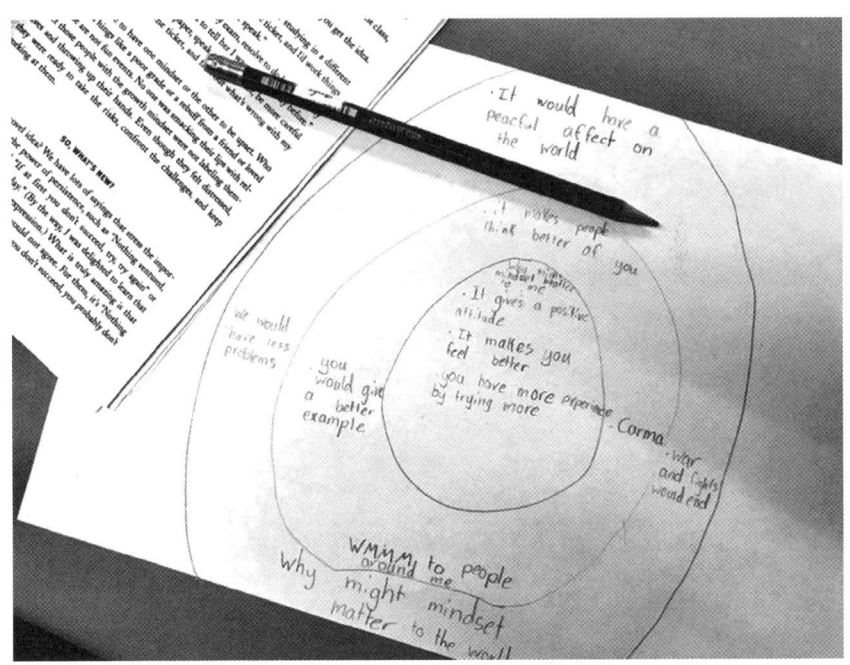

图5.4　五年级学生用3Y的思维流程研究成长型思维模式

评估

学生们是否能够超越当下的现状去思考长远的影响？他们是否能够

考虑行动的后果，以确定不同程度的影响？学生是否能够在伦理、道德、行为和认知方面与事件联系起来？这种能力如何与主题的抽象性联系起来？学生们是否能在熟悉的问题上做到这一点，而在新的问题上会不会做不到？老师的提问对提高学生思维能力有什么影响？

在思考学习内容对集体和世界的影响时，学生需要站在其他人的角度去思考问题，而老师要在学生身上挖掘这种能力。与此同时，学生还需要摆脱个人视角，把视野从个人转到集体上。另外，值得注意的是，学生需要思考态度和行动两方面的影响和变化，要在学生的回答中发现更多微妙的细小差别，如果学生为这个问题苦恼，一个潜在的提示是："如果我们能接受并认真思考这个想法，我们所在的集体会发生什么变化？作为一个群体，我们会有什么不同？它会如何改变我们的思维、行动和相互交流的方式？"

提示

如果学生们总能看到他们所学知识的意义，并能将所学知识与生活联系起来，那该有多好！不过，并不是所有主题都适合。出于这个原因，你可能想在一开始就把这个思维流程用在明显影响学生生活的问题上。然后，随着时间的流逝，研究学生在不那么直接影响环境和内容的情况下建立联系的能力是否有所增长。

通常情况下，这种思维流程会从个人的向外转移到更广阔的世界。但是，根据内容的不同，也可以颠倒顺序。例如，在考虑一个历史事件时，首先要考虑它对世界的影响，然后再考虑集体层面，最后再考虑个人层面。同样，学生在考虑国家湿地地区拟议的开发项目时，可能会发现，在将注意力转向思考其对他们的影响之前，更容易考虑为什么这个问题首先对当地社区重要，然后才是对世界重要。让学生一步一步地学习是很重要的。这样他们就会对每一个问题都进行仔细的思考，而不是同时回答3个问题。也就是说，3个步骤逐步进行，每进行上一步，都可能为下一步提供新思路。一般来说，我们建议给学生独立思考和写作的时间来确定答案，而不是立即转移到小组作业。这可以确保每个人在结对或加入搭档之前都对提示进行了个人思考，并有话可说。

实践案例

密歇根州伊普西兰蒂的沃什特诺国际高中西班牙语老师特丽莎·马特尔斯基认为，"3Y"思维流程非常适合帮助她所教的十年级学生（大部分是二年级的西班牙语学生），帮助他们更多地思考他们所学知识的全球背景。这是国际学士学位中期计划（MYP）的一个重要组成部分，旨在将学习置于国际化的环境中。"我觉得，思维流程提出的3个问题将有助于让学生投入其中，了解他们为什么应该考虑自己所在社区以外的健康问题，并鼓励他们在讨论这个话题时拥有全球视角。在阅读和听力测试中，他们必须与文本建立个人联系，并提供一个全球视角，我认为这与这个思维流程非常吻合。"

在介绍这个思维流程时，特丽莎将它与国际中学文凭的课程目标联系起来，该目标要求学生能够阅读或听文本，将文本与个人和世界建立联系。她解释说："我们将利用"3Y"的思维流程来帮助我们思考如何在3个层面上应对疟疾问题：个人、社区和全球。"然后，她给全班同学做了一张关于"国际疟疾日"的信息图表。这张图表全部用西班牙语绘制，包括全球疟疾流行率、成本和影响的统计数据以及3段文字。特丽莎给全班学生10分钟的默读时间，在默读时间里给课文做标记和注释。

当学生们完成他们的阅读和笔记时，特丽莎将课堂向前推进，"再花5分钟写下你对"3Y"的回答。记住要用西班牙语。"接下来，特丽莎把学生分组，用西班牙语分享他们的回答："如果你的同伴说了什么你不明白的话，一定要跟他/她说。"特丽莎在教室里走来走去，听着学生的讨论。"令我惊讶的是，学生们的回答非常深刻，而且很有意义。我还注意到，很多时候，一方会从另一方那里学到新的内容。"

在搭档分享之后，特丽莎邀请任何想要与大团队分享的人。很明显，学生们在个人的层面上与内容产生了联系。例如，在考虑疟疾可能如何影响他们时，一名学生将5岁以下儿童死亡率的统计数据与她的家庭联系起来。她的兄弟姐妹年纪都很小，因此也面临着感染疟疾的风险。另一名学生将疟疾问题从道德层面联系起来，"因为有了特权就有了责任。"即使是考虑到社区，个人联系也不断出现，有学生们分享说，他们的家人住在印度，需要服用疟疾药物；另一个是他的祖母曾经患过疟疾。接下来，学生开始讨论疟疾对世界的影响，他们的观点涉及实际层面，也涉及道德层面，"因为人们旅行时需要保证自己的人身安全，也要遵守伦理道德。""我们需要共同努力去消除它"，以及"因为人们在发达国家,有责任帮助其他国家"。

课后反思后,特丽莎觉得她对她的学生和他们想成为世界公民的愿望有了很多了解。此外,她觉得"3Y"很适合她的学科。"我发现这一思维流程已经成为我日常教学计划的一部分,尤其是在介绍一个新单元,试图让学生在与文本互动时获得我一直希望他们获得的全球视角时,这一思维流程做到了。"

四个如果(4 If)

选择一个话题、想法或指导原则,从以下四个方面考虑:

☆ 如果我认真实践这个想法/原则,它会对我的生活产生哪些影响?我会做些什么?我可以选择做哪些不一样的事情?我应该在什么样的场合发表自己的观点?

☆ 如果我所在的集体认真实践这个想法/原则,对我们的集体行为会产生哪些影响?我们会采取哪些新的行为?当前我们需要改变哪些行为?

☆ 如果我所在的国家/世界认真实践这个想法/原则,对我所在的国家/世界会产生哪些影响?在当下和未来,我们分别需要哪些政策和建议?有哪些错误需要纠正?

☆ 如果我/我们什么都不做,会发生什么?

"四个如果"的开发是建立在学生对一个问题的探索之上,并促使他们考虑他们和其他人可能采取的行动。它是"3Y"的思维流程的天然伴侣。"3Y思维流程"揭示了学生对一个主题的热情，帮助他们看到它的复杂性和重要性，然而，我们不想让学生们因为现在看来可能是一个巨大的问题或挑战而感到不知所措。通过帮助学生思考自己的行为，我们可以帮助他们体会到作为公民的权利与义务。前3个提示反映了"3Y"的提示。我们加上第四个，考虑到不作为的后果也很重要。我们想让学生看到，在一个问题上无所作为本身就是一种选择，虽然不是最优选择，但也会产生相应的后果。

目的

学生们经常学习和了解这个世界，但发现很难做出实际行动，或者他们可能认为自己的行动太少，不能产生影响。在探索一个问题或话题后，学生可以使用"4If"的思维流程来产生可能的行动方案。除了行动的产生，"4If"鼓励两种特定的思维类型：换位思考和以因果关系的形式揭示事物的复杂性。确定社区、国家和世界各级的行动要求我们从新的角度来考虑这个问题。即使我们能够确定作为个体可以采取的行动，我们也需要考虑其他人会对这些行为产生何种体验和反应。当我们认真思考行动计划，作出权衡时，我们就会发现它们背后复杂的因果关系。我们通常可以通过分析动机来完成这个过程，思考为什么这件事情值得做，评估行动的结果，思考这样的行动会产生什么样的结果。

选择合适的内容

首先确定并清楚地阐明一个源于课堂学习、阅读或探究的原则或思想。当前事件、全球问题、地方争议、伦理困境、医学突破、历史事件、环境问题等等，都是值得考虑的成熟问题。例如，在研究了水资源短缺的问题和清洁水对健康的重要性之后，本课程可能会确定"每个人都应该获得清洁水"的原则。在学习宪法时或者某个国家的建国文献，你会发现作为这个国家指导原则的思想。在健康研究中，学生们了解到保持积极运动的终生益处，这可能被框定为一个指导原则："积极的生活方式有助于一个人的健康。"在体育课上可以探索"体育精神"的思想。为学生明确阐明体育精神的原则，并将其写在黑板上，在整个学习过程中为学生提供参考，是很有用的。

步骤

1. **组织方式**。这一思维流程训练方法可以用在"3Y思维流程"之后，提示学生，在探索研究内容的意义后，我们需要看看接下来可以采取的行动。让学生思考，通过正在研究的话题可以总结出哪些原则为后续行动提供指导。第一次进行这个过程时，可以直接为学生总结出来。比如，在探究科学与气候变化后，可以形成"气候变化使地球面临巨大的威胁"这一指导思想。

提示学生他们将如何工作：单独，成对，或分组。注意，让学生在加入小组之前预先思考一下是很有用的。与此同时，通过讨论，了解彼此不同的想法，也可以促进新想法的产生。确定学生将如何记录。如果学生要分组作业，提供一个大的平面，比如表格或白板，让他们在上面写字。这确保了每个人都能看到，而且很多人都能在上面记录。这样可以保证给多人提供写作的空间，每个人都可以看清别人写的内容。将其放在垂直的平面上，让学生看得更加清楚，推动讨论顺利进行。

2. 如果我认真对待这一原则，会……邀请学生确定他们可能会采取的行动。还可以采取以下其他提示推动学生思考，例如：对我的生活有哪些日常影响？我的个人行为会是怎样的？我可以选择什么不同的做法？什么时候，在什么地方，我可以大声说出来？

3. 如果我的社区认真遵循这个原则，会……在此步骤中，你需要以最适合你的需求的方式定义"社区"：可以是你的教室、学校，学生日常交往的圈子，你的城镇甚至你的国家。很多时候，我们希望学生在广泛的层面上调查和参与学校的问题，在这种情况下，我们会选择学生所在的学校作为我们的社区。

4. 如果我所在的国家/世界遵守这个原则，会……同样，在这一步骤中，老师需要决定让学生在国家层面进行讨论，还是在国际层面进行讨论。由于各国往往有自己的法律和政策来推动变革，这自然会成为老师的首要选择。当然，老师也可以把4个如果变成5个，让学生站在两个层面思考后续行动。有些话题（如海洋塑料污染）非常适用于这种方法。

5. 如果我们什么都不做……把学生的注意力转移到不作为的后果上。让他们思考与该问题相关的因果因素的当前轨迹，考虑哪些影响可能会扩大、消散、演变或改变，以及这些影响可能会是什么。它会影响到谁？如何影响？影响到什么程度？

6. 分享思想。如果学生已经在图表纸或白板上结对或分组讨论，那么"画廊漫步"可能是合适的。给学生一些东西去寻找，比如不同群体的共性，以及其他群体发现的独特和潜在的强大行动。如果你真的希望采取具体的行动，可以将各个小组的工作合并成一个总文件，然后进行讨论，以确定既可行又可能产生重大影响的行动。请参阅"提示"一节，以获得更多关于如何进一步考虑采取行动的建议。

使用与变通

尽管为了保护我们的学生免遭令人痛苦的事件之苦，但世界上最令人震惊的悲剧和恐怖事件总是会迅速占领媒体的视野，学生们经常无法从中逃脱。2018年10月27日，宾夕法尼亚州匹兹堡"生命之树"犹太教堂发生枪击案。来自密歇根州诺维的三年级老师亚历山德拉·桑切斯知道她的学生们被这个消息所困扰，他们可能会感到不知所措。"当这样的悲剧发生时，我们感到无助，希望我们能做些什么。通过这种方式，学生们找到动力，并意识到他们可以在自己的生活中做一些将产生深远影响的事情。"

亚历山德拉给全班同学读了一篇关于这一事件的短文章，跳过了耸人听闻的、图形化的或不合适的内容。这篇文章着重讨论了枪手的反犹动机，以及这是针对特定群体的仇恨犯罪的事实。通过"4If"思维流程的每个提示，学生们把他们的想法写在便利贴上，然后贴在一张表格上。当他们思考自己的行为时，他们会考虑做些什么，比如对人友善，接触和自己不一样的人，不做一个"仇恨者"，对别人微笑，公开反对仇恨言论，等等。一些学生的评论确实反映了他们对意外事件的真实恐惧，比如"锁上我的门"。在讨论社区层面的行为时，大多数行动都与成为他人的有力榜样有关。如果作为一个群体，他们可以展示如何相处和尊重他人，那么其他人可以看到尊重他人是可能的。在思考国家的时候，学生们纠结于具体的问题，常常泛泛地说："别再伤害别人了。"有相当多的关于限制枪支使用的评论。最后，不作为的后果是承认可能会发生更多的暴力和死亡。在讨论结束时，亚历山德拉觉得学生们已经意识到，他们可以通过在自己的生活中传播爱来对抗世界上的仇恨。

2017年，澳大利亚就是否允许同性结婚举行了全民公投。随后的辨论已经蔓延到了墨尔本比亚利克学院高年级学生的走廊和教室里，澳大利亚历史和犹太研究老师莎隆·布卢姆希望帮助学生们思考他们可能会采取的行动，即使学生们还没有到投票的年龄。莎隆首先让学生们阅读发表在公共广播新闻服务机构上的一篇关于犹太人婚姻平等的文章。她澄清说学生不必完全同意作者所说的一切，并鼓励他们提出问题。然后，她让学生们单独以书面形式回答这"四个如果"。莎隆意识到这是一个社区成员持有不同的观点的热点话题，她并没有让所有学生分享他们的想法，而只是为任何想分享行动的人打开了对话。重要的是让持不同观点的人参与进来，并讨论接受其作为社会指导原则的重要性。"4If"的思维流程对于增强学生的能力来说太完美了。它提供了一个非常有帮助的框架，让我们能够真正发自内心地思考问题。"

评估

这一思维流程要求学生超越自我思考，考虑他人的视角、影响和角色。即使在考虑自己的行为时，一个人也必须意识到自己的行为会如何影响他人，以及这种行为会如何被感知。寻找学生考虑这些后果和观点的能力。如果学生在小组中进行讨论，是否讨论了潜在行动的效果和影响？是否将其他人的观点带入讨论中？

学校让学生参与围绕问题的间接行动的历史由来已久。例如，可能会筹集资金或举办募捐活动，这样一来，货币捐赠就可以转移到一个将直接进行工作的机构。同样地，学生们也经常被要求制作海报来告知其他人某一个问题。虽然这些努力肯定是值得的，但它们使学生们保持距离。注意看学生是否能够超越间接行动而考虑直接行动，特别是他们对自己的行为进行分析。偶尔也可以这样问："有没有什么事你自己可以做，这样你就不用依赖别人了？"如果学生的回答是泛泛的——"乐于助人"——老师要继续询问细节，"怎样才是乐于助人呢？"

在产生强有力和有效的行动时，学生还必须考虑因果关系。也就是说，具体的行动如何有助于问题的解决或者改进？在学生讨论可能性时，注意学生是否能够预测某些行为可能产生的后果。如果你听到学生只是简单地回答，"这是一个好主意"，你可以问，"你认为这个主意的什么地方可能会使它有效？""你认为这会如何改善或改变现状？"这样的提示让学生有机会探索事物之间的因果关系。

对于一些主题，老师需要着重培养学生的能力，使他们能够跳出自己的小圈子，从更高的角度去考虑问题。例如，恃强凌弱的问题很容易从社区和个人的角度来思考，但更要考虑学生们能否看到这个问题在国家或世界的大舞台上产生了什么样的影响。

提示

通常情况下，这种思维流程会从个人转向更广阔的世界。然而，与"3Y思维流程"类似，这个顺序是可以改变的。重要的是，学生们要一步一个脚印，这样他们才能仔细考虑每一个步骤，而不是同时做4个步骤。也就是说，学生需要通过上一步的思考为下一个步骤提供新的想法。

小组活动可以鼓励学生们进行深入的讨论和探索，同时也可以在学生们相互反馈的基础上迅速产生想法。为了确保所有的学生都能在小组中进行思考和作出贡献,我们建议给学生个人思考和写作的时间来确定答案,而不是立即转移到小组工作中。这就确保了每个人在配对或加入团队之前都能有所贡献。

一旦学生们产生了在不同层次上采取行动的想法,老师需要对这些行动计划做出评估和分类。让学生选择一个自己最感兴趣的行动(任何层面),根据他们的选择将学生分组,进一步完善行动计划。为帮助学生判断行动是否有效,可以让学生在每个层面选择一个他们认为最为行之有效的行动,并讨论、反思、写下支持他们想法的证据,然后将讨论结果分享给全班同学。此外,还可以使用"拔河法"思维流程探索特定行动相关的利益和问题。另一种方法是让学生将行动计划(小组的或整个班级的)分为直接行动(参与性行动)和间接行动(倡导和促进性行动)。这并不是要排除间接行动,而是因为这类行动探索和改进的空间较小。

实践案例

在加利福尼亚州德尔马的阿什利瀑布学校,所有的学生都参与了一个大型的项目,该项目重点是未来学校的设计。在每个年级,不同班级选择他们想要探索的项目的某个方面。六年级老师凯特琳·威廉姆斯和她的班级,选择将环保原则应用到学校设计中。课堂上花了很多时间探讨环境问题和可持续发展的理念,这似乎是一个自然的延伸。凯特琳与来自德尔马学区的老师团队在一个协作学习实验室(见第七章学习实验室的更多信息)中合作,开始了设计入门课程的过程。

凯特琳分享了她对该项目的关注点和目标后，很明显，核心目标是拓宽学生对该主题的思考。凯特琳担心，让学生直接进入生态环保学校的设计阶段过于仓促，可能会使学生只考虑标准的解决方案，例如增加太阳能电池板。每个人都认为，在实际进入设计问题之前更好地了解环保设计的重要性和应用将是有益的。经过大量讨论，协同规划团队认为在让学生们沉浸于设计挑战之前，"3Y"的思维流程以及"4If"的思维流程将为学生提供一个很好的方式来考虑环保设计的重要性及其在应用之前的广泛应用。

凯特琳首先介绍了"3Y"的思维流程，并让学生们选择一个合作伙伴或三人一组一起讨论学习。学生将他们的回答记录在大纸上，分成三份。一些学生选择横向排版，而另一些则选择垂直排版，一些人在页面上创建一个y形图。一旦学生在每个提示中都考虑了自己的想法，班级就会进行一次无声的"画廊漫步"，寻找主题。

出现的主题是：（1）对未来的关注，即生态友好有助于更安全的未来；（2）可持续，生态友好即保护濒危的植物、动物和生态系统；（3）危害，人类刚刚认识到破坏生态对植物和动物的伤害。

在这个讨论的基础上，凯特琳介绍了"4If"的思维流程。"我们现在要把我们对生态友好的想法向前推进，考虑采取行动。为了帮助我们做到这一点，我们将使用"4If"的思维流程。这是一个类似于"3Y"的结构，只是增加了一个新元素。"她通读了4个步骤，并围绕每个步骤提出额外的问题和框架。一边说着，凯特琳在黑板上画了一个长方形，然后把它分成4个部分。然后，她将每个步骤写在一个部分中。"在完成'3Y'的过程中，我们确实考虑到了重要性。现在我们考虑的是行动。现在，我们要思考接下来要怎么做，大家把每个部分的行动写在长方形的对应部分。"

一名学生问道："所以问题不是利用环保设计会发生什么，而是我们在使用环保设计时采取的行动。"

"是的，你说得对。而是你在日常生活或我们的日常生活中会采取什么行动。"

学生再次确认："所以我们讨论的不是影响？"

"谢谢你的提问，这非常有助于大家理解这个问题，"凯特琳总结道，接下来，她继续引导学生开始小组讨论，"我们还有大约15分钟时间，足够让我们认真思考这个问题。"

学生们回到各自的小组，按照凯特琳在白板上画的内容，将新纸张分成4个象限。他们给这些象限贴上了"我（我们）""社区""世界"和"不作为"的标签。在讨论个人层面的行动时，学生表现得十分活跃，提出的方案也很具体。在他们的回答中，一些学生不仅识别行为，而且识别这些行为的结果或原因。例如，"我们会使用可重复使用的容器来减少塑料袋的使用。"或者，"我们会建一个花园，用新鲜的农产品做学校午餐，而不是吃快餐。"这个群体的行为往往包括直接行为（如前面提到的那些）和间接行为或主张（如"与朋友和家人分享想法"或"传播消息"）的混合。

学生的许多回应反映了之前对可持续发展、发明和设计思维的学习。很多地方都提到了太阳能电池板、带有水壶补水功能的饮水机、使用环保材料以及限制过度包装。一个学生提到创建口香糖回收站是社区可以做的事情。他读过关于英国发明家设计口香糖回收站，既解决垃圾问题（口香糖是仅次于香烟的第二常见的街头垃圾），又找到了一种方法，可以回收用于生产口香糖的聚合物，制成鞋底和水杯等可用产品。

当学生思考"世界"行动时，他们确定了反映规模化理念的行动。例如，在"世界"和"社区"层面都提到了用环保材料建造建筑的想法。规模的概念也反映在诸如"种植数十亿棵树"这样的行动中。一些学生参考了诸如"禁止开汽油车"之类的政策决定。

当学生们开始考虑不作为的后果时，大多数人都提到了与全球变暖和气候变化相关的日益增长的担忧是普遍关注的问题。其中一些确定了具体的情况，如某些物种的灭绝和自然资源的耗尽。一个学生评论说，"如果我们什么都不做"的想法本身就是"我们未来可能出现的情况"。

作为学习实验室体验的一部分，在课程总结中，凯特琳评论道："这两种流程非常适合我的学生。这让他们可以利用之前对环保设计的学习和热情，并将其付诸实际行动。当我们开始设计未来的学校时，我真的希望他们能打破常规，而不仅仅是在屋顶上安装太阳能板。我想他们现在对如何做到这一点有了一些想法。"

第三部分

释放思维的力量

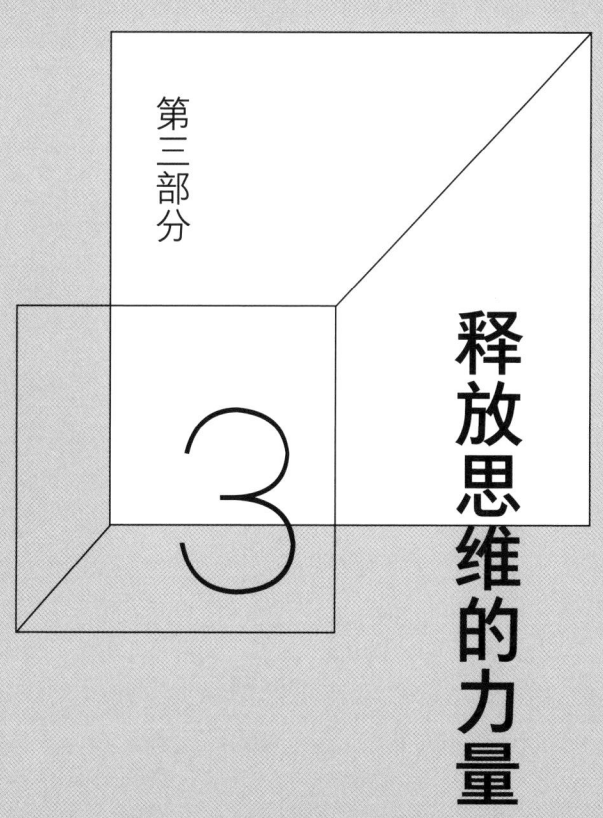

第六章

最大化利用思维流程，提升教学效率

在前一部分中，我们分享了一系列的思维流程——旨在帮助学生拓宽他们与他人交往的广度、参与思考的投入度，并采取行动的习惯。当你阅读时，我们希望你能发现这些工具和结构是适用的，并且此时你可能已经在你的教学工作中尝试了一些思维流程。尽管将思维流程带入课堂的障碍非常小，但将它们以对学生和老师学习都有吸引力和影响的方式付诸实践，则是另一回事。

在研究过程中，我们常常听到老师说，他们发现，不能只是简单地按流程把活动进行一遍，需要把思维流程作为教学的常规内容，才能使这些思维流程训练方法发挥最大的效果。渐渐地，思维流程不再是需要完成的活动，而是扮演着以动态方式点燃、推动和捕捉学生学习的角色。当学生的思维过程被展示出来，它就成为了思考下一个问题和行动的蓄水池。当这种情况发生时，老师和学生都可以机动灵活地运用这些思维训练方法，游刃有余。

随着时间的推移，老师会认识到学生和课堂文化的重大变化。正如我们在第一章中所述，当老师开始使用思维流程的语言时，他们发现他们的学生也在做同样的事情，学生开始自发地使用思维流程，老师和学生研究讨论的问题本质也越来越深刻和复杂。学生们更愿意参与课堂讨论。学生们认识到课堂是以他们的思维为中心而不是以他们回答问题的正确性为中心，所以他们在课堂中表现得更自信。

这种转变代表思维流程要提高的许多品质和功能。但是，老师怎样做到呢？为达到培养学生思维能力这一目的，老师会做出哪些选择呢？从最初简单地使用思维流程，到使思维流程发挥最大的效果，老师需要做什么呢？

我们发现，有1个关键领域可以帮助老师从肤浅地使用思维流程，转向最有效地使用思维流程：

- 计划：确定何时何地需要思考以及思考将如何发生。例如，问："在计划与学生互动时，我该在哪里计划让学生仔细观察，建立联系并发现复杂性？"
- 启动：预测学生的思考活动会在何时出现，在它出现时，要及时发现。问："随着思维的变化，我将如何认识到它呢？"
- 推进：在当下推动思考。问："我该如何定位自己，使自己的思维课堂更加常规化？"问："我怎样才能让自己在课堂上更经常使用思维流程？"
- 摆正立场。使思维流程成为老师坚持要做的事情，成为老师追求的目标。问："我应该怎样做，才能让思考变为学生的课堂习惯？"

在本章，我们将探讨这4个关键的顶层领域及其相关实践，以最大限度地发挥思维可视化的力量。在此过程中，我们可以借鉴老师的经验，他们已经将这些付诸实践，并致力于让课堂成为学生思维可视化的场所，重视并积极促进学生思考。

为思考制订计划

课程单元计划是老师所熟悉的领域，老师在制订计划的过程中，通常会关注两个焦点：课堂活动和课堂效率。通常情况下，老师围绕某个课程开展讨论时，他们会建议把原来课堂上开展得比较成功的活动再做一次。这就是所谓的"活动存储"。老师会积累大量的课堂活动，然后进行精简，这样他们就拥有了一系列围绕课程主题展开的便于操作的活动。另一个制订计划的方法是"效能法"。由于课程多，时间紧，无法涵盖所有内容，老师们通常会将课程内容除以学期的天数，得到的结果就是从现在到完成日期的每一天的教学目标。

将课堂活动和课堂效率作为关注点，初衷是好的，但问题是，这两种方法没有将学生对学习体验的思考作为支点。学生在学习中建立的联系、学习过程中产生的想法、好奇心和观点，对学习方向的影响相对较小。那么，老师应该如何在制订教学计划的过程中避免这些常用但效果甚微的方法呢？以下工具和实践对于制订能够激发学生思考的教学计划很有帮助：

- 使用理解地图
- 牢记要为未来做计划，制订计划要做到"未完待续"
- 计划好开展互动的时间和环境
- 计划好聆听学生想法的时间和场合
- 不要过度计划

使用理解地图

第二章介绍的理解地图是一个面向计划的框架（见图6.1）。我们有意识地使用"地图"这个词。想想地图给了我们什么：它帮助我们在一个空间中定位。它帮助我们到达特定的目的地。它帮助我们开始评估构成周围地形的特征，帮助我们看到周围的环境是不平坦的，不是统一的，同样，理解地图帮助老师可以从多层次、多维度的方式理解学习。虽然在介绍理解地图时，大多数老师都产生了共鸣，但在实践"思维可视化"的时候却遇到困难。当"使用这个流程"成为主要关注点时，许多老师就忽略了整体情况。记住，我们的目标是让学生学会思考，而不是简单地使用思维流程。

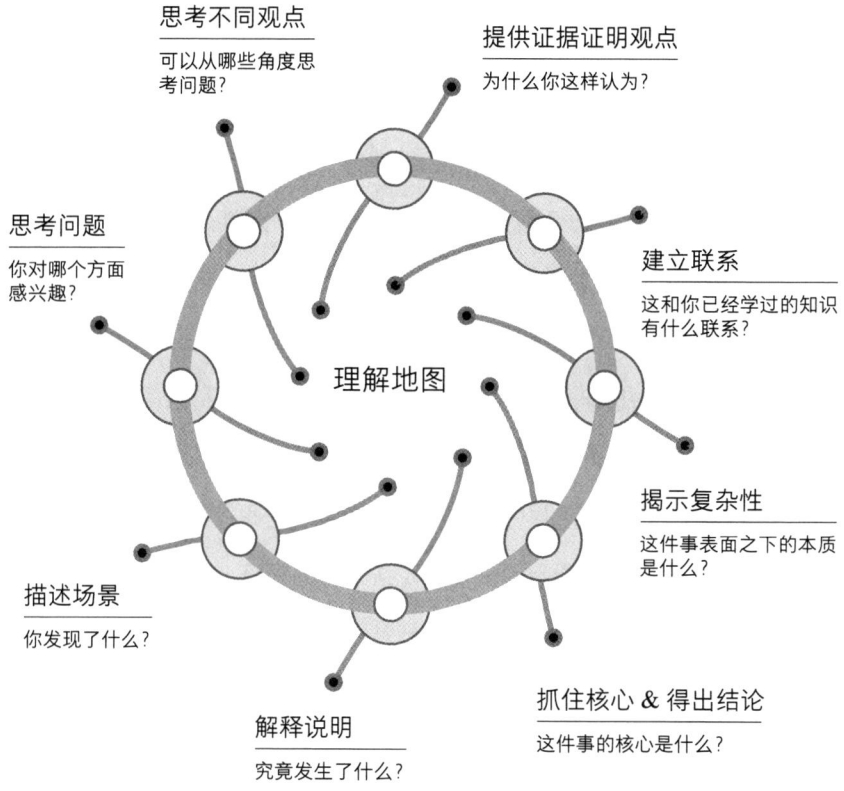

图6.1 理解地图（圣菲利普基督教学院提供）

老师和学生可以使用理解地图来确定他们在任何特定时刻可能采取的思维流程。它可以帮助学生和老师对他们所处的领域有一个认识——指出他们从哪里来，要到哪里去。随着对特定概念的展开学习，理解地图有助于确定方向，指明前进的方向和远离的方向。北京国际学校的小学读写老师肯德拉·戴利利用理解地图作为指导,将教学重点放在引发学生思考上,从而使跨学科的学习内容更具有整体性。"我和我的同事发现,在一个单元中识别我们想要强调的不同类型的思维,是找到学科之间的整合点的好方法。虽然很多不同的思维方式都发生在一个整体中,但是找到一两种思维方式,并把它们与日常活动结合起来,这帮助我和我的同事在教学实践中步调变得更加一致。我不会经常为了活动而绞尽脑汁,相反地,我通过问自己'我要培养学生什么样的思维?'以及'什么样的思维流程能帮助我们实现这种想法?'这样的问题来制订教学计划。"

当像肯德拉这样的老师们确定了他们想让学生们变得熟练的某些思维方式时,他们就开始把这种思维方式贯穿于他们日常和每周的课堂体验中。为了让学生的思维成长和发展,必须提供定期的、持续的机会让学生经常参与这种思维流程。参考理解地图,问问你自己:是否有某种类型的思维是我想让我的学生更好地掌握的?这周的任务在哪里为学生创造了参与这种思维的机会?看看考试或单元结束时的项目,学生需要激活什么样的思维才能取得好成绩?在本周的日常任务中,是否有机会可以突出运用这种思维模式,如何鼓励学生培养这种思维模式?

把明天记在心里,为"未来时刻"做好计划

使思维可视化的6种力量之一是更深层次的学习。但是,如果一个人总是习惯于只制订每天要做的事情清单,那就很难做到有深度。与我们合作过的老师通常从他们希望在更大范围内成长和发展的思维动作开始,比如在一个单元或一学年的课程中。他们会问自己,"我希望我的学生在这个单元里能有什么样的思维能力?"然后他们会问:"那么今天在哪里有

机会能进行这种思维训练?"他们会问,"我们今天所运用的思维方式是否可以导入明天所要运用的思维方式?"我们发现,在做短期计划时,老师的目光总是放得很长远,把培养学生的思维能力作为首要目标。

沃尔特·巴斯奈特,印度钦奈美国国际学校国际文凭(IB)的心理学老师,他在教室实践中深刻地对思维方式的近期和长期关注进行了思考。他反思道:"我现在更加清楚地知道我想在学生身上发现与培养的思维能力。并且,我开始思考,怎样在一学期或一学年的课程中植入这些思维活动,这一点非常关键,因为通过这个过程,我可以选择适当的思维培养方法,向学生阐明这些方法所培养的思维类型。"

几十年前,有一些电视节目深受许多美国家庭的喜爱,如《布雷迪家族》《吉利根岛》《草原小屋》《艾克》等。大多数情况下,这些电视剧都是以一种相当公式化的方式呈现在观众面前。然而,偶尔会有几集,在30或60分钟的结尾,屏幕上闪现"未完待续……"的字样。他们怎么能这样对待忠实的观众呢?观众们得等上整整一个星期才能再次观看那个节目。当时没有互联网来加深他们之间的沟通。对接下来会发生什么情况的剧情期待把观众们逼疯了。虽然没有人喜欢等待,但当一个情节如此复杂和丰富(就当时的这类节目而言),以至于有一个"未完待续……"的时候,观众们又会有一种满足感。这一设置更为微妙,观众们都迫不及待地想知道接下来会发生什么。

那些在课堂上让学生运用思维能力的老师们已经取得了巨大的成功,他们为课程设置"未完待续",不是以电视剧那种扣人心弦的方式,而是以一种"今天的思考情节会在下一次学习找到出路"的方式。老师通过思维流程和文档记录使学生的思考浮出水面,这样,第一天的学习过程中总有一些东西会持续到随后的学习中,也许是第二天,也许是接下来的几天。

密歇根州特拉弗斯城区公立学校的中学数学老师玛丽·贝斯·施密特非常相信连通性。"从一堂课到下一堂课,从一个单元到下一个单元,甚至从一个年级到下一个年级,发展一系列相互关联的学习体验,我相信对所有学生都能产生积极的影响,加深对所学知识的理解。我希望我们今天学到的东西能够延续到我们明天的学习中去。"玛丽·贝斯说道。设置"未完待续……"时刻的老师会发现在计划当天的学习内容时,他们总是把眼光放在培养思维能力这一长远目标上。在做教学计划的时候,问问自己:"今天重点培养的哪些思维能力可以用于未来的学习和工作中,从而使这一思维能力得以延续下去?"

为交流活动、环境和时间安排做好计划

老师们很容易就能制订下周的学习计划,并迅速地说出学生们将要做的活动。但是仅仅为课程做计划并不能保证学生的认知参与和深入学习。除了计划日常课程,想要培养学生思维能力的老师还要创造与学生的互动活动,以及思考如何鼓励学生之间的互动。老师还要考虑课堂的客观环境,规划学生在哪里以及如何进行有价值的思维活动。同时,在学生思考问题时,老师应有意识地预留足够的时间,不要逼迫学生快速给出回应,扰乱学生的思考。

英国格拉斯哥的名为"挂毯伙伴"的团队与许多苏格兰地方政府合作,组织安排教育工作者参与思维可视化实践。劳拉·麦克米伦是一名中学音乐老师,也是此次活动的负责人。她回忆说,在参加活动的过程中,她的教学计划执行得非常顺利,比之前的课程都要顺利。"我现在的计划考虑的是给学生思考的时间，而不仅仅是完成任务。学生们现在很重视这段时间，并且已经注意到，当给予足够的时间准备时，他们完成的作业会有很大不同。"学习小组的另一位负责人，中学戏剧老师克莱尔·汉密尔顿说："在以前做课程计划时，我会考虑我想给学生的信息以及如何最好地做到这一点。现在我寻找机会让学生们相互交流，发现问题，解决问题，从而得出自己的结论。"美国驻印度新德里大使馆学校五年级老师玛丽娜·古德伊尔说："在制订教学计划时有意识地考虑课堂环境因素，可以帮助我更加深入地认识学生的理解程度，并做出更加积极的反馈，以便推动师生间进一步深入的互动。"在制订教学计划时，老师要自问："要想达到让学生充分思考的目的，需要预留多少时间呢？学生之间要产生怎样的互动才能推动他们更加深入地思考？学生的哪些想法可以贴在教室的墙上，并且可以为教学内容的推进提供新思路？"

在教学计划中安排倾听学生想法的时间

在制订周教学计划的过程中，你是否思考过你需要在哪个部分聆听学生想法？在学生讨论、探索和努力思考的时候，你会在哪里寻找机会来了解他们的学习情况？上文中已经强调过，作为老师，在课堂上倾听学生的想法很重要，这也是思维可视化实践的内容之一。然而，如果老师没有安排时间倾听学生想法、试图弄明白他们的想法，那么教学关注得更多的就只是传输知识，而不是学生的回应。

许多与我们合作的老师都注意到，如果他们不有意识地努力成为教室里的观察者和听众，他们的声音将成为课堂中主要的声音来源。众所周知，老师们都有专业知识，但当我们很兴奋地介入课堂，接管课堂讨论时，情况就会恶化。过分热心的老师用他们的想法填满教室很容易将课堂主动权转回到成人手中，无意中把学生的角色设置为被动的接受者，接受他们老师的伟大智慧。我们需要的是更具移情性和教育性的倾听，在这一过程中，我们要关注学生在理解过程中纠结于想法时的观点。

韦恩·考克斯对这种现象做了完美的总结。他是澳大利亚悉尼纽英顿学院学习与教学主任，曾是中学健康与体育老师。他承认："我发现最困难的事情是不迷失或过度投入到自己的知识储备中，当这些批判性思考时刻出现在我的计划中，并且我的学生出现了丰富的学习成果时，我可能会倾向于整个概念，并开始表达自己的想法和观点，提高自己的声音，让学生关注我的思维和想法。"韦恩担心，他的兴奋情绪实际上会降低他的学生的声音，并剥夺他们在更深层次上开拓思维的机会。他继续说："当然，我想分享我的想法，但我的目的是更多地倾听学生，我时刻提醒自己，尽量避免说太多话。"

不要过度计划

几年前，马克·丘奇和他的同事负责为五年级的学生组织一次长时间的夜间实地考察。他们计划得非常仔细。每一分钟都计划得很完美。他们一丝不苟，一切都有条不紊地进行着。回来后，马克记得听到其中一位家长在问她的儿子，并询问有关旅行的情况。"很好，妈妈。其实我们什么都没做。"当时马克和他的同事们却有点委屈，其实学生们做了很多活动，积攒了很多的经验。每一分每一秒都被计划好了。多年后再次回想起来，马克认为这个学生表达了一些深刻的东西。学生们真的没有做太多。他们是老师刻意计划的游客和体验者，他们真正的角色实际上只是活动的旁观者。

和我们一起工作的许多老师都认识到,计划过度和计划不足同样有害。时间太少,活动太多,导致学生进入努力完成活动模式,老师进入管理者主导模式。过度计划的倾向也会导致老师们把相当复杂的想法分解成小块,或者加以润琢,以便学生们能够很容易地"理解"。然而,当所有关于主题的粗糙边缘都被清除并准备好去消化时,大部分的思考过程已经完成了——但不是由学习者自己完成的。当出现气氛紧张、进退两难或某些东西有点边缘时,就会产生建立联系、深入挖掘、考虑不同观点和提出问题的强大时刻。通常情况下,这些情况需要时间、空间和仔细思考,而不是一长串更多的活动,这才是学生真正学习的时刻。

老师若想避免过度计划,就应当将学生作为思考者,为其设立明确的发展目标。引导学生在想法之间建立联系,考虑他人的观点,当老师将这一点设定为课程首要目标,而非某节课的目标时,就应当在日常生活中为学生创造做这些事情的空间,这样才能推动教学目标的达成。有可能老师已经准备了一系列活动,但是如果教学过程中老师发现,活动中学生产生的思考可以推动学习进步,加深他们的理解,那么老师不需要执着于完成活动,可以暂停下来,给学生更多时间思考。老师需要试图挖掘学生展示和发展思维能力的所有力量。

为学生的思考做好准备

老师要想使用思维流程以获得最大的教学效果,不仅需要在教学计划中引发学生思考,还需要为学生的思考做好准备,随时随地准备好迎接学生的每一次思考。在我们看来,努力培养学生思维能力的老师与偶尔单纯设置一些思维流程的老师之间是有区别的。

为思考做好准备是什么意思？为了说明这一点，请考虑以下常见情况。你是否有过这样的经历：你买了一辆新车，比如一辆运动型的迷你库柏（MINI Cooper），然后你知道的下一件事是，你开始看到迷你库柏到处都是。杂货店的停车场有几辆，对面的车道上也有一辆，在你旁边的红绿灯处也有一辆停下。这些迷你库柏是从哪里来的？或者，你是否遇到过一个你从未见过或听说过的新词？几个世纪以来，这个词一直是你的语言的一部分，但这是你第一次遇到它。然后，在接下来的两到三周内，你会开始听到、看到这个单词五六次。它无处不在。这个词是从哪里来的？为什么大家突然都在用这个词？

我们大多数人都经历过这种情况，认知科学家称之为频率错觉。在这个心理学现象中，有几个过程在起作用。首先，是选择性注意：你的大脑遇到了一些新东西（一辆迷你库柏，一个新词），大脑正在四处寻找它。其次，这是一个确认偏误的过程。你刚看到那辆新车或者是那个词。然后你又看了一次，接着，你又看到了一次。很快，你的大脑就会开始相信这些迷你库柏或新词汇是突然冒出来的，而且比以前出现得更频繁。再事实上，这些车或词很可能早已经出现在你周围的世界里了。这只是因为你的大脑突然对它们变得敏感，所以看上去它们出现的频率似乎更高了。这是一个奇怪而有趣的现象。

回到为思考做好准备的话题，熟练思考就恰好是上述这种过程。当老师认为从不同的角度看问题对学生的学习有很大的帮助时，他们就开始到处看到"寻求新视角的举动"。当老师们向自己指出，把想法联系起来并寻找关系会给学生们带来深刻的见解时，他们就会开始发现，在哪些地方可以采取"建立联系的行动"。创造课堂思维文化的老师是为思维活动的发生做好准备的——无论是显性的还是隐性的。当他们为思维流程的使用创造机会的时候，他们已经为真正课堂上学生的思考行为做好准备，然后开始创造条件让它发生。以下的工具和实践可以帮助我们和我们的学生启动思考：

- 利用理解地图
- 让学生意识到他们的想法很重要
- 在教室中要注意观察
- 鼓励计划外的活动

利用理解地图

在你的课堂上明显地展示你的理解地图，并要习惯引用它——在调查开始时、在学习经验中、在分享思考和学习的时候。地图要足够大，既在你的视线范围内，也能让学生很容易就看到。当你要着重强调某种思维方式时，你要像双击鼠标一样，用肢体语言指向地图。利用直观的理解地图作为你与学生互动的锚和发射台。当然，把理解地图贴在教室里，本身并不能产生魔力。事实上，它可能只是一幅挂在墙上的海报，在日复一日的混乱中消失。它的力量在于将其融入到你的日常教学中，这样，老师才可以将思维活动作为课堂学习常规的一部分加以强调，思维地图才足以发挥作用。

吉恩·奎扎达，北京国际学校的一名中学英语语言艺术老师，他分享了他关于经常使用理解地图来设定学习期望的想法。"既然我在计划中使用理解地图，我也在教学中使用它。所以，我的学生知道我们在做什么。

我想让每件事都让人感觉非常透明和有目的性,但首先我要知道我们想要去哪里。在我身上发生的最关键的变化是,在学生进行发散思维时,我应当及时发现并指出来,这才是我应该要扮演的重要角色。换句话说,在讨论或会议期间,我发现自己会说,'哦,所以你是在建立联系,或者'我注意到你在想另一种看待这件事的方式'学生一直在思考,我的任务是发现他们正在思考,并及时为他们指出来。我的目标是:我们确实是在课堂中思考!"

让学生意识到他们的想法很重要

当学生意识到他们的思维方式形成了你与他们互动的基础时,他们就更有可能认为思维能力的培养对他们的学习意义重大,这是一种有目的的活动。与此同时,只有老师对学生的思考表现出兴趣,并且不再一味向学生寻求问题的正确答案时,学生才会乐于分享自己的想法。不得不承认,老师在第一次使用思维流程时,常会遇到这样一个障碍,学生会问"我们应该写什么",就好像这种方法只是一种学习任务。正如吉恩指出的那样,在启发学生思考时,最好可以先选择一名学生的想法作为例子,来激发学生的进一步交流和更加深入的体验。在"思维文化"项目中,我们认为,老师应重视学生的思考,推动学生的思考活动,将其作为学生日常学习的一部分积极推广。老师在发现学生正在深入思考时,要及时指出来,以此来体现思考的价值,正如吉恩一样,利用这一点推动学生学习的进步。

泰国曼谷魔法年国际学校的小学老师塔希雷·塔姆皮,她认为发挥学生的带头作用十分重要。她写道:"我会让学生掌控学习的方向。例如,我们开始学习一个新单元,我不会规定学生的下一步具体活动。相反,我思考的是哪些内容和学生有关，他们的想法是什么，以及他们会对所学内容产生哪些误解。接下来，我会用这些信息指导下一步计划。我会认真对待学生的思考，将其作为了解学生的途径，我相信学生已经意识到思考的巨大价值，因为学生的想法决定了我们未来的学习方向。"吉恩和塔希雷的想法告诉我们，可以用3种方式告诉学生，他们的思考很重要：

- 在学生进行思考时，要及时发现并指出来，告诉学生你很重视他们的思考；
- 利用学生的思考指导未来的教学方向；
- 及时发现学生的误解，制订计划来解决问题。

在教室中要注意观察

你有没有遇到过插画家在书页上画满各种稀奇古怪、错综复杂的东西的图画书，比如你可能会在古董店或奶奶的阁楼里找到的东西？插图中经常会有一些隐藏的东西来挑战读者。你能发现栖息的猫头鹰吗？金色的手表吗？一张老式的夏威夷明信片？通常要花很长时间才能找到各种各样的物品，但一旦找到，就显得平淡无奇。就在那儿，就在你眼前。为思考做好准备要求老师每天都要把这些思考动作隐藏在学生的视线中。而他们的任务就是找到这些思考活动。

在教室里玩侦探游戏，看看你何时何地注意到思考、思考的机会和意想不到的思考。你很快就会擅长浏览、倾听和搜索。你也会培养出一种何时离开并移动到图片的另一部分、以新的眼光去探索的感觉。如果思考的机会是有意安排的，那么学生可能会频繁地做出有价值的思考动作，无论是在被提示时还是在他们自己的意愿下。你的工作是当这些思维活动在你的课堂上发生时，试着发现它们。同样的，如果可能的话，在其他教室里观察一下，看看你对年龄大的、年龄小的或者与你不同学科领域的学生有什么观察。在你自己的练习中，将思考作为一种意识，直到这样做成为日常教学的常规活动。

这需要大量的时间和精力去倾听，才能发现学生这些实时发生的思维活动。但是，一旦发现了学生的思维活动，这种体验可能会令人兴奋。当你发现学生正在思考时，考虑在学生思考的周围构建一个互动。例如，你可以这样说："所以你真的是在尝试了解这个故事中反派的观点？"或者"看来你是根据你在这些试验中得到的经验，得出这个结果。"再或者，老师可以把刚才观察到的情况反馈给学生，然后问他们："我观察的对吗？""你能多谈谈你的想法吗？"

鼓励计划外的活动

当老师们为思考做好准备时，计划外的思考时刻就会时不时地出现。那些经常性地对学生进行思维训练的老师似乎对这些计划外的时刻产生了新的敬意。他们不再把它们看作是课堂活动的干扰，而是在深化学习的同时，更是一种接近发展和深化学生思维这一目标的途径。在这些计划外的时刻，可能会有一个思考的金矿被挖掘出来。路易丝-安妮·格迪斯是一名中学英语老师，也是"挂毯伙伴"团队的学习负责人，她很怀念这些时刻。她说："我发现，计划外的思考为我的年轻人提供了一些最真实的学习机会。我会很自然地问：'你为什么这么说？'当一个学生作出的贡献显示了他的洞察力或真正的理解力，深入挖掘这种想法往往会让我学到一些我没有预料到的东西。我觉得这是让学习者进行深入思考的最佳机会。"同样，荷兰阿姆斯特丹国际学校的中学科学老师玛丽·凯利说："我不太担心它会把我们带出'正轨'，如果学生都觉得有趣，那么它一定会指向某个有趣的领域。如果不得不暂定计划好的课程，那就顺其自然吧。许多学生会在课后说，最有趣、最能改变他们人生的课程，是那些'跳出剧本'的课程，因为出现了一些意想不到的有趣的事情，促使我们进行了更深入的思考。"

毫无疑问，追求这些计划外的时刻会让人感到冒险和信心的大增——至少一开始是这样。毕竟，每个人都有需要教授和完成的"东西"。实现这两个目标的关键是认识到学习发生的地点和时间，并相信学生参与和赋能是重要的目标。当我们能够利用这些计划外的时刻时，我们就向学生传递了一个明确的信息：我们将他们的学习置于我们的计划之上。

如何促进学生深度思考

做好教学计划，为学生思考做好准备，是一把双刃剑。好的一面是，这会给学生带来更多的培养思维能力的活动，机会多到老师无法想象。这一方面令人振奋。而不好的一面是，老师有时会因此陷入窘境，学生有巨大的思维潜能有待开发，老师该如何回应或推动这种思考呢？

深入挖掘学生的思考，让学生意识到老师十分重视他们的想法。然而，深入挖掘学生的思考又给老师带来不小的挑战。有时，当一个看似可以激发学生思考的机会出现时，老师会不确定自己是应该介入，说些什么，还是应该暂时放弃，等待将来出现更好的机会。"零点方案"的参与人员蒂娜·布莱斯和大卫·艾伦曾在《老师问题手册》(*The Facilitators' Book of Questions*)一书中讨论过老师面临的这一困境。他们认为,优秀的老师总是会问自己:"我的学生有哪些问题呢?我需要做些什么?我可以从刚才发生的事情中学到什么?"

我们认为,正是这种反思,使得思维可视化实践获得了成功。在思维培养的过程中,通过问问题、倾听、记录等方式,学生的思维过程变得生动可见,老师则需要观察学生的整个思维过程,决定自己应该在这种时刻做些什么。正是因为没有什么规律可以遵循,这个过程才令人既兴奋又沮丧。我们认为挖掘学生的思维这一过程与爵士音乐家的工作有共同之处(这里借用了布莱斯和艾伦的观点),爵士音乐家有时会进行独奏,即兴创作,并随着乐曲达到创作的新高度。然而,有时候,同样是音乐家可能却没有那么幸运地、水到渠成地创造出新作品。这是一个自然规律,但是老师应该振作起来。他们采取的任何行动很少会造成灾难性的后果,因此无法重新定向或重新安排。促使学生思考的一些方法和技巧是:

- 思考过后再决定是否要为学生作出提示
- 时刻准备好提出促进性问题
- 先旁观再加入
- 避免将水坑情境变为小型篝火情境

思考过后再决定是否要为学生作出提示

先找个地方仔细倾听,在作出反应之前先思考一下。给自己15秒的停顿,尽管在我们忙碌的生活中有时会感觉这很漫长。通常,老师只需要运用一两次短暂的呼吸时间,来与学生互动或提问,这样就会感觉是在跟着学生的思考走，而不是霸占学生的思考。一个很好的经验法则是：在作出反应之前尽可能多地反思。

克里斯·法森贝克，印度新德里美国大使馆学校的一名高中西班牙语老师，她相信停在当下的力量。她分享道："当需要思考的时候，我经常会停下来，停留在那一刻，并更深入地探索它。我的脑海里已经有了关于学习内容的基本问题，因此，即便是忽然冒出来想法，也在某种程度上与正在学习的内容有关。让自己的思维停下来，帮助我认识到这一点。我还需要适应的是，不要给课程安排太多内容，要停下来，让谈话中的思考来引导学习。"

时刻准备好提出促进性问题

在第一章中，我们讨论了提问作为思维可视化的关键实践之一。我们介绍了促进性问题和反思性投掷的方法，来促进学生思考。在学生刚刚回答完问题后，老师可以提出促进性问题，引导学生对自己的思考进行详细阐述。促进性问题不但可以引导学生对自己的观点进行详细阐述，做出例证，阐释理由，还可以引发课堂讨论，让学生分享不同的观点和想法。老师只需要简单地询问"你可以再进一步解释一下吗""那这个问题背后又是什么问题呢"，甚至是"你为什么要这么说呢"。现在看来，这些问题似乎无足轻重，但是如果是在学习情境中恰到好处地提出来，这些问题又举足轻重。如果老师已经为学生的思考制订好计划，那么老师就已经为深入推动学生的思考做好了准备，并且渴望投入其中。

先旁观再加入

在每节课的开始部分，老师通常会先总结已经学过的内容，然后引出新内容。接下来，他们会提供一个关键的提示，或把一个想法摆在学生面前，让学习的车轮转起来。虽然这些实践相当普通，但善于以强有力的方式运用思维流程的老师往往会寻找让轮子转动起来的机会，然后让学生进行思考以达到学习目标。肯德拉·戴利完美地指出："如果我作为老师，不再做课堂的中心，学习就无法继续，那就说明我做得过犹不及了。"

然而，旁观并不是说去随意做一些行政工作、跟进电子邮件，或是被动地坐在一旁。旁观要求老师要找到机会，用眼看、用耳听、少说话。若想以有意义的方式推动学生思考，老师需要对自己观察到的事物作出反应，起到杠杆作用，以较小的行动取得较大的成效。重要的是，老师不能由于学生沉默感到有压力，而对学生施压。诗人朱迪·布朗写道，林木间的空隙，是星星之火点燃之处。懂得先旁观，再加入，处事灵活、自然，富有技巧，这是将思维流程融入课堂的老师与普通老师的不同之处。密歇根州国际学院的高中数学老师杰夫·沃森就非常善于利用这一点。他认为，知道什么时候介入，什么时候退出，是优秀老师教学的真正艺术，而做到这一点则需要时间、耐心和坚实的课堂文化。"我也曾在不该说话的时候插过嘴，在该说话的时候，却一声不吭。至少对我来说，我能做得最好的就是当这样的时刻发生后，仔细回忆，我的做法是否对孩子们最好，如果不是，我能作出什么改变。"

避免将水坑情境变为小型篝火情境

大卫·索恩伯格认为篝火、水坑和洞穴是关键的原型学习环境。许多老师将此作为思考课堂学习空间或组织各种学习活动的框架。在篝火情境下，由一人引导谈话，其他人围绕着他，可以分享各自的想法。在这种情境下会产生一种特殊的互动，一个讲话人和多个听众之间的互动。相比之下，在水坑情境中，参与者相对较少，参与者之间更为平等。在这里，小组成员之间都有权利进行互动，这与篝火情境不太一样。在教室中，既有篝火学习情境，也会有水坑学习情境。每种情境中，参与者会扮演不同的角色，相对地权利也会发生动态变化。

我们发现，老师在推动学生思考时容易犯一个错误，即老师将学生引入水坑情境，赋予他们表达自己想法的权利，推动深入学习，却又突然强行加入学生的讨论，而这会导致谈话主导权瞬间转移，我们称这种情况为"将水坑情境变为小型篝火情境"。一旦发生这种情况，即使依然处在小组讨论的环境中，学生却会变成被动的听话者，老师则成为了篝火情境中的讲话者。

老师的这一举动虽是出于好意，但只会扼杀学生的思考，适得其反。毫无疑问，干预是教学中重要且必要的一部分，但是，过早的干预或仓促的干预会扼杀学生的思维。有时，老师也会思考，是否应该对学生在某个特定时刻的思考作出回应。我们认为，重要的不是该说些什么或不说什么，而是要问自己："我该在什么时候作出提示，推动学生思考？我怎样加入到学生的讨论中才能让学生觉得自己掌握着讨论的主动权？"

另一种将水坑情境变为小型篝火情境的情况是，老师剥夺了学生为自己解决问题的机会，或剥夺了他们推动彼此思考问题的机会。如果说老师是教室里唯一能够推动学生群体思考的人，那么培养学生在讨论中推动同伴思考的习惯有什么意义呢？只有老师退一步，学生才能进步。随着时间的推移，推动伙伴的思考就会成为学生的一种学习行为模式。一旦学生进入这种行为模式，老师就有更多的时间在教室里观察学生行为，记录重要的学习时刻，用于借鉴在未来的教学中。

针对培养思维能力采取的立场

正如我们在第一章中提到的，思维可视化并不是一套强化课程的行动，一个要遵循的课程，或一个要实施的计划，这是一个目标。让思维流程常态化是我们要采取的定场。它使我们以透视的方式看待事物，为我们的决定提供坚实的基础。随着时间的推移，我们对教学的立场源于我们对什么是重要的深刻理解。就像我们在下一章探讨思维模式一样，立场反映了我们的核心信念和价值观。

梅塔和法恩研究发现，能够有效促进学生深度思考的老师，他们的立场不但可以帮助他们避免注意力分散，矛盾和无意义的教学实践，也是激励他们前进的动力。

我们常听到老师惊慌失措地问："我要做的事情那么多，怎么再去专注于培养学生的思维能力呢？"这个老师出于好意问出的问题，无意间也体现了他们的立场。这个立场就是：要么教授学习的内容，要么教授思维流程。这种对立的二分法，虽然是错的，却很真实，也会让老师产生焦虑感。要求老师去做一些看起来没有必要的工作必然会带来巨大的压力。然而，我们需要认识到，作为老师，我们所处的位置充满了盲点，我们可能在不知不觉中阻碍了学生思维发挥其最大的作用。这个困境也可以解释为："我们在学生学习方面试图实现所有的目标，如何促进学生作为思考者为他们的学习服务？"与其纠结于"我该如何使用这些思维流程"，我们不如想想"我希望学生熟练运用哪些思维流程，以便他们可以毫不费力地运用到学习之中"。具体来说，要想让学生提高思维能力，需要采取以下立场：

- 课堂即培养思维能力的最佳场合
- 课程纲领不是老师的敌人，老师也不受它支配
- 教学相长
- 培养学生的思维能力是基础

课堂即培养思维能力的最佳场合

要相信在课堂上教授自己的学科知识就是培养学生思维能力的最佳时机，这是引导学生思考的理想场所，为学生提供了极大的发展空间。有的老师因为自己所教授的学科和班级而感到幸运，他们说："在我的学科领域中，学生有大量的机会进行思考，事实上，思考才是我这门课的灵魂和核心。"他们说这话的时候声音很低，就好像在同情其他老师，因为后者肯定没么幸运。有一位初中数学老师就曾这样在我们身边耳语过，也曾有幼儿园老师把我们拉到一边，跟我们这样说过。艺术老师、外语老师和体育老师都跟我们提起过同样的想法。

我们也听到教授同样学科同样年级的老师（有时甚至就是上文提到的老师的同事）坚持认为，由于自己所教学科的内容，学科本身看重理论，或者由于学生在该领域掌握的内容欠缺，学科强调务实，这些学科无法促进学生思考。这一现象非常有趣——一位数学老师坚持认为这个学科是培养学生思维能力的最佳选择，另一位数学老师却认为数学学科培养思维

能力简直是天方夜谭。

区别这些老师和其他老师的不是善意、勤奋或热情，而是信念。当一个人认为在课堂上没有思考的空间时，他往往会看到障碍。当一个人相信一定会有思考的机会贯穿始终，他往往会发现可能性无处不在。这种信念是我们采取的一种立场，它让我们看到我们和学生的学习机会，而不是我们教学实践的障碍。

课程纲领不是老师的敌人，老师也不受它支配

不幸的是，就像有些老师认为自己教授的学科是培养学生思维能力的绊脚石一样，有些老师认为课程纲领或教学大纲也有这样的缺陷。许多与我们合作的学校都设定了课程标准，如国家标准、测试基准或IB课程标准，一些学校也设有各自承认的特定教学实践，包括专题学习、工作坊、探究活动或设计思考。发展学生思维与这些标准和实践相互兼容，相辅相成（排除个别老师不这么认为）。有些老师认为，他们有义务严格按照课程纲领和教学大纲施教，并欣然接受这种主仆关系；而有些老师则会与之对抗，视其为敌人，把它当作无法实现培养学生思维能力的理由。我们认为老师还可以采取另外一种立场，思考如何倡导学生在已有的课程纲领下做积极的思考者和学习者，而不是唱反调。

教学相长

与学生交流学习情况传达了老师的期望，即你相信你所提供给学生的确实会对他们的学习产生一些影响。充分利用思维流程训练方法的老师会定期与学生交流，好奇地探究学生在一天的课程中学到了什么。这些老师认为，他们可以从学生身上学到很多，交流不是简单地询问"告诉我今天你学了什么"，而是满怀关切地询问他们之前已经掌握了什么，现在又学会了什么，有什么疑问，遇到了哪些问题，又是怎么解决这些问题的，学习的重点是什么，等等。有的老师甚至会用某个思维流程来进行这个过程，比如用"联结—扩展—挑战"的方式组织这种检查：你建立了什么联系？你是怎么想到这一点的呢？在这个过程中你遇到了哪些挑战呢？认真听他们的想法——当学生将这个询问过程内化为日常活动时，学生就会慢慢意识到，他们的想法无论对他们来说，还是对老师来说，都是应该优先考虑的。这就是我们应该采取的立场。

培养学生的思维能力

总结本章如何让思维流程发挥其最大的作用时，似乎应该讨论一下更大的图景，即将思维可视化作为一项教学目标。有时，老师第一次接触这一观点时，可能会认为这个任务是在本已繁重的工作上再增加一个任务。这时，老师应采取的立场是，把培养学生思维习惯与建立思维文化作为完成教学任务的基础。所有的课程目标都应建立在这个基础之上。与我们合作的老师在接受这一设定后，会问："如果思维流程的开展和课堂任务本身背道而驰，会发生什么情况？当学生沉浸在丰富的思考中时，他们完成作业、参加任务、参与日常互动和展览会是什么感觉？"要充分发挥思维活动的效果，老师应采取的最基本的立场就是：让学生的思维可视化是最基本的要求，而不是任务之外的任务。

第七章

培养学生思维能力过程中，老师间的相互支持

教学活动本身是一个持续学习的过程。尽管我们十分熟悉教学内容，熟练掌握教学内容的呈现方法，但为情况不断变化的学生创造学习环境却不容易。这要求老师了解每名学生各自的兴趣、困难、动机、问题和欲望；要求老师不断地寻找方法，将学生与授课内容联系起来，并时刻对他们多样化的学习需求作出回应；要求老师跳出委员会制定的课程标准，找出真正影响学生理解学习内容的基本概念和想法；要求老师平衡讲解学习内容所需的时间和学生实际学习所需的时间。因为学习过程复杂多变，难以琢磨，因此，教学也是一个复杂的过程。

　　如果教学过程没有这么复杂，那么老师花不了几年时间便可以熟练掌握这一技能。曾经以为掌握几个陈腐老旧的教学技巧，后半生的事业生涯就一劳永逸了。然而，实际情况是，我们必须敬畏教与学的复杂性，不断努力弄清其中的奥秘。我们必须承认老师所从事的工作错综复杂，没有捷径可寻。这是仅凭一人之力无法做到的，作为老师，我们在同样对教与学充满好奇的老师集体中，得到最充分的成长和发展。在这样的集体中，我们相互挑战、相互学习，一起尝试，从他人与集体活动中学习可取之处。如果在学校中没有这样的老师集体，需要在校外寻找这样的集体，创造属于自己的集体，建立属于自己的思维文化。这些探究团体的成员"将各自的教室和学校作为调查的场所，同时，将他人的知识与理论作为调查和解释的生成性材料"，从而引发更为深刻的见解。

　　本章将探讨这类老师学习小组的活动。集体研讨可以帮助老师探索哪些内容？老师需要在哪些方面做得更加游刃有余呢？老师如何实现个人成长？本书提供了一些工具，以供尝试，然而，培养学生思维能力这类深入专业的学习，则远远超出只是熟悉这些工具。这也是很多专业培训的劣势，专业培训侧重于对老师进行一系列工具和实践的培训，却忽视了有效地使用这些工具所需的技能与更深层次的学习和思维模式的培养。在接下来的部分将阐释培养思维能力所需的一系列技能；紧接着，我们会探讨激发思维活动的思维模式，扩展前文提到的"立场"的内涵；最后，我们会研究能够支持这种专业学习的过程、保障、结构和工具。

跳出现成工具：培养老师使用工具的技能

学校里传统的专业学习往往是向老师介绍一套新的工具，帮助他们达到预期的结果。通常，是用新方法"培训老师"，以便他们熟悉这些方法并加以运用。然而，仅仅是使用一系列的工具还远不够取得预期的效果，工具绝不是灵丹妙药，此外，无论是哪种工具，在最后都会遇到某种意义上的失败。因此，要想掌握培养学生思维能力的方法，必须跳出现成的工具，专注于开发有效使用这些工具所需的技能。

我们并不是要忽略培养学生思维能力所需要的技能，毕竟整本书都在讨论这个内容：本书在介绍思维流程训练方法时，列举了大量的实践案例；讨论了培养学生思维能力的目标与实践有关内容；展示了老师使用各种思维能力培养方法的方式；解释了思维可视化的6种力量；书中还引用了很多老师分享的这方面的经验。我们在这里再次提起这些内容，是为了让读者明白，这些不仅是提示、建议或有用的实践，而是随着时间的推移，老师与学生需要一起培养的基本技能。为有效培养思维能力并巧妙利用思维流程训练方法，老师必须从以下几个方面磨炼自己的技能：

- 倾听学生的想法，充分理解学生的反应

- 确定教学单元中的教学重点
- 将学生的学习与思考建立联系
- 坚持形成性评价
- 响应性教学,保持教学灵活性
- 分析学生的学习反应

倾听学生的想法,充分理解学生的反应

第一章中明确指出,倾听是培养思维能力的关键。同时,倾听也贯穿了注意力的4个领域——计划、启动、推进和摆正立场——这些都需要培养学生的思维能力以发挥最大的效果。我们强调它是一种支持有效运用思维的技巧,是因为在这方面我们都需要改善与提高。如果学生感觉到我们没有在倾听,对他们的想法不感兴趣,那么他们就不会把真实的想法告诉我们。相反,他们走自己熟悉的套路:猜猜老师的脑子里在想什么。正如诗人爱丽丝·杜尔·米勒提醒我们的那样,真诚的倾听不仅仅是保持安静,给人另一个说话的空间,而是对对方"产生强烈的、有人情味的兴趣"。因此,当我们倾听别人的时候,我们需要提出一些问题,表明自己对对方说的话感兴趣。

作为老师,有3件事尤其会阻碍我们倾听学生的想法:

- 我们急于作出快速的判断和评价。学生发言时,我们会专注于判断他们的回答是否正确,在这个过程中,一旦我们听到了自己想要的答案,我们就不会再继续听下去了,从而也就错过了学生真正想表达的想法。
- 我们倾向于在学生说话前就预测他们会说什么,因此,在倾听时会着重证实自己的猜测,而忽略学生实际上在说什么。
- 我们希望学生的发言早点结束。由于时间关系,我们需要推进课程,我们可能会替学生结束发言,而不是让他们自己结束发言。

我们需要花时间练习,提高自己的意识,才能解决这些问题。通过观察他人,我们可以提高对倾听的认知,学会判断何为好的倾听,何为不好的倾听。当我们遇到好的倾听者,要向他们学习;如果遇到不善倾听的人,我们需要学会识别与之相关的信号和行为。在课堂上练习倾听,要求老师适应沉默,对学生的想法充满好奇,不再占据课堂主导地位。当然,消除倾听的障碍、适应新的交流方式需要时间。老师需要承认这一点,循序渐进地培养自己的技能。

确定教学单元中的教学重点

正如上文强调的,思维能力的培养是明确融入教学重点的,在这一背景下,这些方法显得最为强大,但是确定我们真正想让学生理解的内容是很棘手的。通常,课程大纲和课本作用有限,因为它们将技能、知识和事实呈现为学生需要"理解"的内容。这些文件以肤浅的方式使用"教学重点"这个词,与我们在这里讨论的意义不同。这里所讨论的"教学重点",是指希望学生们掌握的核心思想和概念。如果只是把学习的内容告诉他们,那这只是知识点,而不是真正的理解重点。此外,如果课程大纲中列出了3~4件学生在一堂课中需要理解的内容,这样的内容通常没有深度,无须探究,学生很容易就能掌握。在这一情境中,学生学到的更多的只是知识点。

我们需要以更广阔的视野划定教学重点。本单元的核心是什么?有哪几个基本观点需要我们反复讨论？这些观点值得被定为重点吗？学生理解了这些重点后能做什么？理解这些重点对学生未来的学习有哪些帮助？理解这些重点又能帮学生理解哪些新的观点和概念？最好和同事一起讨论这些问题，这样在作选择时可以充分权衡利弊，考虑周全。这个过程不容易，但是，教学重点一经确定，就要发挥其指引性的功能。老师按照教学重点安排教学流程，制订教学计划，使思维流程发挥其最大效果。比起一系列教学章节，教学重点给老师的教学工作以指引，但又给老师提供了充分的自由。

将学生的学习与思考建立联系

学习是思考的结果，因此，我们需要在这两者之间建立联系，就像制订教学计划和执行教学二者一样密不可分。在选择教学内容时，我们需要自问：针对这一教学内容，我需要学生产生怎样的思考？需要哪些思考来帮助学生探索未知领域，建立新的理解？理解地图（见图2.1和图6.1）是帮助我们解决这些问题的方法之一。一旦确定学生需要培养的思维能力，需要选择最佳的思维流程来培养学生相应的能力。

为激发学生思考，我们还可以把学生的注意力放在思考这一活动上，将思考作为学习任务之一。例如，与其以简要介绍本课内容作为导入，我们可以着重强调学生需要掌握的学习内容和使用的思维流程训练方法。我们可以不再用"课程开始前，我们先观看《向浪费宣战》系列片的片段，然后进行讨论"作为开场白，而是直接指出学生要完成的思考任务："今天我们继续讨论有关浪费的问题，一起探讨解决方案和下一步行动。为达到这个目的，我们要从'是什么''为什么''怎么样'3个角度思考《向浪费宣战》中提出的问题。大家看过视频以后，自己花时间思考，找出视频中提出的问题，回答'是什么'这个问题，然后思考'为什么'，即为什么这些问题值得关注，最后，思考'怎么办'，即我们可以采取哪些行动解决问题。等大家都想好自己的答案后，我们再开始集体讨论。"

坚持形成性评价

本书第二章提到，形成性评价是一种实践，而非一项任务。在使用思维流程培养学生思维能力的过程中，老师会不断关注学生的思维活动和理解的内容，以及下一步计划。有意识的倾听是形成性评价的一部分，形成性评价受以下几个因素驱动：老师对学生学习的好奇心，老师了解学生如何表达自己想法的渴望，学生的困惑，以及学生针对某个话题产生的老师所忽视的新想法。在这个过程中，老师可以利用以下两个问题：通过这个思维活动，我可以从学生的思考中了解什么？如何利用我所了解到的信息制订下一步计划？

在首次使用思维流程训练方法的过程中，很难专注于保持形成性评价的视角。老师常常过于专注琢磨新方法的使用步骤，如何使用正确的语言，却很少花精力关注其他事情。在这种情况下，老师会在课后观察学生的反应，进行形成性评价。

要真正保持形成性评价的视角，无论是在上课期间还是在课后查看学生作业，老师都需要学会暂缓判断。如果老师以"谁想到了正确答案？谁的表现符合预期？这是我想看到的吗？学生达到我的目标了吗"这样的评价的方式看学生的反应，那么，老师就会忽略学生的思考。为避免这一问题，老师应该自问：学生的反应中，哪里体现出了他们的思维活动？全班同学有什么共性吗？有什么出乎意料的新情况？学生在哪一方面超出了我的期待？是否有我可以分享的新想法，以促进集体研究活动？下文讨论的"观察学生思维"（The Looking At Student Thinking, LAST）活动可以成为形成性评价的有效工具。

响应性教学，保持教学灵活性

形成性评价是一种响应性行为，因为老师有义务利用对学生的了解来塑造组织未来的教学。因此，我们不能将形成性评价作为纯粹的诊断工具，形成性评价经常被当作学校里的陈词滥调。许多简化的教学传播模型利用形成性评价"任务"作为诊断学习缺陷的工具，这样信息就可以像计算机教学软件那样被重新教授一遍。不是说这些缺陷不应该得到重视，而是老师应当拓宽对形成性评价的理解，以便对更广泛的学习需求作出反应。例如，如何推动理解能力强的学生进一步思考，以迎接更多的挑战？如何帮助学生直面自己的错误理解？学生的反应为教学提供了哪些新思路？总之，我们的目标始终是促进学习，而不仅仅是检查学生是否"得到"了我们教给他们的东西。

在调查和研究过程中，我们发现，有些学校要求老师的单元教学计划要涉及思维流程训练方法的使用。虽然事先制订思维流程训练方法的使用计划有助于学生探索具体的内容，但我们仍担心，这种预先写好的计划可能会限制老师的反应能力，降低课堂的灵活性。我们需要不断修改计划，作出调整，才能服务于学生的学习。此外，如果我们的目的是培养学习者和思考者，赋予他们独立思考的能力，那么简单的学校教育还远远不够，我们在制订和执行计划时，需要符合学生的需要和利益。

分析学生的学习反应

通过形成性评价，老师可以实现灵活教学，积极对学生活动做出响应，而形成性评价依赖于老师在分析学生学习反应方面的能力。如前所述，这意味着，在评价学生作业时，不能急于下判断，要避免片面的评价。我们需要理解学生的反应，弄清楚他们的真实想法。使用这种方法分析学生作业对老师来说是一种转变，因为老师习惯了根据作业的正确性和准确性对学生进行评价。因此，认识到这一点对于转变老师观点是很重要的。我们正在尝试使用新观点评价学生的作业，而这个过程需要时间。老师需要花时间学会记录并准确认识学生的学习和思考，才能发现值得关注的内容；老师还需要花时间摒弃原来的错误评价方法，花时间找出学生思考时的外在表现。这一切也需要其他方面的支持，本书介绍的每一项技能都不是个人的研究结果，而是我们与同事共同努力的成果。

技能之上的层面：激发行动的思维模式

你是否见过他人掌握新的技能并立刻付诸实践？他们看起来很快就能掌握这个技能，这些人深入有效使用工具的能力似乎超过了其他人。其实，这些人不一定比其他人更了解那些工具。而是他们拥有这样一种思维模式，即激发使用新工具所必需的信念、态度和立场。

在教育中，我们常认为技能是绝对可靠的。只要按步骤操作，学生的学习就可以取得进步，我们追求寻找速战速决的解决之道。我们有一系列现成的选择，只要执行即可，然而，如果没有激励老师使用这些技能的思维模式，老师很难对这些技能产生信心，理解如何使用这些工具。从培养学生思维能力的角度来说，这些思维模式与以下几个内容有关：

- 对于学生的认知
- 对于教学目标的理解
- 对于思考与学习的认知

对于学生的认知

1968年，罗森塔尔和雅各布森在开创性著作《教室里的皮格马利翁》（*Pygmalion in the classroom*）一书中发起了一项长期研究，记录了老师的期望对学生学习的影响。在由国家高效中学中心赞助的一项研究中，约瑟夫·乌诺斯克发现善于培养学生思维能力的老师与一般老师最重要的区别是，他们对学生作为思考者的能力持乐观态度。他们不排斥挑战和困难，因为他们相信，学生能够进行丰富而深刻的思考，经过时间的磨炼，学生的能力不仅会显现，而且会蓬勃发展。相比之下，在引导学生思考方面成绩较差的老师中，有超过半数的老师持悲观主义态度，他们认为所有的学生都是无能的。

在艾瑞卡·拉斯基的帮助下，密歇根州罗切斯特高中的老师发现学生作为思考者和学习者的潜力。老师将思维流程融入学生的想法，帮助他们建立自己的思维，而学生的思维能力常常给老师带来惊喜。同样，贝米斯小学的詹妮弗·拉塔特认为，老师对学生的看法往往会阻碍学生的思维活动。她指出："老师在不知不觉中对学生设限，会阻碍学生展示出自己真正的思维能力。真正推动学生思考的动力在于我们接受并渴望深入了解学生（哪怕是年纪最小的学生）的想法，知道他们会思考。只有这样，我们从学生那里得到的东西才弥足珍贵。"

对于教学目标的理解

看待教学的方式决定我们作为老师所做的事。它决定我们愿意花时间做什么，决定我们的教学实践，决定我们会为学生设计什么样的机会。如果我们把知识的传播作为主要教学目标，那么，培养学生的思维能力显然会分散我们的注意力。事实上，在刚刚了解到有关培养思维能力的相关内容时，初中历史老师瑞恩·吉尔就是这么认为的："我原以为培养学生的思维能力，在班级中营造一种爱思考的文化氛围会很花时间。"不过，在教学实践过后，他改变了自己的想法："我认为，持续为培养学生思维能力而进行教学，实际上是赢得了更多的时间，因为这样的教学使学生能够在学习内容的不同领域之间建立联系，让他们学的内容更有意义。"

正如本书中提到的，培养学生的思维能力不是传输模型教学，而是一种变革模式，在这种模式中，深度学习不仅可以帮助学生掌握学科知识，而且使得学生成为有创造力、有执行力、高度参与的学习者。培养学生思维能力的重要思维模式就是：认识到学习的深度比广度更重要；确保学生真正参与学习活动，而不仅是完成老师布置的任务；接受学习的复杂性和模糊性，而不过分专注于把学习简单化；鼓励学生的创造性活动。

对于思考与学习的认知

你认为学生的思考重要吗？如果答案是肯定的，那你希望培养学生什么样的思维能力？约瑟夫·乌诺斯克发现，能够有效培养学生思维能力的老师在回答这类问题时，可以就他们试图在课堂上培养的思维类型，以及如何将思维活动应用于学生的学习，提供更详尽且精确的答案。这些老师能够清楚地阐明他们想要培养的学生的性格，比如充满好奇、保持怀疑、严谨的思维和开放的思想。这与老师对各自的学科的理解有关，他们不仅将所教学科视作知识的基础，更将其看作学生学习过程和思维方式的集合。

下面谈一谈对于学习的理解，思维可视化挑战了"学习是通过传递信息来进行的"这一观点。学习者对这些信息进行认知活动时，学习就发生了。然而，很多时候，学习者需要依靠自己来弄清楚如何处理接收到的信息。成绩优异的学生似乎自然而然地知道该怎么做，但大多数学生却无法独立思考，探索新的、具有挑战性的想法。如果老师将学习视为一种意义形成的认知过程，一种需要学生主动参与的复杂且微妙的独特探索过程，那么思维能力的培养，相关的记录、提问和倾听活动就不会是多余的，而是教学活动的核心。

支持技能和思维流程的发展

在工作中，我们一直回避"培训"老师的说法。我们会举办研讨会，在会议上发言，但这只是为了激发更广泛而深刻的讨论，而这样的讨论随着时间需要学校的实践活动作为支持。我们认识到，真正的学习过程，即技能和思维的发展过程，需要持续、内在的努力。此外，我们也认识到，老师可以从同事和学生身上学到很多，当然，这种学习不仅是分享想法和解决方案。丰富的专业学习是指老师以探究精神为基础提出问题："如果我们……会怎么样"，而不是以解决问题为目的提出"你应该做的是……"。丰富的专业学习建立在老师提问的基础之上，具有不确定性和多种可能性，缺少确定性与可实施性。为推进这一过程，我们开发了一系列行之有效的工具和方法，以帮助老师在关注学生如何思考和学习时形成新的理解。

学习实验室

我们通常会拒绝在其他学校展示基于思维流程的课程示范。这一举动传递了这样一个信息：在课堂上培养思维能力并不容易，而这样的课堂自有其魅力。如果说培养思维能力有什么魅力，那就是这样的课程需要事前计划、事后分析。学习实验室的设立就是为了专注这个过程。学习实验室分为3个部分：初始计划、课堂教学和后续讨论。每部分大约需要一课时，计划的时间往往多一些，而教学本身的时间则相对少一些。在实验中，主讲老师在助教的帮助下，自发在课堂上执行课程计划。但是，这绝对算不上是示范课，因为主讲人不是按计划去表演，而是尝试一些新东西，其他老师则能够从中受到启发。课程由参与实验室的老师团队共同构建，因此每个人都拥有主导权。这里的课程只是一个夹杂着错误的混乱的原型，而不是一个经过抛光的表演。

在最近的一次实验室活动中，主讲老师表示希望学生深入探索美国梦，并搜索了可能对推进主题具有启发性的材料。然后，他分享了可能会引发学生思考的图片和诗歌。其他老师则以教学目标为核心，讨论每种材料是否可以达成这一目标，以及每种材料推动潜在学习的可能性。

讨论认为，图片更具有启发性，接着，小组成员开始选取可用的思维训练方法，以促进学生参与其中。最后，他们选择了一个对主讲老师来说比较新的方法，这样每个人都能真正参与到计划过程中来。讨论最终选定了"美与真"和"故事法"两个思维流程训练方法，小组成员认为，"故事思维流程训练法"可以帮助学生研究制度上的障碍如何阻碍边缘化群体实现美国梦。

小组下一步讨论的就是如何组织课堂，实施计划，包括：学生是独立完成任务还是以小组为单位完成任务？如何记录学习过程？为什么这样记录？如何分组？如何将学生引入学习任务？如果学生遇到困难，可以用什么样的问题启发他们？总的原则就是，教学计划完成后，小组成员通过合作完成讨论，每个人都拥有这个课程的主导权。

有了计划好的原型课程，小组会进入教室，观察主讲老师和助教执行教学计划，重点关注学生，以及小组所做的课程决定对学生学习产生的影响。主讲老师负有主要责任，助教会根据需要支持工作。其他成员则负责课堂观察，观察学生的行为、学生的反应、学生间相互间的问题以及在没有老师干预的情况下学生如何解决问题。

课程结束后的讨论重点放在学生和日常活动上。讨论不会对主讲老师的表现进行反馈，但是会评价小组的教学决策以及这些决策的实施效果。对于课程的实施，也会出现新的可能性。这个过程不是为了批评老师或批评课程，而是为了寻找另外一种可能。有人说："我们之前没有想到过让学生讨论这幅画的受众，就直接开始进行思维训练的流程，但是现在，在听完课后，我认为这个步骤或许有用，我在课堂上可能先尝试做这一步。"课后讨论会特别关注学生的思考过程，需要收集学生的作业，然后仔细研究。大家会针对自己听到的、看到的，提出相应的问题，展开进一步思考。最后，小组的每名成员都要发言，分享各自的想法，说明自己在课堂上会如何使用这些方法，利用小组讨论做一些快速的预先计划。

一方面，学习实验室提供了一个学习新思维训练的机会，通过讨论、近距离观察和分析性汇报，也可以发展老师培养学生思维能力的技能。此外，助教要相信学生的思考能力，带动他人也树立这种信心，以此建立起这种思维模式。我们经过无数次观察发现，在共同构建一个基于思维培养方法的新课程时，最大的症结在于老师经常想要架空任务，减少挑战，降低复杂性，引导学生达到特定的结果。老师作为引导人，需要对学生表达自己的信心，即使想到了推进课程可能需要的想法，也要避免过度计划。

观察学生思维（LAST）活动

我们开发了LAST活动，作为思维可视化项目的一部分，结果证明，这是一个在思维能力培养方面十分强大的工具。该活动需要45—60分钟，每个阶段按照预定的顺序和时间进行。与大多数活动一样，要在构建对话的人为因素与完成讨论、解决问题、倾听学生想法之间权衡利弊。具体活动参见下图7.1。

在LAST活动中，有一名主讲老师负责收集并分享学生作业（通常为实施过思维能力培养方法的授课老师），3~6名成员参加讨论。主讲老师首先简要介绍学生作业，其他小组成员做笔记。活动的核心要经过4个阶段：描述任务（这个过程中其他成员不对任务进行评价或判断），推测现有的思维活动，提出问题，以及考虑潜在影响。主讲老师在整个讨论过程中应保持沉默，保证小组的分析不受其影响。因为一旦主讲老师开始解释，会很容易让他人信服，所以需要这种强制的沉默发挥作用。老师间的对话不应该变成一段专注于教学的独白，而应该是对学生学习和思考的分析。只有在小组讨论结束后，主讲老师才可以加入到后续的讨论中。

如果老师只是通过LAST活动得到反馈和建议，那这个活动未免过于

展示&准备

展示任务（5分钟以内）
主讲老师提供任务的背景、目标和要求。小组成员提出相关问题，以帮助他们理解工作。

阅读材料（7分钟以内）
阅读材料，记笔记，阅读后进行讨论，将笔记按照活动的3个部分进行分类。

讨论&分析

提示：讨论与分析过程中授课老师不发言，针对小组成员讨论内容记笔记，讨论完成后加以评论。

1. **描述任务**（5—7分钟）
   你在任务中发现了什么？讨论这一问题的目的是全面总结任务特点，发言不用阐释具体内容，直接指出观点即可。

2. **推测学生想法**（5—7分钟）
   在这个任务中，哪些内容可以引发学生思考？哪些内容可以为学生的思考提供灵感？进一步解释说明任务特点，并指出每一特点可以引发什么类型的思考，这个过程推荐使用理解地图。

3. **针对任务提问**（5—7分钟）
   针对这一任务可以提出哪些问题？注意：应针对学生的思考与理解提问，而不是针对课程本身。问题可以广泛，也可以直指细节。针对问题再提出新问题，比如，要问"针对这一点，我想了解一下完成任务所需要的时间"，而不是问"这要花多长时间"。

4. **讨论该任务对教学的意义**（5—7分钟）
   这一任务完成后会如何进一步扩展和建立学生的思维？为主讲老师提出可行的方法和选择，提出该研究对促进学生思维发展的一般启示。

任务报告

主讲老师针对讨论作出回应（不多于5分钟）
作为主讲老师，你从其他成员的讨论中得到哪些收获？指出讨论中对你有启发的内容，回答其他成员提出的相关问题，简要说明你的想法和下一步计划。

反思整个活动（5分钟）
整个活动进行得是否顺利？反思整个观察过程，找出此次活动与前次活动相比，有哪些变化与改进，为下次活动提出建议。

对主讲老师与记录员表示感谢
对每名成员的贡献表示感谢，讨论如何分享、使用并归档活动记录，确定下次活动的相关人选。

图7.1 观察学生思维活动

浪费时间。很难找到完整的一节课的时间召集6~8名老师来研究学生的作业，因此这种活动可以说是非常奢侈了，因此，这类活动的最终收获要远高于单独研究某次作业带来的收获。通过参加LAST活动，老师不仅会遇到思维能力培训的新方法，深入挖掘其潜能，他们在分析学生作业、识别学生思考、提出问题鼓励学生的思考与理解，以及规划响应性教学等方面的技能都能得到发展。

材料协同分析活动

另外一种行之有效的方法是由"零点方案"的成员玛拉·克雷切夫斯基、本·马尔代尔、梅丽莎·里瓦尔德和丹尼尔·威尔森共同提出的材料协同分析活动，简称CAD（krecnevscy等，2013）（参见图7.2）。顾名思义，这个方法侧重于以团队为单位分析材料。这类活动并不是通过一系列特定的提示推进的，而是将分析、提问和内涵挖掘当作一场自由的讨论——尽管有些小组选择按顺序讨论问题。这类活动比LAST需要的时间短一些，通常为25分钟，一个课时可以完成两轮讨论。

与LAST相同，CAD活动要求老师以材料本身为基础，阐释各自的想法。老师都能看到什么？材料中都有什么内容？这类活动鼓励老师指出材料中具体的要素，来支持自己关于学生学习和思考的主张，常常会带来老师间激烈的争辩与讨论。

对一个人来说是一件清楚明白的事情，对另一个人来说却不一定如此。当我们被另一种基于证据的解释所挑战时，它迫使我们重新审视自己的解释。通常，老师会提出一些问题，他们想要看到的额外例证，以及收集这些证据的方式。老师与学生转换身份，成为学习与思考的研究者。这

展示&准备

展示任务（5分钟以内）
主讲老师简要介绍材料背景，为小组成员澄清问题。小组成员安静地阅读记录。

讨论&分析

提示：讨论与分析过程中授课老师不发言，针对小组成员讨论内容记笔记，讨论完成后加以评论。

小组成员讨论问题（10—20分钟）
可以按顺序回答，也可以自行选择讨论顺序。

➢ 你在材料中看到或听到了什么？你对什么印象最深刻？你认为哪些内容意义重大？回答问题并阐释自己的理由。
➢ 从材料中可以发现哪些问题？注意：这个过程中主讲老师不回答问题。
➢ 对教和学有哪些启示？对主讲老师的下一步计划会有哪些影响？

任务报告

主讲老师：主讲老师分享自己的收获。
小组成员：小组成员至少要记下一个计划在自己课堂上使用的想法，并与小组成员分享各自的观点。
活动总结，并对主讲老师表示感谢。

图7.2 材料协同分析活动

样的讨论可以真正推动老师发展培养学生思维能力的技能。

老师的反思

通常，在建立专业学习小组时，我们首先会对自己如何在课堂上让思维可视化进行一般性反思。下列清单中的问题可能会起到提示作用，我们让老师从清单中选择一到两个提示，然后花3~5分钟进行反思性的写作，然后，老师可以2人、3人或多人一组，分享各自的想法。

1. 本周中，在你看来，哪一个时刻学生与学习内容的联系最为紧密，学习的参与度最高？为什么？

2. 本周中，在你看来，哪一个时刻学生与学习活动是脱节的（只是为了完成任务而走流程)？原因是什么？

3.哪个学生的思考案例为教学创造了新的可能性，开辟了途径，从而让你印象深刻？

4.本周所有培养学生思维能力的教学活动中，如果可以重来一次，你想作出哪些改变？

5.本周你所提出的问题中，哪些问题最能有效地揭示、推动或激发学生的思考？

6.本周中有哪些机会（无论你加以利用与否）记录和捕捉学生的思考？

7.你在何时何地注意到自己在全神贯注地倾听？如果有机会，你希望哪些时刻可以重来，你会更认真地倾听学生的想法？

另一种使用反思提示问题的方式是，将其作为持续性反思的一部分，在这个过程中，老师要记录反思日志。老师把这些问题放在手边，在日记或周记中进行教学反思。这不是说老师需要回答所有问题（尽管有些老师是这样做的），而是将这些问题作为工具，对教学进行有意义的反思。最后，老师可以把自己的想法带到专业学习小组中进行分享。

结　语

本章开篇讨论了教学极具挑战性的本质，教学不仅是内容和知识与传播技能的结合，教学是一项复杂的活动，因为学习就是一个复杂的过程。与此同时，教学之所以能激励人，是因为学习能激励人，置身于深度学习的课堂环境，对老师而言更是一种激励。如果一节课中，学生都能全神贯注，那么在课程结束后，老师不会感到精疲力竭，而是活力满满，这就是一种完美的状态。

有人认为，老师的职责是"创造"学习，这是对老师角色的误解。作为老师，我们的职责是为学习创造条件。这就是使思维可视化的承诺和力量：它为学生提供了一扇进入学习过程的窗口。通过使用本书提到的各种工具，提问、倾听、记录，尤其是对思维流程训练法的使用，老师可以推动学生思维的发展，从而促进其学习的进步。然而，与其他策略一样，本书中提到的策略也需要在正确的环境和熟练的人手中应用，才能发挥其最大价值。达到这一目的需要集体的力量。我们需要班级这个集体，与学生一起学习，从学生身上学习，成为学生的学生；我们还需要学校这个集体，与同事一起学习，同事间相互学习，因为我们不仅需要使用思维流程训练方法，还需要发展良好的使用它们所需要的技能和心态。最后，我们受益于更广泛的教育工作者，并以此为基础，我们可以从别人的新视角、新挑战和新见解中学习。

对于一些读者来说，这本书代表着一段旅程的延续，让思维可视化并在他们的教室和学校创造一种思维文化。对其他人来说，这标志着新的开始。无论哪种情况，我们都希望你可以从本书分享的各位老师的故事中汲取灵感。这些都是很好的实践素材，但请注意，对于这些老师来说，在接触这些技能之初，也需要经历尝试、反思、再尝试的过程。要允许自己犯错，从学生身上或与学生一起学习，和同事分享你的努力和不断学习的过程。每次，你让你的学生思维可视化时，可以将它作为你下一步教学的跳板，这样你的教学就会成为一种响应性的行为，满足学习者的需求。通过这种方式，你会发现自己已经踏上了培养学生思维能力的旅途。

参考文献

1. Allen, D. and Blythe, T. (2004). *The Facilitator's Book of Questions: Tools for Looking Together at Student and Teacher Work.* New York: Teachers College Press.

2. Black, P. and Wiliam, D. (2002). Inside the Black Box: Raising Standards Through Classroom Assessment. London: Department of Education & Professional Studies King's College London.

3. Boaler, J. and Brodie, K. (2004). *The Importance, Nature and Impact of Teacher Questions.* Toronto: Psychology of Mathematics Education North America.

4. Briggs, S. (2014). Improving working memory: How the science of retention can enhance all aspects of learning. http://www.opencolleges.edu.au/informed/features/how-to-improveworking-memory (accessed 24 November 2019).

5. Briggs, S. (2017). Why curiosity is essential to motivation. http://

www.opencolleges.edu.au/informed/features/curiosity-essential-motivation (accessed 2 April 2019).

6. Brookfield, S.D. and Preskill, S. (2005). *Discussion as a Way of Teaching: Tools and Techniques for Democratic Classrooms*. San Francisco: Jossey-Bass.

7. Brown, J. (2016). "Fire," The Sea Accepts All Rivers & Other Poems. Bloomington: Trafford.

8. Brown, P.C., Roediger, H.L.,.I.I.I., and McDaniel, M.A. (2014). *Make It Stick: The Science of Successful Learning*. Cambridge, MA: Belknap Press.

9. City, E.A., Elmore, R.F., Fiarman, S.E., and Teitel, L. (2009). *Instructional Rounds in Education: A Network Approach to Improving Teaching and Learning*. Cambridge, MA: Harvard Educational Publishing Group.

10. Claxton, G., Chambers, M., Powell, G., and Lucas, B. (2011). *The Learning Powered School: Pioneering 21s Century Education*. Bristol: TLO Limited.

11. Cochran-Smith, M. and Lytle, S. (1999). Relationships of knowledge and practice: teacher learning in communities. *Review of Research in Education* 24: 249 - 305.

12. Collins, A., Brown, J.S., and Holum, A. (1991). Cognitive apprenticeship: making thinking visible. *American Educator* 15 (3): 6 - 11, 38 - 46.

13. Deslauriers, L., McCarty, L.S., Miller, K. et al. (2019). Measuring actual learning versus feeling of learning in response to being actively engaged

in the classroom. *Proceedings of the National Academy of Sciences* 116 (39): 19251–19257.

14. Dweck, C. (2006). *Mindset: The New Psychology of Success.* New York: Ballantine Books.

15. English, A.R., Hintz, A., and Tyson, K. (2018). *Growing Your Listening Practice to Stupport Students' Learning (Handbook).* Edinburgh, UK.

16. Giudici, C., Rinaldi, C., and Krechevsky, M. (eds.) (2001). *Making Learning Visible: Children as Individual and Group Learners.* Reggio Emilia, Italy: Reggio Children.

17. Given, H., Kuh, L., LeeKeenan, D. et al. (2010). Changing school culture: Using documentation to support collaborative inquiry. *Theory Into Practice* 49: 36–46.

18. Goodlad, J.I. (1983). *A Place Called School: Prospects for the Future.* New York: McGraw-Hill.

19. Hattie, J. (2009). *Visible Learning: A Synthesis of over 800 Meta-Analyses Relating to Achievement.* New York: Routledge.

20. Hattie, J. and Timperley, H. (2007). The power of feedback. *Review of Educational Research* 77 (1): 81–112.

21. Hewlett Foundation (2013). Deeper learning competencies. https://hewlett.org/wp-content/ uploads/2016/08/Deeper Learning Defined April 2013.pdf (accessed 20 November 2019).

22. Karpicke, J.D. (2012). Retrieval-based learning: Active retrieval promotes meaningful learning. *Current Directions in Psychological Science* 21

(3): 157 – 163.

23. Krechevsky, M., Mardell, B., Rivard, M., and Wilson, D. (2013). *Visible Learners: Promoting Reggio-Inspired Approaches in All Schools.* Hoboken, NJ: Wiley.

24. Leinhardt, G. and Steele, M.D. (2005). Seeing the complexity of standing to the side: Instructional dialogues. *Cognition and Instruction* 23 (1): 87 – 163.

25. Liljedahl, P. (2016). Building thinking classrooms: conditions for problem–solving. In: *Posing and Solving Mathematical Problems* (eds. P. Felmer, J. Kilpatrick and E. Pekhonen), 361 – 386. Cham: Springer.

26. Lyons, L. (2004). Most teens associate school with boredom, fatigue. http://www.gallup.com/ poll/11893/most–teens–associate–school–boredom–fatigue.aspx (accessed 20 November 2019).

27. MacKenzie, T. and Bathurst–Hunt, R. (2019). *Inquiry Mindset.* Elevate Books Edu.

28. Mehta, J. and Fine, S. (2019). *In Search of Deeper Learning: The Quest to Remake the American High School.* Cambridge, MA: Harvard University Press.

29. Miller, G.A. (1956). The magical number seven, plus or minus two: Some limits on our capacity for processing information. *Psychological Review* 63 (2): 81 – 97.

30. Murdoch, K. (2015). *The Power of Inquiry.* Melbourne: Seastar Education.

31. Newmann, F.M., Wehlage, G.G., and Lamborn, S.D. (1992). The significance and sources of student engagement. In: *Student Engagement and Achievement in American Secondary Schools* (ed. F.M. Newmann), 11–39. New York: Teachers College Press.

32. Newmann, F.M., Marks, H.M., and Gamoran, A. (1996). Authentic pedagogy and student performance. *American Journal of Education* 104: 280–312.

33. Newmann, F.M., Bryk, A.S., and Nagaoka, J. (2001). *Authentic Intellectual Work and Standardized Tests: Conflict or Coexistence*. Chicago: Consortium on Chicago School Research.

34. Onosko, J.J. (1992). Exploring the thinking of thoughtful teachers. *Educational Leadership* 49 (7): 40–43.

35. Perez-Hernandez, D. (2014). Taking notes by hand benefits recall, researchers find. https://www.chronicle.com/blogs/wiredcampus/taking-notes-by-hand-benefits-recall-researchersfind /51411 (accessed 11 June 2019).

36. Perkins, D.N. (1992). *Smart Schools: From Training Memories to Educating Minds*. New York: The Free Press.

37. Perkins, D.N., Tishman, S., Ritchhart, R. et al. (2000). Intelligence in the wild: A dispositional view of intellectual traits. *Educational Psychology Review* 12 (3): 269–293.

38. Perkins, D.N. (2003). *King Arthur's Round Table: How Collaborative Conversations Create Smart Organizations*. Hoboken, NJ: Wiley.

39. Pianta, R.C., Belsky, J., Houts, R., and Morrison, F. (2007). Opportunities to learn in America's elementary classrooms. *Science* 315: 1795–1796.

40. Ritchhart, R. (2000). Developing intellectual character: A dispositional perspective on teaching and learning, PhD dissertation. Harvard University Graduate School of Education.

41. Ritchhart, R. (2002). *Intellectual Character: What It Is, Why It Matters, and How to Get It*. San Francisco: Jossey–Bass.

42. Ritchhart, R. (2015). *Creating Cultures of Thinking: The 8 Forces We Must Master to Truly Transform Our Schools*. San Francisco: Jossey–Bass.

43. Ritchhart, R., Turner, T., and Hadar, L. (2009). Uncovering students' thinking about thinking using concept maps. *Metacognition and Learning* 4 (2): 145–159.

44. Ritchhart, R., Church, M., and Morrison, K. (2011). *Making Thinking Visible: How to Promote Engagement, Understanding, and Independence for All Learners*. Jossey-Bass: San Francisco.

45. Rothstein, D. and Santana, L. (2011). *Make Just One Change: Teaching Students to Ask Their Own Questions*. Cambridge, MA: Harvard Education Press.

46. Schoenfeld, A.H. (1999). Models of the teaching process. *Journal of Mathematical Behavior* 18 (3): 243–261.

47. Schwartz, K. (2015). How memory, focus and good teaching can work together to help kids learn. KQED Mindshift. www.kqed.org/

55. Vygotsky, L.S. (1978). *Mind in Society*. Cambridge, MA: Harvard University Press.

56. Wallace, T.L. and Sung, H.C. (2017). Student perceptions of autonomy–supportive instructional interactions in the middle grades. *Journal of Experimental Education* 83 (3): 425 – 449.

57. White, R.T. and Gunstone, R.F. (1992). *Probing Understanding*. London: Falmer Press.

58. Wiliam, D. (2014). Is the feedback you' re giving students helping or hindering?. https://www.dylanwiliamcenter.com/is-the-feedback-you-are-giving-students-helping-or-hindering (accessed 25 April 2019).

59. Wiliam, D. (2016). The secret of effective Feedback. *Educational Leadership* 73 (7): 10 – 15.

60. Yinger, R.J. (1979). Routines in teacher planning. *Theory Into Practice* 18: 163 – 169.

61. Van Zee, E. and Minstrell, J. (1997). Using questioning to guide student thinking. *Journal of the Learning Sciences* 6 (2): 227 – 269.

mindshift/2015/04/09/how-memory-focus-andgood-teaching-can-work-together-to-help-kids-learn (accessed 9 April 2015).

48. Schwartz, M.S., Sadler, P.M., Sonnert, G., and Tai, R.H. (2009) Depth versus breadth: How content coverage in high school science courses relates to later success in college science coursework. *Science Education* 93 (5): 798 - 826.

49. Sepulveda, Y. and Venegas–Muggli, J.I. (2019). Effects of using thinking routines on the academic results of business students at a Chilean tertiary education institution. *Decision Sciences Journal of Innovative Education* 17 (4): 405 - 417.

50. Shernoff, D.J. (2010). *The Experience of Student Engagement in High School Classrooms: Influences and Effects on Long-Term Outcomes*. Saarbruken: Lambert Academic.

51. Shernoff, D.J. (2013). *Optimal Learning Environments to Promote Student Engagement*. New York: Springer Science + Business Media.

52. Smith, M. and Y. Weinstein (2016). Learn how to study using ... retrieval practice. http://www.learningscientists.org/blog/2016/6/23-1 (accessed 11 June 2019).

53. Thornburg, D.D. (2004). Campfires in cyberspace: Primordial metaphors for learning in the 21st century. *International Journal of Instructional Technology and Distance Learning* 1 (10): 3 - 10.

54. Tishman, S. (2017). *Slow Looking: The Art and of Practice Learning Through Observation*. New York: Routledge.